Suchan · Die Stabilität der Welt

Berthold Suchan

Die Stabilität der Welt

Eine Wissenschaftsphilosophie der Kosmologischen Konstante

[illegible]
Januar 2000

mentis
PADERBORN

Die Deutsche Bibliothek – CIP-Einheitsaufnahme

Suchan, Berthold:
Die Stabilität der Welt :
Eine Wissenschaftsphilosophie
der Kosmologischen Konstante /
Berthold Suchan. –
Paderborn: mentis, 1999
Zugl.: Gießen, Univ., Diss., 1996
ISBN 3-89785-031-1

Gedruckt auf umweltfreundlichem, chlorfrei gebleichtem
und alterungsbeständigem Papier ∞ ISO 9706

Schulze-Delitzsch-Straße 19, D-33100 Paderborn

Printed in Germany
Einbandgestaltung: Anna Braungart, Regensburg
Herstellung: Rhema – Tim Doherty, Münster
Druck: WB Druck, Rieden/Allgäu
ISBN 3-89785-031-1

Für Ursula und Bernhard

Inhaltsverzeichnis

Vorwort 9

Einleitung 11

Erstes Kapitel: *Das Problem der Stabilität des Universums* 17

Isaac Newton und die Natur der universellen Gravitation 19

Das Gravitationsparadoxon in der Newtonschen Kosmologie 28

Das räumlich endlich große Universum (29) – Das Insel-Universum (31) – Das Insel-Universum, das Problem der Grenzbedingungen und der Verödungseinwand (33) – Das räumlich unendlich große Universum (36)

Klassische kosmologische Modelle als Lösungen des Gravitationsparadoxons 37

Thomas Wright (37) – Immanuel Kant (38) – Johann Heinrich Lambert (39) – Franz Selety (42)

Das kosmologische Problem im 19. Jahrhundert 45

Carl Neumann (45) – Hugo Seeliger (48) – Die Bedeutung der kosmologischen Widersprüche (51) – Kritik und Korrekturen am Newtonschen Gravitationsgesetz (56) – Gravitationsparadoxon und Olberssches Paradoxon (66)

Zweites Kapitel: *Die Lösung Albert Einsteins* 68

Das Problem der Randbedingungen in der Kosmologie 72

Die Einsteinsche Lösung des Problems der kosmischen Grenzbedingungen 75

Das Zylinder-Universum (77)

Einstein und Seeliger: Ein Vergleich 81

Das Mach-Prinzip als Argument 85

Das Argument der Beschaffenheit der realen Welt 92

Zwischenbilanz 98

Drittes Kapitel: *Kosmologische Szenarien* 103

Der expandierende Kosmos 104
Kosmologische Modelle 112

Uniforme Modelle (117) – Das Lemaître-Universum (122) – Das Eddington-Universum (124) – Das Priester-Universum (125) – Das Einstein-Universum (126) – Das de Sitter-Universum (127)

Die Kosmologische Konstante – historische Positionen 128

Alexander Friedmann (128) – Willem de Sitter (129) – Hermann Weyl (130) – Paul A.M. Dirac (132) – Allgemeinheit versus Sparsamkeit (133)

Viertes Kapitel: *Das „Rätsel" der Kosmologischen Konstante* 135

Die Kosmologische Konstante als Energiedichte des Vakuums 135
Vereinheitlichte Theorien und inflationäres Universum 142

Supersymmetrie und Supergravitation (144) – Inflationäre Szenarien (145)

Quantengravitation, Quantenkosmologie und Wurmlöcher 150

Quantenkosmologie (155) – Wurmlöcher (158)

Die Einheit der Welt 166

Albert Einstein (166) – Arthur Eddington (168) – Kosmologische Konstante und Vereinheitlichungsgedanke (171)

Resümee 173

Erkenntnisleitende Prinzipien (173) – Bedeutung und Funktion physikalischer Terme (174) – Gedanke der Vereinheitlichung (175)

Literatur 177

Register 187

Namen 187
Sachen 188

Vorwort

Die Kenntnis der kosmischen Randbedingungen ist eine notwendige Voraussetzung für jede Form einer empirisch gestützten Kosmologie und damit unerläßlich für das Verständnis der beeindruckenden Phänomene unseres Universums. Aber nicht nur in kosmischen Dimensionen, sondern auch bei bescheidenen intellektuellen Anstrengungen werden Gedanken und Entwicklungen erst im Blick auf die ermöglichenden Umstände verstehbar. Dies gilt auch für das vorliegende Buch. Bei seiner Entstehung haben viele Menschen wesentlich mitgewirkt, denen ich an dieser Stelle danksagen möchte:

An erster Stelle ist Prof. Dr. Bernulf Kanitscheider zu nennen, der in vielfacher Hinsicht das erforderliche Umfeld für meine Forschungstätigkeit bereitet hat. Sein bewundernswerter Kenntnisreichtum hat diese Arbeit ebenso erst ermöglicht wie die fachliche und freundschaftliche Unterstützung von PD Dr. Reiner Hedrich und Prof. Dr. Wilfried Kuhn. Auf je eigene Weise sind die Professoren Helmut Riedlinger, Josef Honerkamp und Hartmann Römer maßgeblich an Entscheidungen auf meinem Lebensweg beteiligt, ohne die eine Begeisterung für wissenschaftsphilosophische und theoretische Fragestellungen nicht hätte fruchtbar umgesetzt werden können.

Ein besonderer Dank gebührt Dr. Steffen Krieb für Korrekturen und Dr. Michael Kienecker für die vorbildliche verlegerische Betreuung.

Berthold Suchan

Einleitung

Ausgangspunkt der vorliegenden Untersuchung ist das sogenannte „Rätsel der Kosmologischen Konstante“, das zu den interessantesten, facettenreichsten und faszinierendsten Problemen der modernen Kosmologie[1] gehört. Die Rätselhaftigkeit besteht darin, daß das Auftreten der Kosmologischen Konstante in verschiedenen Kontexten der theoretischen Physik zu ganz unterschiedlichen Zahlenwerten führt, die diese physikalische Größe annimmt. Wenn diese Diskrepanz nicht darin gründet, daß die Kosmologische Konstante in den verschiedenen Theorien eine unterschiedliche Referenz besitzt, dann weist diese Tatsache auf Defizite hin, die die einzelnen theoretischen Konzeptionen in ihrem Anspruch einer adäquaten Naturbeschreibung aufweisen.

Die Diskussion über die Funktion der Kosmologischen Konstante beginnt aber bereits viel früher: im Jahre 1917. Bei der Anwendung seiner Gravitationstheorie, der Allgemeinen Relativitätstheorie, auf den Kosmos sah sich Albert Einstein gezwungen, den sogenannten „kosmologischen Term“[2] in die Feldgleichungen der Gravitation einzuführen, weil ohne diese Erweiterung deren Lösung die Beschreibung eines statischen Universums nicht ermöglichten.

Den Ausgangspunkt von Einsteins *kosmologischen Betrachtungen*[3] bildet das sogenannte „kosmologische Problem“. Dabei handelt es sich um die physikalische Fassung der paradoxen Situation, daß unter der Voraussetzung der Gültigkeit der Newtonschen Mechanik die Stabilität des Universums nicht aufrechterhalten werden kann.[4] Die Lösung dieses Gravitationsparadoxons war bereits seit der Konzeption der ersten modernen Gravitationstheorie durch Isaac Newton virulent. Im Laufe der Jahrhunderte wurden verschiedene Ansätze zur Überwindung dieser Schwierigkeiten vorgeschlagen. Den mathematischen Präzisierungen von Carl Neumann und Hugo Seeliger ist es zu verdanken, daß gegen Ende des vergangenen Jahrhunderts die Diskus-

[1] Unter dem Begriff der modernen Kosmologie versteht man diejenige physikalische Disziplin, die die Welt im Großen zum Objektbereich hat und wegen der Dominanz der gravitativen Wechselwirkung in diesen Skalen als Anwendungsfall der Allgemeinen Relativitätstheorie aufzufassen ist. Derart verstanden beginnt die moderne Kosmologie im Jahre 1917.

[2] Für „kosmologischer Term“ $\lambda g_{\mu\nu}$ steht synonym der Begriff „kosmologisches Glied“ oder λ-Term; der Faktor λ wird als „Kosmologische Konstante“ bezeichnet. Synonym für λ verwenden einige Autoren auch Λ.

[3] Einstein 1917

[4] Nicht zuletzt wegen der unzureichenden Beobachtungstechnik wurde das Universum bis in die ersten Jahrzehnte dieses Jahrhunderts als statisch betrachtet.

sionen über das Gravitationsparadoxon und eine mögliche Modifikation des Newtonschen Gravitationsgesetzes intensiviert wurden. (Kapitel 1)

In den meisten Lehrbüchern der Physik, naturphilosophischen Abhandlungen oder Werken zur Geschichte der Naturwissenschaften wird die Einführung des kosmologischen Termes in die Feldgleichungen der Allgemeinen Relativitätstheorie durch Albert Einstein mit dessen Motivation erklärt, ein der damaligen Weltsicht entsprechendes, statisches Universum adäquat beschreiben zu wollen. Diese Einschätzung greift jedoch zu kurz. In dem vorliegenden Buch wird vielmehr die mehrschichtige und schwankende Motivationslage analysiert und herausgearbeitet, die Einstein zur Modifikation der Grundgleichungen seiner Gravitationstheorie geführt hat. (Kapitel 2)

Die Entwicklungen der modernen Kosmologie nach Einsteins berühmter Arbeit von 1917 und die Entdeckung der kosmischen Expansion hatten zur Folge, daß die Notwendigkeit der Berücksichtigung des kosmologischen Termes in den Feldgleichungen der Gravitation entfiel. Paradigmatisch für die gängige Position in der Kosmologie in den vergangenen Jahrzehnten ist die Position Benjamin Gal-Ors, der die Kosmologische Konstante als überflüssig betrachtet. Sie sei zur Beschreibung der kosmischen Dynamik nicht nötig, „since the motivation for its inclusion is no longer valid due to the discovery of the expanding universe we do not take it into account“[5]. Diese Haltung geht bis zur Ignoranz der Kosmologischen Konstante: Reinhard Breuer beispielsweise widmet ein eigenes Unterkapitel seines Werkes über das Anthropische Prinzip dem Thema „Die Fundamentalparameter des Kosmos“, ohne die Kosmologische Konstante zu erwähnen.[6] Und bezeichnenderweise enthält auch die Übersicht von Freeman Dyson über acht Größen, die dieser als „defining fundamental properties of the physical universe“ betrachtet, die Kosmologische Konstante nicht.[7]

Andererseits lassen die Prinzipien der Allgemeinen Relativitätstheorie die Existenz dieses Termes ohne weiteres zu. Allerdings können sich je nach Wahl des Zahlenwertes der Kosmologischen Konstante unterschiedliche kosmologische Modelle ergeben, über deren jeweilige Relevanz – oftmals aufgrund der nicht ganz eindeutigen empirischen Datenbasis – Uneinigkeit herrscht. Solange aber im Rahmen eines jeweilig favorisierten kosmologischen Modells

[5] Gal-Or 1981, S. 194

[6] Breuer 1981, S. 48f. Breuer geht auf die Kosmologische Konstante auch nicht im Rahmen seiner ausführlichen Behandlung der Fundamentalkonstanten bzw. der universellen Konstanten ein.

[7] Dyson 1972, S. 213. Im Gegensatz zu Dyson sind Hans Joachim Blome und Wolfgang Priester davon überzeugt, daß die Kosmologische Konstante „must be regarded as a fundamental constant of nature“ (Blome, Priester 1991, S. 46).

ohne Kosmologische Konstante die großräumige Struktur im Universum nicht befriedigend beschrieben werden kann, gilt das Urteil von Steven Weinberg: „There is no reason at present to suspect the existence of a cosmological constant.“[8]

Der Umstand, daß kosmische Beobachtungen keine endgültige Entscheidung über den Zahlenwert der mit λ bezeichneten Konstante liefern und damit nicht die eindeutige Wahl eines kosmologischen Modells ermöglichen, führt auch zu einer interessanten wissenschaftsphilosophischen Situation: „Reasons for retaining or rejecting Λ are still of a philosophical flavor.“[9] Konsequent unterbreitet Edward Harrison einen Vorschlag, der offensichtlich von dem Prinzip geleitet ist, physikalische Theorien möglichst allgemeingültig zu formulieren: „If science cannot decide for us, then we are back to philosophy, and the most appealing philosophy advocates provisional retention of Λ as a continual reminder of the complexity of the universe.“[10]

Für die meisten Theoretiker ist aber gerade die Komplexifizierung der Allgemeinen Relativitätstheorie durch die Einführung des kosmologischen Terms ein Grund, dem Prinzip der Einfachheit den Vorzug zu geben und auf den λ-Term in den kosmologischen Modellen zu verzichten: „On the whole, as far as most of our work is concerned, the increased generality due to the inclusion of Λ seems outweighed by the increased complexity of the formulae, and so we shall drop it with the understanding that it may be reinstated when required in cosmological studies.“[11]

Wie Synge in seinen Äußerungen andeutet, fällt der Kosmologischen Konstante in den vergangenen Jahrzehnten immer mehr eine Funktion als Lückenbüßer zu: Wann immer Anomalien innerhalb der Kosmologie auftreten, wird durch die Berücksichtigung der Kosmologischen Konstante bzw. durch die entsprechende Wahl ihres Zahlenwertes die Konsistenz des Modells wiederhergestellt. (Kapitel 3)

Besondere Beachtung verdient die Entwicklung, bei der die Kosmologische Konstante mit den modernen Quantenfeldtheorien und mit der Elementarteilchenphysik in Beziehung gesetzt wird. Durch die Entdeckung der Expansion des Universums in ihrer Funktion als Stabilisierungsfaktor überflüssig geworden, ist sie „in neuerer Zeit [...] im Gewand der Vakuumenergie wieder aufgetaucht“[12]. Weil im Kontext der Allgemeinen Relati-

---

[8] Weinberg 1977, S. 158
[9] Harrison 1981, S. 306
[10] Harrison 1981, S. 306
[11] Synge 1960, S. 180
[12] Liebscher 1994, S. 42

vitätstheorie jede Energiedichte ein Gravitationsfeld erzeugt, läßt sich die Kosmologische Konstante nicht mehr ohne weiteres vernachlässigen. Das Problem der Kosmologischen Konstante – und damit zugleich deren Rätsel – besteht nun darin, daß sich ihr Zahlenwert in den quantenfeldtheoretischen und den kosmologischen Modellen um bis zu 120 Größenordnungen unterscheidet. Das Referenzobjekt der Kosmologischen Konstante in den Energiedichten der einzelnen Quantenvakua zu sehen wird zu einem zentralen Problem heutiger Kosmologie: „It may not be unreasonable to identify Λ with such energy density differences. Observations, however, lead to the conclusion that, if not identically zero, λ is some 50 to 120 orders of magnitude smaller than its ‚natural' value. Why is λ so very, very small? Is λ identically zero?"[13]

Dieses drängende Problem zieht sich wie ein roter Faden durch aktuelle Ansätze einer einheitlichen Beschreibung aller physikalischen Wechselwirkungen, ohne daß dabei der Kosmologischen Konstante bislang eine klare physikalische Bedeutung zugeschrieben oder eine einheitliche Meinung über deren Zahlenwert festgestellt werden kann. „Ihr physikalischer Hintergrund ist bis heute nicht gut verstanden."[14]

Das im Rätsel der Kosmologischen Konstante offensichtlich zutage tretende Defizit auf dem Weg zu einer einheitlichen Beschreibung der Natur kann aber als Wegweiser zu einem tieferen Verständnis der physikalischen Realität dienen: „A blatant discrepancy between theory and observation can be seen as a promising spur toward deeper understanding."[15] Denn weil die Kosmologische Konstante in sämtlichen physikalischen Wechselwirkungen eine Rolle spielt, wird sie zum Schlüsselterm bei der Formulierung und Bewertung aller vereinheitlichten Theorien. (Kapitel 4)

Wie der vorstehende Problemaufriß zeigt, widmet sich die nachfolgende Untersuchung einer Analyse der Bedeutungen und Funktionen der Kosmologischen Konstante, die ihr in verschiedenen Bereichen der Physik zugeschrieben werden. Die Diskussion um die Kosmologische Konstante stellt ein Musterbeispiel des Wechselspiels zwischen philosophischen Fragen – beispielsweise der nach der Stabilität des Universums – und physikalischen

---

[13] Steigman 1986, S. 26

[14] Goenner 1994, S. 5. „Wir kennen den Zahlenwert des kosmologischen Gliedes nicht, ja nicht einmal sein Vorzeichen. Deshalb wissen wir auch nicht, ob es statt der Abstoßung über kosmologische Entfernungen nicht vielleicht eine *kosmologische Anziehung* gibt, die über die Weiten des Weltalls die bekannte Gravitationsanziehung noch verstärkt." (Kippenhahn 1987, S. 200) Siehe auch Schücking 1993, S. 20.

[15] Schwarzschild 1989, S. 21

Problemstellungen dar. Im Rahmen dieser Wechselwirkung treten problemgeschichtliche, naturphilosophische und wissenschaftstheoretische Themen in den Vordergrund. Diese werden in ihrer Beziehung zu den einzelwissenschaftlichen Fragestellungen und verzahnt mit deren Entwicklung behandelt. Insofern liefert das vorliegende Buch einen Beitrag zur modernen Wissenschaftsphilosophie.

1
Das Problem der Stabilität des Universums

Die Gravitationskraft ist diejenige der vier bekannten, physikalischen Wechselwirkungen, die die physikalischen Prozesse über große Entfernungen hinweg dominiert. Diese Eigenschaft der Gravitation kann man auf der theoretischen Seite in zweifacher Hinsicht erklären: Zum einen enthält das Gravitationsfeld Quellen, aber keine Senken; deshalb können die Gravitationswirkungen einer Materieverteilung nicht absorbiert werden. Das unterscheidet die Gravitation von der elektromagnetischen Wechselwirkung. Zum anderen besitzt das Austauschquantum der gravitativen Wechselwirkung, das Graviton, die Ruhemasse Null, d.h. die Gravitation hat eine unendlich große Reichweite. Darin unterscheidet sie sich von den beiden kurzreichweitigen Kernkräften.

Aus dieser Charakterisierung der Gravitation ergibt sich, daß die großräumigen physikalischen Prozesse im Kosmos, der aus Raumzeit und ladungsfreien massiven Objekten besteht, nur durch die gravitativen Wechselwirkungen bestimmt sind. Dabei handelt es sich offensichtlich um eine akzidentelle Eigenschaft des Universums. Grundsätzlich ist auch das kontrafaktische Szenario denkbar, daß die langreichweitige elektromagnetische Wechselwirkung[1] die kosmische Dynamik regierte, wenn nicht das Faktum einer verschwindenden Netto-Ladung des Universums[2] als kontingentes Element der Realität existierte. Diese Kontingenz muß aber unterschieden werden von der Beobachtung, daß das Universum offensichtlich keine Antimaterie enthält – eine Eigenschaft des Universums, die auf den ersten Blick als gleichermaßen kontingent erscheint. Aber für diesen sogenannten „Materie-Überschuß" und das Baryonen-Photonen-Verhältnis im Universum liefert das teilchentheoretische Standard-Modell eine gesetzesartige Erklärung. Dieses Beispiel illustriert, daß die Grenzziehung zwischen gesetzesartigen und zufälligen Eigenschaften des Universums einer Dynamik unterworfen ist, die weniger von metaphysischer Spekulation als vielmehr von naturwissenschaftlicher Forschung geprägt ist.[3]

Kosmologie als Naturwissenschaft zu betreiben, setzt also in unserem

---

[1] Wie das Graviton besitzt auch das Photon, das Austausch-Quant der elektromagnetischen Wechselwirkung, die Ruhemasse Null.

[2] Zum prinzipiellen Problem, im Falle eines *geschlossenen* Universums Werte für dessen Energie, Ladung und Drehimpuls anzugeben, siehe Misner 1973, § 19.4.

[3] Im Gegensatz zur Meinung von John Barrow: „And we do not even know where to draw the dividing line [...]" (Barrow 1990, S. 135), kann man durch einzelwissenschaftliche Forschung durchaus begründete Anhaltspunkte für derartige Grenzziehungen gewinnen.

heutigen Verständnis notwendig die Existenz einer Theorie der Gravitation voraus. Die erste befriedigende Theorie der Gravitation lieferte Isaac Newton im Jahre 1687 in seinen *Principia*.[4] Durch Newtons Mechanik erhielt die Himmelsmechanik, wie man lange Zeit die physikalische Kosmologie nannte, eine endgültige, physikalisch dynamische Erklärung und Begründung. Mit dem Begriff der Endgültigkeit soll nicht die Validität der Newtonschen Mechanik für alle Zeiten dogmatisch festgelegt, sondern der Endpunkt einer Reihe von Strömungen bezeichnet werden, die durch die *Principia* miteinander verwoben wurden: „Im Jahre 1687 […] laufen die Fäden der Entwicklung der empirischen Astronomie und der rationalen Mechanik zusammen und bilden eine einheitliche Grundlage der theoretischen Kosmologie."[5]

Die Erklärungsstärke der Newtonschen Himmelsmechanik zeigt sich beispielsweise darin, daß sich aus ihr die bekannten Kepler-Gesetze ableiten lassen. Damit leistet die neue Theorie hinsichtlich der Erfassung kosmischer Phänomene nicht nur mindestens dasselbe wie die Kepler-Gesetze, sie bietet darüber hinaus eine Erklärung von deren Gültigkeit auf dynamischer Basis. Denn wenn man das Gravitationsgesetz in Verbindung mit den drei Newtonschen Axiomen betrachtet, wird deutlich, daß nun nicht lediglich eine Beschreibung der Trajektorien im Rahmen einer kinematischen Theorie geliefert, sondern als Ursache der Bewegung von Massenpunkten die Existenz einer Kraft angenommen wird, die ihren Ursprung im weiteren Sinne in den Massen der Körper hat.[6] Im Unterschied zur Kinematik ermöglicht die dynamische Konzeption somit ein Verständnis der Materieverteilung und ihrer Bewegung im Kosmos.

Newton entwickelte im Jahre 1666 die Grundgedanken für sein Gravitationsgesetz,[7] dessen mathematische Grundlegung über zwanzig Jahre später erfolgte: „1687 lieferte Newton mit seinen ‚Principia' die mathematischen Beweise einer Konzeption der universalen Schwerkraft, mit der er 1665/66 über alle Vorläufer hinausgedrungen war."[8] Neben einer Würdigung der Leistung Newtons wird in diesem Zitat auch eine wesentliche Voraussetzung des physikalischen Forschens im allgemeinen und der Kosmologie im besonderen angesprochen: die universelle Gültigkeit der Naturgesetze.[9] Ohne diese letzt-

---

[4] Newton, Isaac: Philosophiae naturalis principia mathematica. London 1687; für eine deutsche Übersetzung des Hauptwerkes von Isaac Newton siehe Newton 1687.

[5] Kanitscheider 1984, S. 116

[6] Vergleiche zu dieser Problematik das Unterkapitel *Isaac Newton und die Natur der universellen Gravitation*.

[7] Zum Problem der Datierung und zur Frage nach dem mathematisch-physikalischen Gehalt von Newtons konzeptionellen Überlegungen vergleiche Wagner 1976, S. 222–226.

[8] Wagner 1976, S. 51

[9] Die Richtigkeit dieser Voraussetzung kann heute durch empirische Argumente gestützt wer-

lich ontologische Annahme erhöhte sich die Komplexität der Beschreibung physikalischer Prozesse, und die Überprüfung von (spekulativen) Hypothesen über kosmische Vorgänge würde erschwert, wenn nicht gar unmöglich. Denn der Möglichkeit, naturgesetzliche Phänomene indirekt zu bestätigen, wäre dann die universelle nomologische Grundlage entzogen. Um die damit verbundenen logischen Schwierigkeiten zu vermeiden, könnten unterschiedliche physikalische Gesetzmäßigkeiten nur in kausal entkoppelten Gebieten des Kosmos angenommen werden, die zu keiner Zeit ihrer Existenz in kausalem Kontakt zueinander standen bzw. stehen.[10] Bis heute jedoch existieren keine ernsthaften Einwände gegen die Universalität des Gravitationsgesetzes, mit dessen Annahme Newton wesentlich das neuzeitliche Naturverständnis grundgelegt hat.

Isaac Newton und die Natur der universellen Gravitation

Das Newtonsche Gravitationsgesetz besagt, daß sich zwei Massenpunkte m_1 und m_2 mit einer Kraft F gegenseitig anziehen, die in Richtung der direkten Verbindung zwischen den beiden Massenpunkten wirkt und für deren Größe gilt:

$$\vec{F} = G \frac{m_1 m_2}{r^2} \frac{\vec{r}}{r}$$

mit G: Gravitationskonstante, und r: Abstand zwischen den beiden Massenpunkten.

Dabei kann der Zahlenwert der Gravitationskonstante G nicht durch astronomische Messungen, sondern nur in terrestrischen Experimentalanordnungen bestimmt werden.[11]

---

den; vergleiche dazu Wolfe, Tubbs 1980 und den Abschnitt *Die Bedeutung der kosmologischen Widersprüche* in diesem Kapitel.

10 Als einen weiteren denkbaren Einwand könnte man die Möglichkeit einer zeitlichen Variabilität von Naturgesetzen erwägen. Weil aber die zeitliche Entwicklung von Naturgesetzen grundsätzlich einer naturgesetzlichen Beschreibung zugänglich wäre, bildeten diese „Gesetze zweiter Stufe“ eine nomologische Brücke zwischen verschiedenen Domänen der „Gesetze erster Stufe“ und stellten so den (kausalen) Konnex und die Universalität physikalischer Gesetzmäßigkeiten wieder her.

11 Die Gravitationskonstante wurde erstmalig im Jahre 1798 von Henry Cavendish mit einer von ihm konzipierten Drehwaage experimentell bestimmt. Zur Diskussion der Gravitationskonstante als Funktion der Zeit, des Ortes etc. siehe Misner 1973, § 40.8.

Die universelle Gültigkeit dieses Gravitationsgesetzes bedeutet nun, daß man das für irdische Vorgänge erfolgreich angewendete Gesetz auch auf extraterrestrische Erscheinungen übertragen und einer Bestätigung unterziehen kann – eine Transformation, die Isaac Newton erstmalig durchführte.[12] Die Universalität der gravitativen Wechselwirkung ermöglicht erst eine naturwissenschaftliche Untersuchung des Universums und seiner Stabilität. Deswegen wird die Stabilitätsproblematik nur vor dem Hintergrund der Eigenschaften der Gravitation verstehbar, die im folgenden kurz skizziert werden.

Die Diskussionen über die Eigenschaften oder das „Wesen" der von Newton eingeführten Wechselwirkung der Gravitation begannen bereits am Ende des 17. Jahrhunderts. Aus einem Bedürfnis nach metaphysischen Deutungen heraus drohte die neue Gravitationstheorie von seiten der Zeitgenossen in vielfältigem metaphysischen Sinne vereinnahmt zu werden. Newton wandte sich scharf gegen derartige Versuche und betonte seine Position als reiner Beobachter der Naturvorgänge: „Hypothesen erdenke ich nicht. [...] Hypothesen, seien sie nun metaphysische oder physische, mechanische oder diejenigen der verborgenen Eigenschaften, dürfen nicht in die Experimentalphysik aufgenommen werden. In dieser leitet man die Sätze aus den Erscheinungen ab und verallgemeinert sie durch Induction."[13] In der Folge dieses Verständnisses physikalischen Forschens lehnt Newton beispielsweise die Philosophie René Descartes' ab,[14] weil dieser durch seinen scharfen Dualismus von Geist und Materie eine atheistische und damit metaphysische Position beziehe.[15] Statt dessen kann man gerade bei Newton in seinem Verständnis der Mechanik eine Brückenposition feststellen, die eine streng dualistische Weltsicht nicht zuläßt: „Isaac Newton endows mechanics with a comprehension of meaning and an extension of subject that neither Galileo or Descartes before him nor many in contemporary science would admit. For Newton, it was mechanics which both provided the foundations of geometry and also established the existence of God."[16]

Grundsätzlich erhebt sich mit der Formulierung des Newtonschen Gra-

[12] Die Leistung Newtons, zwei bis dato völlig unterschiedliche Erfahrungsbereiche in einer Gesetzmäßigkeit zusammengefaßt zu haben, beschreibt eindrucksvoll Heisenberg 1933, S. 36.

[13] Newton 1687, S. 511. Das erkenntnistheoretische Problem, daß zwischen diesem methodologischen Verständnis und der konkreten Entwicklung der Newtonschen Physik besteht, betont Kanitscheider 1984, S. 118. Zum Widerspruch zu Newtons eigener Definition von „Hypothese" siehe Cohen 1952, S. xxxv. Zum Verständnis der „Hypothesen" vergleiche auch Kuhn 1990, S. 152. 159–161.

[14] Wilfried Kuhn bezeichnet Newtons *Principia* als „Kampfansage an Descartes' ‚Principia Philosophiae'" (Kuhn 1990, S. 151).

[15] Vergleiche auch Wagner 1974, S. 43.

[16] Buckley 1988, S. 86

vitationsgesetzes die Frage nach dem ontologischen Status der Gravitationskraft. Bernard Fontenelle beispielsweise wirft Newton die Einführung einer okkulten Kraft vor. Auch berühmte Zeitgenossen wie Huygens, Leibniz und Bernoulli wenden sich gegen Newton „wegen der metaphysischen Konsequenzen, die seine neue Ontologie der quantitativen Kräfteverhältnisse in sich barg“[17]. Auf der anderen Seite verteidigt Voltaire Newton gegen Fontenelle und rühmt „die warnende Zurückhaltung Newtons gegenüber einer ontologischen Begriffsbestimmung der Schwerkraft“[18]. Allerdings interpretiert er Newton im eigenen, Voltaireschen Sinne, erklärt die Schwerkraft kurzerhand zur Eigenschaft der Körper und beseitigt damit die metaphysische Hintergründigkeit Newtons.[19] Seine Schwierigkeiten im Verständnis der Gravitation bringt Newton explizit im Vorwort zur zweiten Auflage der *Opticks*[20] zum Ausdruck: „And to shew that I do not take Gravity for an essential Property of Bodies, I have added one Question concerning its Cause, chusing to propose it by way of a Question, because I am not yet satisfied about it for want of Experiments.“[21] Über die Ursachen der Gravitation könne – nach Newton – erst dann nachgedacht werden, wenn ihre Gesetzmäßigkeiten und Eigenschaften durch Naturbeobachtung erforscht seien. „What I call Attraction may be perform'd by impulse, or by some other means unknown to me. I use that Word here to signify only in general any Force by which Bodies tend towards one another, whatsoever be the Cause.“[22]

Weil es sich bei der Gravitation um eine stets anziehende Wechselwirkung handelt, stellt sich die naheliegende Frage, warum nicht sämtliche kosmische Massen aufeinanderzustürzen, bzw. warum sie nicht (längst) einen einzigen, riesigen Materieklumpen gebildet haben. Im Rahmen dieses Problems der Stabilität des Universums thematisiert Newton die Möglichkeit der Existenz repulsiver Kräfte. Die Natur bediene sich einfacher Mittel, „performing all the great Motions of the heavenly Bodies by the Attraction of Gravity

---

[17] Wagner 1974, S. 43

[18] Wagner 1974, S. 36. Ähnlich äußert sich auch Erich Becher: „Newtons Forschergröße bewährte sich in der Vorsicht, mit der er die Frage nach dem Fernwirkungscharakter der Gravitation unentschieden ließ.“ (Becher 1907, S. 228 f.)

[19] Vergleiche dazu Wagner 1974, S. 36, sowie insbesondere Sexl 1990.

[20] Gegenüber der ersten Auflage 1704 hat Newton in dieser Auflage dem Ende des dritten Buches einige Fragen angefügt, deren letzte sich den Fernwirkungen widmet.

[21] Newton 1717, S. cxv

[22] Newton 1717, S. 376. Mit dem Begriff „attraction“ verbindet Newton nicht nur die gravitative Wechselwirkung, sondern auch die Anziehungen im Bereich der Elektrizität und des Magnetismus. In diesem Zusammenhang ist die Tatsache interessant, daß Newton auch die Möglichkeit anderer, kurzreichweitiger Kräfte erwägt: „[...] there may be others which reach to so small distances as hitherto escape Observation“ (Newton 1717, S. 376).

which intercedes those Bodies, and almost all the small ones of their Particles by some other attractive and repelling Powers which intercede the Particles“[23]. Offensichtlich existiert allerdings Repulsion nach Newton lediglich auf der mikroskopischen Ebene und ist letztlich auf die vielfältigen Effekte der elektromagnetischen Wechselwirkung zurückzuführen.[24] Konsistent mit dieser Einschätzung ist die Beobachtung, daß Newton im Zusammenhang mit kosmischen Prozessen stets von Gravitation und Attraktion, aber nie von Repulsion spricht.

Auch wenn sich Newton explizit dagegen verwahrte, Aussagen über den Ursprung der Gravitation zu machen,[25] so hat er doch „diese von ihm offengelassene Frage dazu benützt [...], die Existenz der Schwerkraft für einen natürlichen Gottesbeweis zu verwenden“[26]. Im Newtonschen Verständnis von Theologie wird nicht mehr bzw. nicht mehr ausschließlich die Offenbarung zum Ausgangspunkt reflektierenden Glaubens, sondern die Einsicht in die Ordnung der Natur bildet das Fundament christlichen Glaubens: „I want to suggest that Newton saw mechanics not only as corroborating theology, but as serving for its foundation.“[27] Deswegen kann Newton in der historischen Rückschau – im Unterschied zu vielfach geäußerten Urteilen seiner Zeitgenossen – in keiner Weise mit einer materialistischen Weltanschauung in Verbindung gebracht werden: „Newton's mechanics reduces all things, bodies or motions or systems back to force. But force is ultimately – that is, in its farthest reaches as ‚first cause‘ – not a mechanical reality. It is the dominion of God.“[28]

Bei der Untersuchung der Stabilität des Universums im Kontext der Naturphilosophie Isaac Newtons stellt sich somit notwendig die Frage, in welchem Verhältnis bei ihm der Gottesglaube zu seiner Vorstellung einer statischen Welt steht. Vergeblich wendet sich Newton gegen den Vorwurf, er fasse die Schwerkraft als eine Eigenschaft der Materie auf.[29] Statt dessen läßt er eine ontologische Deutung der Gravitation zunächst offen, obwohl

---

[23] Newton 1717, S. 397

[24] Newton spricht in diesem Zusammenhang von elektrischen und magnetischen Phänomenen ebenso wie von Kohäsion, Oberflächenspannung oder chemischen Prozessen.

[25] „He refused [...] to discuss the cause of gravitation, begging off with the phrase *Hypotheses non fingo*; and he actually declared that all one needs to know is that gravity exists [...].“ (Cohen 1952, S. xxxiv)

[26] Wagner 1976, S. 36

[27] Buckley 1988, S. 86. Diese Position weist der Mechanik eine ganz bestimmte Funktion zu: „And the ‚main business‘ of Newtonian mechanics was to move carefully either by analysis or by synthesis to provide for religion its fundamental basis.“ (ebd., S. 88)

[28] Buckley 1988, S. 89

[29] Vergleiche dazu Koyré 1965, insbesondere den Anhang „Gravity an Essential Property of Matter?“ (ebd., S. 149–163).

er – in der Sicht von Alexandre Koyré – die Position bezieht, „die Kräfte bekanntlich für nicht zur Materie gehörende nicht-mechanische, immaterielle und sogar ‚geistige' Energie"[30] zu halten. Fritz Wagner behauptet, daß Newton sich angesichts des Vorwurfs, die metaphysischen Konsequenzen seiner Gravitationstheorie führten zu einer materialistischen Weltdeutung, auf seinen Gottesglauben zurückziehe und sich zu diesem als erkenntnisleitendem Prinzip bekenne.[31] Denn wenn die Schwerkraft als eine Eigenschaft angenommen würde, die den Körpern selber innewohnte, dann durchwaltete ein natürliches Agens die Welt, und für die permanente Sicherung von Stabilität und Ordnung im Kosmos würde Gott überflüssig. Damit wäre ein erster Schritt vollzogen vom christlichen Offenbarungsverständnis hin auf einen Deismus, in dessen Konzeption Gott als gegenwärtig persönlich wirkend nicht vorkommt. Ein deistisches Gottes- und Weltbild steht aber in eklatantem Widerspruch zur Botschaft des Alten und Neuen Testamentes und zu jedweder christlichen Verkündigung; dies erklärt die ablehnende Haltung vieler Zeitgenossen ebenso wie die ambivalente Position Newtons. Denn ein Verständnis der Gravitation als Eigenschaft der materiellen Körper könnte Newton argumentativ den ersten Schritt auf einer schiefen Bahn machen lassen, an deren Ende die Leugnung der Existenz Gottes stünde.

Dieser Gefahr versucht Newton von vornherein zu entgehen: Ganz allgemein könne gerade die Erforschung der Natur den Ausgangspunkt für einen christlichen Offenbarungsglauben bilden: „But natural philosophy or mechanics could give the foundation for the credence which one extended to the objects of revelation. Mechanics could dispose of the objections of the atheist."[32] Im speziellen verwendet Newton das Prinzip der Schwerkraft gerade als Beweis der Existenz Gottes und versteht die Gravitation als das Mittel Gottes zur Gewährleistung der Stabilität des Universums. „[...] die Einwirkung Gottes mittels dieser Prinzipien gibt der Welt ihre Struktur und Ordnung, und eben diese Struktur und Ordnung setzt uns instande zu erkennen, daß die Welt als Ergebnis einer Absicht und nicht aus Zufall oder Notwendigkeit entstanden ist."[33]

Der Kosmos, im eigentlichen Wortsinn als Ordnung verstanden, entspringt demnach dem schöpferischen Willen Gottes, und seine Struktur ist nicht auf das Wirken blinder Naturgesetzlichkeit zurückzuführen. „For it became him who created them [the material Things, B.S.] to set them in order. And if he did so, it's unphilosophical to seek for any other Origin

---

[30] Koyré 1969, S. 189f.
[31] Vgl. Wagner 1976, S. 43f.
[32] Buckley 1988, S. 87
[33] Koyré 1969, S. 196

of the World, or to pretend that it might arise out of a Chaos by the mere Laws of Nature; though being once form'd, it may continue by those Laws for many Ages."[34] Als paradigmatisch für die göttliche Ordnung und die Stabilität des Universums gilt für Newton das Sonnensystem: „[...] blind Fate could never make all the Planets move one and the same way in Orbs concentrick"[35]. Gegenseitige, störende Einflüsse der Planeten und Kometen untereinander würden zur Instabilität des Systems führen, so daß der göttliche Ordner durch regelmäßige Eingriffe die Stabilität des Systems gewährleisten müsse.[36] „Such a wonderful Uniformity in the Planetary System must be allowed the Effect of Choice."[37] Damit wird bei Newton die Mechanik bzw. die Naturphilosophie zum Ausgangspunkt für einen natürlichen Gottesbeweis: „The argument of design lies at the foundation of Newton's affirmation of the existence of God."[38] Diese Sorgfalt Gottes, die im Newtonschen Kosmos offenbar wird, entkräftet auch jeden Vorwurf des Deismus oder der Annahme nicht-göttlicher, metaphysischer Agentien, die das Universum durchwalten. Vielmehr bekräftigt Newton den Glauben an die Allgegenwart Gottes: „[...] he being every where present to the Things themselves."[39] Allein durch seinen Willen ist Gott fähig, „to form and reform the Parts of the Universe"[40], die Ordnung und Stabilität im Universum also ständig zu beeinflussen.

Newton betont also explizit den freien Entschluß Gottes, der in der Schöpfung das Universum so gewollt und geschaffen hat, wie wir es beobachten, und der stets aktuell korrigierend dessen Stabilität gewährleistet. In dieser Darlegung, die Beschaffenheit und Stabilität der Welt mit der Existenz Gottes in Verbindung zu bringen, grenzt sich Newton scharf ab von Descartes, der die res extensa als von den Eigenschaften Gottes getrennt versteht. Bei Newton dagegen verweist beispielsweise die Unendlichkeit des Raumes auf die Eigenschaften Gottes, er begreift den Raum als sensorium Dei. Auch wenn Newtons Naturphilosophie dabei nicht in einen „verschwommenen Mysti-

---

[34] Newton 1717, S. 402

[35] Newton 1717, S. 402

[36] Daß sich die gegenseitige Störung von Planeten im Sonnensystem nicht beliebig aufschaukelt und nicht notwendig zur Instabilität des jeweilgen Systems führt, zeigt die große Anomalie von Jupiter und Saturn; vgl. Kanitscheider 1993, S. 13, und Kanitscheider 1984, S. 122f.

[37] Newton 1717, S. 402

[38] Buckley 1988, S. 88

[39] Newton 1717, S. 403

[40] Newton 1717, S. 403

zismus“ eines Henry More mündet,[41] gibt es enge Beziehungen zwischen den Theorien der beiden Gelehrten aus Cambridge.[42]

Zwischenbilanz: Wegen der absoluten Souveränität Gottes und seiner Allmacht ist für Newton das Problem der Stabilität des Universums gelöst. Welch untergeordneten Stellenwert für ihn die Stabilität des Universums als wirklich problematischer Punkt seiner Gravitationstheorie gehabt haben dürfte, zeigen seine Ausführungen zum Wirken Gottes im Kosmos: „[...] it may be also allow'd that God is able to create Particles of Matter of several Sizes and Figures, and in several Proportions to Space, and perhaps of different Densities and Forces, and thereby to vary the Laws of nature, and make Worlds of several sorts in several Parts of the Universe.“[43] Wenn die Gültigkeit von Erhaltungssätzen und Naturgesetzen abhängig vom Willen und Wirken Gottes gedacht wird, kann die Aufrechterhaltung oder Neuschaffung einer kosmischen Struktur kein ernsthaftes Problem darstellen.

Die explizite Bezugnahme Newtons auf göttliches Wirken in allen Dingen einerseits und seine Betonung eines nicht-metaphysischen, induktiven Vorgehens andererseits deuten auf ein unklares Verständnis von „Hypothesen“ als Elementen in der experimentalwissenschaftlichen Forschung. Dementsprechend gehen im Hinblick auf die Frage, ob Newton bei seinen Untersuchungen metaphysische Hypothesen geleitet haben, die Meinungen in der Forschung weit auseinander – im folgenden exemplarisch dargestellt anhand der unterschiedlichen Positionen von Alexander Koyré und Ernst Cassirer. So schreibt Cassirer in *Die Philosophie der Aufklärung*: „Newton hat seine eigene Grundlehre, seine allgemeine Theorie der Gravitation, nur als einen vorläufigen Haltpunkt betrachtet. Denn er begnügt sich damit, die Gravitation als universelles Phänomen der Natur aufzuweisen, ohne nach dessen letzten Ursachen zu fragen. Eine mechanische Theorie der Gravitation lehnt er ausdrücklich ab, weil die Erfahrung uns keine ausreichenden Handhaben für sie darbietet. Aber ebensowenig will er irgendeinen metaphysischen Grund der Schwere aufstellen [...].“[44] Cassirer argumentiert dahin gehend, daß die Annahme oder die Voraussetzung eines metaphysischen Grundes für den Forschungsprozeß eine für einen Physiker unzulässige Grenzüberschreitung darstelle. In der Sicht Cassirers ist die Forschertätigkeit Newtons auf die

---

41 Vgl. Wagner 1976, S. 45.

42 Vergleiche dazu Koyré 1957, S. 159–161. 190, bzw. Koyré 1969, S. 147f. 173. Henry More stimmt mit Isaac Newton vor allem darin überein, die Vorstellung des absoluten Raumes und der absoluten Zeit gegen René Descartes zu vertreten und zu verteidigen.

43 Newton 1717, S. 403f.

44 Cassirer 1932, S. 68

reine Deskription beschränkt, auf die Beschreibung der Phänomene und ihre formelhafte Zusammenfassung in mathematischer Sprache, auf die induktive Erkenntnis, auf Experiment und Induktionsschluß gegründet.

Eine ganz andere Position vertritt dagegen Alexandre Koyré. Er leugnet keineswegs, daß Newton die Auffassung immer wieder bekräftigt habe, in der Experimentalphilosophie kämen metaphysische Hypothesen nicht vor. Es werde aber deutlich, „that metaphysical convictions play, or at least have played, an important part in the philosophy of Sir Isaac Newton. It is his acceptance of two absolutes – space and time – that enabled him to formulate his fundamental three laws of motion, as it was his belief in an omnipresent and omniactive god that enabled him to transcend both the shallow empiricism of Boyle and Hooke and the narrow rationalism of Descartes, to renounce mechanical explanations, and, in spite of his own rejection of all action at a distance, to build up his world as an interplay of forces, the mathematical laws of which natural philosophy had to establish. By induction, not by pure speculation. This because our world was created by the pure will of God; we have not, therefore, to prescribe his action for him; we have only to find out what he has done."[45] Obwohl Albert Einstein zu traditionellen Religionen und dem christlichen Gottesbild nur geringfügig eine persönliche Beziehung entwickelt hat,[46] finden wir auch bei ihm, gegründet in einem spinozistischen Gottesverständnis, eine ähnliche Skizzierung der Motivation des Naturforschers: „Ich würde gerne wissen, wie Gott diese Welt geschaffen hat. [...] Ich würde gerne seine Gedanken kennen: alles andere ist nur Detail."[47]

Wie oben ausgeführt, betont Newton sporadische Eingriffe Gottes in dessen Schöpfung, um mit dem Kosmos vor allem das Planetensystem stabil zu halten und um damit die Existenz der Menschen als Ebenbilder Gottes zu sichern.[48] Andererseits scheint aber auch ohne äußere Einwirkung die Stabilität des Sonnensystems unproblematisch, denn offenkundig besteht sie in der stabilen Rotation der Himmelskörper um das gemeinsame Gravitationszentrum. Newton beschreibt zwei Kraftkomponenten, die auf einen Planeten wirken: die zum Gravitationszentrum hin gerichtete Zentralkraft (die ihre Ursache in der gegenseitigen Anziehung der Massenpunkte hat) und die Kraft, die tangential zur Bahnkurve des Massenpunktes wirkt. Für

---

[45] Koyre 1965, S. 113f.

[46] Einstein 1934, S. 10. 171

[47] Zitiert in French 1985, S. 141.

[48] Zu der Thematik „Newtons Religiosität" ist lesenswert Müller-Markus 1986, Kap. 7–9. Müller-Markus weist unter anderem auf, daß in der Überzeugung Newtons Gott die Welt auf den Menschen und dessen Eigenschaften hin geschaffen hat, und er arbeitet die Glaubensüberzeugungen heraus, die die wissenschaftliche Forschung Newtons bestimmt haben.

die letztere kann er keine materielle Ursache angeben; hier greift Newton auf die deistische Lösung zurück, nach der Gott im Schöpfungsakt den Planeten diese Tangentialkomponente ihrer Bewegung verliehen hat. Obwohl er bereits eine explizite Kosmogonie ausgearbeitet hat, in der die Entstehung des Planetensystems als Endpunkt eines kausal-mechanischen Prozesses erklärt wird, findet man eine ähnliche Argumentationsfigur auch bei Immanuel Kant. Er vertritt eine klassisch deistische Haltung, die nach dem Schöpfungsakt kein Eingreifen Gottes in das kosmische Geschehen mehr annimmt.[49]

Ohne die Annahme einer deistischen oder theistischen Auffassung für die Lösung des Problems der Stabilität meint Gerhard Jackisch auskommen zu können. Er behauptet, daß in Newtons Vorstellung der gravitativen Wechselwirkung der Gedanke der Repulsivkräfte durchaus enthalten sei. Ihre Einführung benötige dieser, um den universellen Gravitationskollaps zu vermeiden. „Universelle Gravitation und Repulsion bedingen in ihrer dialektischen Wechselwirkung die Stabilität der kosmischen Materiestrukturen und damit die Selbstkonsistenz des Kosmos."[50] Weil man – wie bereits oben ausgeführt – bei Newton keine Aussagen finden kann, in denen er von repulsiven Kräften spricht, die auf kosmischer Ebene wirken, liegt die Vermutung nahe, daß Jackisch' Einschätzung dem Vorurteil von einer dialektischen Verfaßtheit aller Prozesse und Phänomene der Wirklichkeit entstammt. Zugegebenermaßen böte ein feinabgestimmtes Zusammenspiel von attraktiven und repulsiven Kräften eine befriedigende Erklärung der Stabilität der kosmischen Materieverteilung. Gegen diese Annahme sprechen aber zwei gewichtige Gründe: Erstens existieren in der Newtonschen Kosmologie keine repulsiven Kräfte, die kosmischen Vorgänge werden allein durch die gravitative Wechselwirkung bestimmt. Zweitens ist die Betonung der wirkenden Allgegenwart eines Schöpfers, der korrigierend in die von ihm ins Leben gerufenen mechanischen Abläufe eingreift – beispielsweise bei den Aberrationen der Planetenumläufe oder bei den Kometenbahnen – für Newton wichtig für seine Verteidigung gegen den Vorwurf des Deismus.[51]

---

[49] Dies wird auch richtig von Jackisch 1979, S. 25, betont.

[50] Jackisch 1979, S. 22

[51] Selbst ein deistisches Weltbild, in dem die Stabilität des kosmischen Substrats ohne göttliche Korrekturen Bestand hätte, wäre von einem atheistischen Weltverständnis deutlich zu unterscheiden. Denn unter der Annahme eines Deismus würde ein stabiles Universum durch die Feinabstimmung von Naturgesetzen und Anfangsbedingungen die Existenz und die Allmacht eines Schöpfers bezeugen. In der Vergangenheit bildete die so verstandene Zweckmäßigkeit des Kosmos den zentralen Inhalt für die teleologischen Gottesbeweise.

Das Gravitationsparadoxon in der Newtonschen Kosmologie

Wie in dem einleitenden Teil dieses Kapitels hervorgehoben wurde, konnte erst mit der Begründung der klassischen Mechanik durch Newton Kosmologie als Wissenschaft betrieben werden. Die Zeit zwischen den Jahren 1687 und 1917 kann man somit als Zeitalter der klassischen Kosmologie bezeichnen.[52] Eine Durchsicht der Schriften Isaac Newtons – hier vor allem seiner *principia* – ergibt, daß er selbst keine ausgearbeitete Kosmologie vorgelegt hat.[53] Fruchtbar für die Lehre vom Universum wurden aber „some brief suggestions, showing the relevance of dynamical questions [...] to the construction of an acceptable view of the universe as a whole“[54]. Vor allem in seiner Diskussion mit Richard Bentley wird die Newtonsche Auffassung vom Aufbau der Welt im Großen deutlich.[55] Im Vordergrund der kosmologischen Diskussionen stehen dabei die Überlegungen zum Problem des Gleichgewichts eines Universums, das als statisch existierend ansehen wird und in dem die Materiedichte der Beobachtung gemäß endlich ist. Das Problem bei letztgenannter Voraussetzung besteht nun aber darin, daß bereits in dem kleinen, überschaubaren Bereich des Kosmos von einer gleichförmigen Materieverteilung keine Rede sein kann. Weil zur Gewährleistung einer stabilen Materieverteilung in den jeweiligen Szenarien das Kräftegleichgewicht als exakt angenommen werden muß (dabei spielt es zunächst keine Rolle, ob man von einem unendlich oder endlich großen Universum ausgeht), muß man annehmen, daß die beiden Diskutanten Abstraktionen und Idealisierungen vorgenommen haben müssen. Denn jedes realistische Modell hätte neben den Bewegungen der Massenpunkte auch die lokale Ungleichverteilung der

---

[52] Natürlich besteht auch in der Zeit nach 1917 grundsätzlich die Möglichkeit, klassische Kosmologie zu betreiben in dem Sinne, daß für die Beschreibung und Erklärung kosmischer Vorgänge eine klassische, nicht-relativistische Gravitationstheorie zugrunde gelegt wird. Hinsichtlich der Bedeutung der jeweiligen Gravitationstheorien für die Kosmologie scheinen mir jedoch o. g. Zeitschnitte sinnvoll.

[53] Siehe dazu beispielsweise Kerszberg 1986; Harrison 1987, S. 72. Fragen bezüglich seines Schweigens zu Problemen der Struktur und Entstehung des Universums soll er folgendermaßen beantwortet haben: „I do not deal in conjectures“ (zitiert nach Kerszberg 1986, S. 69).

[54] Munitz 1957, S. 144

[55] Richard Bentley hatte sich ratsuchend an Isaac Newton in der Vorbereitung einiger Vorträge gewandt, in denen er im Jahre 1692 die Existenz Gottes mittels physiko-theologischer Argumente beweisen wollte. Dementsprechend handeln auch die Briefe, die Isaac Newton zwischen Dezember 1692 und Februar 1693 an Richard Bentley schrieb (Newton 1782, S. 427–442), in erster Linie von der Möglichkeit eines Gottesbeweises, wie das Deckblatt in Newtons *opera omnia* zeigt: „[...] containing some arguments in proof of a Deity“ (Newton 1782, S. 427).

Himmelskörper in Rechnung stellen müssen. Dann wäre aber die Annahme einer statischen Situation argumentativ nicht mehr haltbar gewesen.

Abgesehen von der konkreten Diskussion zwischen Isaac Newton und Richard Bentley sind, wie bereits angedeutet, für die Frage nach Aufbau und Struktur des Universums im Rahmen der klassischen Kosmologie nun der Fall eines räumlich endlichen und der eines räumlich unendlichen Universums zu unterscheiden. Bei dem Problem der kosmischen Stabilität muß man im letztgenannten Fall nochmals differenzieren zwischen einem Universum mit unendlichem und einem Universum mit endlichem Materieinhalt – dem sogenannten „Insel-Universum“.[56] Im allgemeinen Sprachgebrauch wird die Frage nach der Struktur des Raumes bzw. des Universums im Großen mit dem Begriff „kosmologisches Problem“ bezeichnet.[57] Dabei geht es sowohl um die Geometrie bzw. die Metrik der Raumzeit als auch um die großräumige Verteilung der Materie. Für das Verständnis der folgenden Ausführungen sei betont, daß in all den eben unterschiedenen Modellen der kosmische Raum bis weit in das 19. Jahrhundert hinein selbstverständlich als mit flacher, euklidischer Metrik versehen gedacht wird.

Das räumlich endlich große Universum

Wenn wir uns das Universum als einen endlichen Raum vorstellen, dann existiert ein ausgezeichneter Punkt, den man als Mittelpunkt bezeichnen kann und der in den astronomischen Vorstellungen früherer Zeiten mit der Position der Erde im Kosmos zusammenfiel. Ein an diesen Mittelpunkt gebrachter Probekörper könnte nur genau dann in Ruhe sein, wenn sein Ort zugleich mit dem Schwerpunkt der Massen im Kosmos zusammenfiele. Zur Zeit Newtons dürfte diese Eigenschaft nicht einmal für den Mittelpunkt der Sonne angenommen worden sein, weil sich dieser zusammen mit der übrigen Materie des Sonnensystems auf einer Bahn um den gemeinsamen Schwerpunkt befindet, der im Innern, aber nicht im Mittelpunkt der Sonne liegt. Selbst wenn es solch einen ausgezeichneten Punkt im Universum gäbe, stellte sich die Frage, warum die Materieverteilung im Großen statisch bleiben kann, wenn jeder Materiepunkt eine Beschleunigung auf den Schwerpunkt hin erfährt.

---

[56] Bei den genannten Fallunterscheidungen soll die Möglichkeit einer unendlich großen Materiedichte ausgeschlossen sein. Sonst müßte man noch den Fall eines endlich großen Kosmos mit unendlich großem Materieinhalt untersuchen. Für den Fall eines unendlich großen Kosmos mit einer räumlich begrenzten Materieverteilung mit unendlich großer Masse (z. B. nur ein einziges kosmisches Objekt) gilt jedoch dasselbe wie für das im Text behandelte Insel-Universum.

[57] So beispielsweise in Einstein 1988, S. 89.

Ein stabiles System kann nur dann existieren, wenn sich die Massenpunkte in einer gebundenen Bewegung um den Schwerpunkt herum bewegen.[58]

In einem Modell eines Universums, dessen Materieinhalt aus endlich vielen gravitativ gebundenen Systemen besteht (z.B. aus Sonnensystemen), ergeben sich somit zwei Probleme: Zum ersten ist mit der Existenz vieler lokal gebundener Systeme die Frage der Stabilität des gesamten Universums nicht annähernd beantwortet, zum zweiten drängt sich bei den gebundenen Systemen zusätzlich die Frage nach dem Ursprung der Tangentialkomponente der Beschleunigung auf – und somit das Thema der Kosmogonie bzw. das Problem der Galaxien- und Sonnensystementstehung. Wie oben bereits diskutiert, sah beispielsweise noch Newton die stabilitas mundi[59] nicht als eine Konsequenz naturgesetzlichen Wirkens, sondern nur durch ein zeitweises Eingreifen Gottes gewährleistet. In einem räumlich endlich großen Universum ergibt sich also das Problem, daß die Massen im Universum eine Beschleunigung auf den gemeinsamen Massenschwerpunkt hin erfahren, trotzdem aber in dieser Vorstellung unseres Universums aufgrund von Beobachtungen von einer großräumig gleichmäßigen Materieverteilung ausgegangen wird.

Als Lösung dieses Widerspruchs kann man meines Erachtens nur das Modell eines stabilen Kosmos konstruieren, indem man die gesamte Materie als in Rotation um den Massenschwerpunkt des Universums betrachtet. Damit würde die Stabilitätsbedingung für gebundene Systeme – im einfachsten Fall des Zwei-Körper-Problems – universalisiert und für jede Hierarchie-Ebene von kosmischen Strukturen gefordert. Diese Rotation könnte in der Newtonschen Theorie allerdings nur in bezug auf den absoluten Raum aufgefaßt und festgestellt werden. Einen Hinweis auf eine dergestaltige Lösung, die Annahme einer Rotation der Materie gegenüber dem Raum zur Stabilisierung der Materieverteilung, habe ich in der damaligen Literatur nicht gefunden. Zur Erklärung dieses Befundes kann man in zwei Richtungen argumentieren. Erstens: Wenn das Universum von einem transzendenten, menschenfreundlichen Wesen geschaffen wurde, dann wurde es in diesem Schöpfungsakt auch mit Eigenschaften, u.a. mit der der Stabilität, ausgestattet, die seine Existenz für ewige bzw. sehr lange Zeiten gewährleisten. Die Stabilität des Universums als eine Schöpfungstat Gottes bedarf keiner weiteren (naturgesetzlichen) Erklärung. Zweitens tritt in allen terrestrischen beschleunigten Systemen das

---

[58] Weil die gebundene Bewegung nur durch die Gesamtenergie des Systems gekennzeichnet ist, spielt die Geschlossenheit der Bahnen für die Stabilität des Systems keine Rolle.

[59] Newton versteht unter „mundus" nicht das gesamte Universum, sondern eines der oben skizzierten gebundenen Systeme, beispielsweise das Sonnensystem. Dieselbe Begrifflichkeit verwendet unter anderem auch Giordano Bruno.

Phänomen der Reibung auf. Die Beobachtung von Alltagsphänomenen führt zu dem allgemeingültigen Schluß, daß beschleunigte Systeme letztlich instabil sind. Dieses in der terrestrischen Umgebung geprägte Vorurteil könnte die Entwicklung des geschilderten Lösungsansatzes verhindert haben, zumal von einem rotierenden Materiekosmos angenommen werden müßte, daß er bereits sehr lange Zeit bzw. ewig rotiert; dies wäre nur im reibungsfreien Fall möglich.

Das eben geschilderte Szenarium könnte ebensogut auch als Lösung für das Stabilitätsproblem im Falle des sogenannten „Insel-Universums" gelten, über das im folgenden gehandelt wird.

Das Insel-Universum

Bei dem kosmischen Modell des Insel-Universums befindet sich eine Materieverteilung, die einen klar umgrenzten Raumbereich einnimmt, in einem unendlich großen Raum – wie eine Insel in einem sich räumlich unendlich weit erstreckenden Ozean. [60]

Abbildung 1: Das Insel-Universum: Eine räumlich begrenzte Materieverteilung in einem unendlich großen Universum

Wie schon im Fall des räumlich begrenzten Universums besäße dieses auch im vorliegenden Modell einen Schwerpunkt als ausgezeichneten Ort. [61] Befänden wir uns in diesem „Mittelpunkt der Welt", dann sähen wir – nicht notwendig, aber der allgemeinen Vorstellung entsprechend – eine im großen und

---

[60] In diesem kosmologischen Modell können statt einer auch mehrere Materieverteilungen existieren (analog den Sonnensystemen in der Milchstraße); dadurch ändert sich das grundlegende Problem nicht. Auch wenn das Bild der einen Insel dann nicht mehr paßt, kann man sich über sehr große Entfernungen hinweg die Ränder der Materieverteilung als aufgelöst, die Materie als stark ausgedünnt vorstellen. Grundsätzlich ist selbstverständlich auch denkbar, daß alle uns heute bekannten Himmelsobjekte „nur" eine – zugegebenermaßen große – Insel in einem sich räumlich unendlich weit erstreckenden Universum bilden. In allen drei Fällen muß aber gesichert sein, daß die Gesamtmasse der Materie endlich ist.

[61] Dieser Ort muß nicht notwendig mit dem Gebiet der maximalen Materiedichte zusammenfallen.

ganzen in alle Richtungen gleiche Abnahme der Materiedichte. Die Gesamtmasse des Universums wäre somit in einem begrenzten Bereich innerhalb des unendlichen Raumes konzentriert. Die Vorstellung vom Insel-Universum geht zurück auf die Kosmologie der Stoa, deren qualitatives kosmologisches Modell bis in die ersten Jahrzehnte des zwanzigsten Jahrhunderts hinein wirkte.[62] Entgegen der üblicherweise getrennten Darstellung der drei antiken Kosmologien[63], die in den Schulen von Aristoteles und Epikur sowie in der Stoa vertreten wurden, kann man die stoizistische Kosmologie – und damit auch das Modell des Insel-Universums – als Synthese der beiden anderen Systeme betrachten. Wie im Aristotelischen Kosmos nimmt dabei die Materie einen begrenzten Raum ein. Im Unterschied zum aristotelisch-ptolemäischen Weltbild wird das Universum in der stoizistischen Kosmologie aber nicht von der Fixstern-Sphäre begrenzt, sondern jenseits des materiellen Universums erstreckt sich eine unendliche Leere. Die unendliche Ausdehnung des Universums charakterisiert zwar auch die Epikureische Kosmologie; allerdings ist hier der unendliche Raum gleichmäßig mit unendlich vielen Atomen erfüllt.[64] Die stoizistische Synthese eines kosmologischen Modells beantwortet zwei berühmte Fragen, eine antike und eine neuzeitliche: Bei dem antiken Problem handelt es sich um die Frage von Archytas von Tarent, was mit einem Speer geschehe, der gegen den Rand des Universums geschleudert werde. Im Kosmos der Stoa fliegt der Speer unendlich weit, ohne an die Fixstern-Sphäre zu stoßen oder eine Grenze zwischen zwei Sphären mit unterschiedlichen physikalischen Eigenschaften zu durchstoßen, wie dies in der aristotelischen Kosmologie angenommen wird.[65] Das neuzeitliche Problem ist unter dem

[62] Die große Wirkung der stoizistischen Kosmologie über diesen langen Zeitraum hinweg zeigt sich exemplarisch in der Position Harlow Shapleys während der „Great Debate" mit Heber Curtis. Edward Harrison sieht in dieser Diskussion über die kosmische Stellung der Nebel „the last battle in the 2.000 years' war between the defenders of the rival Epicurean and Stoic systems" (Harrison 1987, S. 117).

[63] Edward Harrison stellt die drei Kosmologien, die alle im 4. Jahrhundert entstanden sind, unter der Überschrift „Three Rival Systems" vor (Harrison 1987, Kap. 2).

[64] Im naturalistischen Weltbild der Epikureer, dessen ontologische Entitäten nur Atome und unendlicher Raum sind, ist somit bereits das kopernikanische bzw. kosmologische Prinzip enthalten. – Betrachtete man das epikureische Modell im Kontext der neuzeitlichen Kosmologie, dann ließe sich das bereits geschilderte Gravitationsparadoxon nicht umgehen; vergleiche dazu auch den Abschnitt *Das räumlich unendlich große Universum.*

[65] Genauer: Der Speer fliegt natürlich nur dann unendlich weit, wenn – modern gesprochen – seine Fluchtgeschwindigkeit entsprechend groß und seine Flugrichtung entsprechend eingerichtet ist: Bahnkurven, deren Richtungsvektor (anti-)parallel dem Radiusvektor eines sphärischen Himmelskörpers sind, müssen ausgenommen werden.

Begriff des Olberschen Paradoxons in die Literatur eingegangen.[66] Die Konzeption des Kosmos in der Stoa ermöglicht es, zur Lösung dieses Paradoxons eine endliche Anzahl beliebig großer, leuchtender Himmelskörper so in einem begrenzten Raum anzuordnen, daß der Sehstrahl eines Beobachters nicht notwendig auf eine leuchtende Oberfläche trifft.[67]

Das Insel-Universum, das Problem der Grenzbedingungen und der Verödungseinwand

Im folgenden werden einige Probleme dargelegt, die sich mit der Vorstellung des Insel-Universums ergeben.

Das Modell des Insel-Universums ist eindeutig verbunden mit der Randbedingung, daß das Gravitationspotential im Unendlichen einen endlichen Wert annimmt. Unter der Voraussetzung eines endlichen Werts des Potentials im Unendlichen stellt sich das folgende Problem: Grundsätzlich ist es im Falle eines endlichen Potentials möglich, daß ein Himmelskörper diesen Potentialwall überwinden und im Unendlichen verschwinden kann, wenn seine kinetische Energie nur entsprechend groß genug ist. Durch Nahbegegnungen von kosmischen Objekten kann Energie prinzipiell untereinander ausgetauscht werden. Berücksichtigt man nun die Gesetze der statistischen Mechanik, dann wird sich dieser Vorgang des Wegdiffundierens von Himmelskörpern bis zu dem Zeitpunkt fortsetzen, an dem die kinetische Energie aller Körper im Universum gerade so groß ist, daß sie der endlichen Höhe des Potentials entspricht.[68]

Diesen „Verödungseinwand" gegen die Vorstellung eines Insel-Universums kann man sich noch auf eine andere Weise veranschaulichen, die auf eine Anwendung des Boltzmannschen Verteilungsgesetzes zurückgeht. Die Sterne entsprechen dabei den Gasmolekülen eines Gases im stationären Zustand. Wenn man als kosmische Randbedingung den endlichen Wert des Gravitationspotentials annimmt, dann existiert in diesem System eine Potentialdif-

---

66 Vergleiche dazu vor allem Harrison 1987; Harrison 1981, Kap. 12; Vollmer 1992; sowie den Abschnitt *Gravitationsparadoxon und Olberssches Paradoxon* am Ende dieses Kapitels.

67 Anders gesagt, der unendliche Raum dient als Senke für beliebige Energiemengen. Einschränkend muß bemerkt werden, daß das stoizistische Modell des Kosmos das Olberssche Paradoxon nicht notwendig löst. Denn selbstverständlich kann man eine ausreichend große Anzahl von leuchtenden Himmelskörpern so im Raum anordnen, daß für mindestens einen kosmischen Beobachter der „Nachthimmel" taghell ist.

68 Anschaulich gesprochen würde sich die physikalische Situation zu diesem Zeitpunkt so darstellen, daß ein Himmelskörper, der diese Gesamtenergie trüge, die Höhe des Potentialwalls gerade noch erreichte (und dort liegen bliebe, wenn sich das Potential dem konstanten Wert nicht asymptotisch im Unendlichen annäherte).

ferenz, die sich im Gas als ein Dichtekontrast manifestieren muß. Weil es sich beim Verhältnis der Potentiale um ein endliches handelt, muß auch das Verhältnis der Dichten endlich sein. Wenn nun aber im Modell des Insel-Universums die Materiedichte im Unendlichen Null beträgt, dann kann die Dichte an keinem anderen Ort im Universum einen von Null verschiedenen Wert annehmen; die Folge: ein in diesem Sinne konzipiertes Modell vom Universum kann nicht existieren.

Grundsätzlich besteht das Problem des kosmologischen Modells des Insel-Universums darin, daß es keine plausible physikalische Erklärung gibt, warum als Randbedingung des Universums das Potential im Unendlichen unabhängig von seinem Materieinhalt einen willkürlichen, konstanten Wert annehmen sollte. Im Rahmen der Newtonschen Kosmologie sind es vielmehr die Himmelskörper selbst, die das Potential bestimmen. Dann würde sich bei einer Verteilung der Himmelskörper auf einen endlichen Raum auch ein konstanter Wert für das Gravitationspotential im Unendlichen ergeben. Denn man kann sich die Gesamtmasse der Himmelskörper in einem einzigen Massenpunkt vereinigt denken und erhielte im Außenraum dasselbe Gravitationspotential wie das einer beliebigen Materieverteilung. Diese Überlegung bedeutet jedoch, daß es nicht möglich ist, einen Wert für das Gravitationspotential im Unendlichen als Randbedingung zu *wählen*. Dieses wäre eindeutig bestimmt durch den Materieinhalt des Universums und seine räumliche Verteilung.[69] Über den Ursprung der Materie und über den Ursprung der räumlichen Verteilung ist damit nichts gesagt. Insofern liegt für das Universum in dieser Vorstellung mindestens ein kontingentes Element vor: entweder eine primordiale Materieverteilung, die das Gravitationspotential bestimmt, oder ein ursprüngliches Gravitationspotential, das die Materieverteilung strukturiert.

Die eben vorgenommene Überlegung, daß der Wert des Gravitationspotentials im Unendlichen nicht losgelöst vom Materieinhalt des Universums bestimmt werden kann, führt dazu, daß der nachfolgende Vorschlag zur Lösung des Ausdünnungsproblems verworfen werden muß: Man könnte das Problem, daß die Himmelskörper mit einer ausreichend großen kinetischen Energie die Materie-Insel im Kosmos nach und nach verlassen und ins Unendliche abwandern, dadurch vermeiden, daß man als kosmische Randbedingung fordert, das Gravitationspotential im Unendlichen müsse einen unendlichen bzw. einen sehr hohen Wert annehmen. Bei entsprechender Wertsetzung stände keinem Himmelskörper jemals ausreichend Energie zu Verfügung, den Potentialwall zu überwinden und ins Unendliche abzuwan-

[69] Für einen Punkt weit außerhalb der Materieverteilung ist der Wert des Gravitationspotentials natürlich unabhängig von der konkreten Verteilungsfunktion.

dern. Wenn nun aber – und dies ist der entscheidende Einwand gegen diesen Vorschlag – der Wert des Potentials im Unendlichen wie oben dargelegt durch die Himmelskörper selbst bestimmt wird, gibt es kein überzeugendes Argument für die Annahme dieses kontingent hohen Wertes.[70]

Natürlich könnte man die Position vertreten, daß ein unendlich hoher Wert des Potentials im Unendlichen als kontingente Eigenschaft des Kosmos existiere. Wenn jedoch eine Theorie über den Kosmos als physikalisches Objekt konzipiert wird – hier: die Newtonsche Gravitationstheorie mit bestimmten Werten für das Gravitationspotential im Unendlichen als Randbedingung –, dann müssen die empirischen Befunde im Rahmen dieser Theorie verstehbar sein, bzw. aus dieser Theorie abgeleitete physikalische Phänomene dürfen nicht in Widerspruch zu den Beobachtungstatsachen stehen. In dem zu diskutierenden Fall eines sehr bzw. unendlich hohen Gravitationspotentials im Unendlichen würden nun hohe Potentialdifferenzen im Universum auftreten, die sehr hohe Sterngeschwindigkeiten bewirken müßten. Wenn diese jedoch nicht beobachtet werden, gewinnt man in diesem Fall empirisch keinerlei Anhaltspunkte für das Auftreten solcher Potentialdifferenzen. Dadurch erfährt die Annahme der oben beschriebenen Grenzbedingungen von der empirischen Basis her keine argumentative Stützung.[71] Weil bis weit in das 20. Jahrhundert hinein die beobachteten Sterngeschwindigkeiten klein sind,[72] kann die Annahme eines unendlich hohen Wertes für das Gravitationspotential im Unendlichen nicht gerechtfertigt werden. Albert Einstein sieht sich sogar „mit Notwendigkeit zu der Auffassung gedrängt", daß die genannte Annahme „mit den Tatsachen im Widerspruch ist".[73]

Ungeachtet dieser geschilderten Schwierigkeiten kann man in der Vorstellung eines unendlich großen Gravitationspotentials ein Weiterwirken des aristotelisch-ptolemäischen Weltbildes sehen: Verlegt man den unendlich hohen Wert des Gravitationspotentials ins räumlich Endliche, ist die Ausdehnung

---

[70] In einer ähnlichen Weise argumentiert auch Einstein 1917, S. 143.

[71] Damit ist die Annahme eines unendlich großen Wertes für das Gravitationspotential im Unendlichen natürlich nicht falsifiziert, im Gegensatz zur Auffassung Einsteins (Einstein 1917, S. 143). Man kann vielmehr einen Potentialverlauf und eine Energieverteilung der Materie konstruieren, bei der die Sterngeschwindigkeiten trotz der genannten Grenzbedingung klein bleiben.

[72] Heute beobachtet man ein kontinuierliches Spektrum von Sterngeschwindigkeiten, das aufgrund der kosmischen Expansionsbewegung bis zu einem Vielfachen der Lichtgeschwindigkeit reicht. Hinsichtlich des scheinbaren Widerspruchs zu der grundlegenden Voraussetzung der Speziellen Relativitätstheorie, daß die Lichtgeschwindigkeit die höchste Signalgeschwindigkeit sei, vergleiche beispielsweise Harrison 1981, Kap. 11.

[73] Einstein 1917, S. 143

des Universums begrenzt. Jede Frage, ob hinter der Potentialbarriere Vakuum oder überhaupt Raum oder Zeit existierten, wäre sinnlos.

Die vorstehenden Überlegungen zum Insel-Universum machen besonders anschaulich deutlich, daß innerhalb der Kosmologie die kosmischen Randbedingungen weder unabhängig von einem kosmologischen Modell gedacht noch zunächst unabhängig von ihm bestimmt werden können. Eine kosmologische Theorie impliziert notwendig Aussagen über die Rand- und Anfangsbedingungen des Kosmos.

Das räumlich unendlich große Universum

Das Gravitationsparadoxon im Rahmen der Newtonschen Kosmologie läßt sich auch nicht durch die Vorstellung vermeiden, daß das Universum zugleich unendlich groß und durch eine gleichförmige Materieverteilung charakterisiert ist. Denn neben dem bereits angesprochenen Olbersschen Paradoxon besteht eine weitere, hier exemplarisch vorgeführte Argumentation gegen dieses kosmologische Modell in der folgenden Überlegung: Nehmen wir an, daß Universum sei räumlich dreidimensional, unendlich groß und habe eine räumlich und zeitlich konstante Materiedichte ϱ_0. Denkt man sich nun eine Kugel mit dem Radius R, so besitzt diese Kugel einen Materieinhalt von $\varrho_0 V$ mit $V = \frac{4}{3}\pi R^3$. Weil nun das Kraftfeld dieser im Volumen V enthaltenen Materie seiner Masse proportional ist, ist die Feldstärke an der Oberfläche A der Kugel proportional zu $\varrho_0 V$. Betrachten wir nun ein Einheitselement der Oberfläche, dann ist die Feldstärke in ihm proportional zu $\frac{\varrho_0 V}{A}$ bzw. zu $\varrho_0 R$. Mit größer werdendem Radius R würde somit die Feldstärke an der Oberfläche der Kugel ins Unendliche wachsen.

Diese skizzierte Überlegung ist bedeutungsgleich mit dem folgenden Argument: Weil das Gravitationsfeld nur Quellen, aber keine Senken aufweist – im Gegensatz zum elektrischen bzw. elektromagnetischen Feld –, muß an einem beliebigen Raumpunkt eines Raumgebietes die Gravitationsfeldstärke immer größer werden, je mehr Massenpunkte sich in diesem Raumgebiet befinden. In einem unendlich großen Universum mit einer konstanten Materiedichte leistet an jedem Raumpunkt jeder Massenpunkt einen Beitrag zur Gravitationsfeldstärke, die dort nicht einem festen Wert zustrebt, sondern wegen der $\frac{1}{r}$-Abhängigkeit des Newtonschen Gravitationspotentials in diesem Modell unendlich groß wird.

Zusammengefaßt bedeutet dies, daß in diesem Szenarium auf einen beliebigen Massenpunkt im Raum eine unendlich große Gravitationsanziehung in alle Richtungen wirkt, so daß ein scheinbares Gleichgewicht der Kräfte existiert; dieses Gleichgewicht ist jedoch in höchstem Maße instabil und würde durch jede noch so kleine Veränderung der Lage eines beliebig kleinen Massenpunktes sofort zerstört.

Klassische kosmologische Modelle als Lösungen des Gravitationsparadoxons

Die in den vorangegangenen Abschnitten diskutierten Fälle der räumlichen Erstreckung des Universums und der Materieverteilung haben alle dasselbe Ergebnis: Im Rahmen der Newtonschen Mechanik führt der Versuch der Beschreibung eines statischen Universums zu offensichtlichen Widersprüchen. Aufgrund dieser paradoxen bzw. anscheinend ausweglosen Situation herrschte um die Wende zum 20. Jahrhundert die Überzeugung vor, „that Newton's theory of gravitation was cosmologically unacceptable“[74], bzw.: „It seemed to be impossible to explain the stability of such an universe on the basis of Newtonian theory [...].“[75]

Allerdings gab es bereits in früheren Zeiten einige Ansätze, geeignete Vorstellungen der kosmischen Materieverteilung und deren Stabilität zu entwerfen, die ein widerspruchsfreies Bild vom Universum beschreiben. Sie gehen vielfach von einer hierarchischen Strukturierung der kosmischen Materieverteilung aus und werden im folgenden untersucht.

Thomas Wright

In seinem Buch *An Original Theory or New Hypothesis of the Universe* stellt Thomas Wright zum ersten Mal eine Hypothese über den Aufbau des Universums vor, die in groben Zügen durchaus heutigen Vorstellungen entspricht.[76] Er äußert die Vermutung, daß es sich bei der von Galilei entdeckten Milchstraße um ein System (!) von Sternen handelt, das die Form eines Mühlrades hat. Barry Parker charakterisiert diese Materieverteilung bei Wright als „strange grinding wheel“, weil der Durchmesser des Rades offensichtlich unendlich groß sein muß.[77] Andererseits diskutiert Wright die Formation der Sterne analog zu den Ringen des Saturn bzw. angeordnet in konzentrischen Kugelschalen mit unterschiedlichen Radien – Vorstellungen, die zunächst nicht auf ein unendlich großes Sternsystem schließen lassen.

---

[74] North 1965, S. 16

[75] Lovell 1975, S. 71

[76] Wright 1750

[77] Parker 1989, S. 16. Natürlich müßte dann – die Stimmigkeit dieses Bildes vom Mühlstein vorausgesetzt – eine unendliche Sterngeschwindigkeit möglich sein.

Die Analogie des Saturn bezieht Wright jedoch nicht auf einzelne Sterne, sondern auf die mögliche Struktur von Sternensystemen im Universum.[78] Zudem faßt er die Milchstraße als ein endliches, scheibenförmiges System von Sternen auf, dessen Erscheinung als Band am Firmament auf die terrestrische Beobachtersituation zurückzuführen ist.[79] Hinsichtlich des Raumes beschreibt Wright das Universum als einen unendlich großen euklidischen Raum, der unendlich viele Sternensysteme beinhaltet.[80] Obwohl Wright in erster Linie mit dem Aufbau und der Struktur der Milchstraße befaßt ist, bringt er mit seiner Überzeugung einer unendlichen Zahl von bewohnbaren Welten bzw. Planeten implizit zum Ausdruck, daß die Unendlichkeit der Sonnensysteme nicht nur auf die Milchstraße – strenggenommen natürlich eine unmögliche Vorstellung –, sondern auf das gesamte Universum zu beziehen ist.

In der Vorstellung von Wright rotiert das gesamte Sternensystem, d.h. das gesamte Universum, um ein Gravitationszentrum, das göttlichen Charakter und eine moralische Dimension aufweist. Wright gelingt es mit seinem Ansatz, das bereits bei Newton formulierte Problem der Instabilität eines endlichen, statischen Universums zu lösen, indem er die Beobachtung der Eigenbewegung der Fixsterne als Rotationsbewegung in seine Überlegungen einbezieht und er somit das Modell eines stabilen Universums entwirft. Außerdem vermutet Wright – zu Recht, wie sich herausstellen sollte –, daß es sich bei den von den zeitgenössischen Astronomen entdeckten Nebeln um Systeme handelt, die unserem System, der Milchstraße, ähnlich sind, sich aber in großen Entfernungen außerhalb unserer eigenen Galaxie befinden.

Immanuel Kant

Obgleich die Ideen Wrights, die größtenteils etwas unklar und unverständlich formuliert sind, von den Zeitgenossen ignoriert werden, erhalten sie einen beachtlichen Einfluß auf die qualitative, neuzeitliche Kosmologie durch den Umstand, daß sie von Immanuel Kant aufgegriffen werden.[81] Kant geht davon aus, daß die Milchstraße Scheibenform besitzt und aus Millionen von Sternen besteht. Dies gilt ebenso für die entfernten Nebel, die außerhalb der

---

[78] Vgl. Wright 1750, S. 65.

[79] Wright 1750, Letter the Seventh (S. 58–66). Thomas Wright war der erste Astronom, der unser Sonnensystem als Teil eines scheibenförmig strukturierten Sternensystems, der Milchstraße, beschrieben hat. Historisch überaus bemerkenswert ist seine Überzeugung, „that the *Milky Way* is formed of an infinite Number of small Stars" (Wright 1750, S. 62).

[80] Wright 1750, Letter the Eighth, vor allem S. 67–74

[81] Kant 1755. Zum Problem eines Mittelpunktes in einem unendlich großen Universum vergleiche ebd., S. 311 f.

Milchstraße ebenfalls aus Millionen einzelner Sterne zuammengesetzt sind und damit eben nicht als gasförmigen Gebilde *innerhalb* der Milchstraße angesehen werden.

Der gleichen Überzeugung wie Kant ist auch William Herschel, der über die im Messier-Katalog verzeichneten Nebel hinaus noch 2500 weitere findet. Herschel betrachtet die Nebel als Insel-Universen außerhalb der Milchstraße, doch besitzen auch seine Teleskope wie die seiner Vorgänger nicht das Auflösungsvermögen, um einzelne Sterne in den Nebeln erkennen lassen zu können.[82]

In den kosmogonischen Vorstellungen Kants spielt die Chaotizität des Anfangszustandes eine große Rolle. Dieser grenzt unmittelbar an die Schöpfung. Innerhalb dieser Materiekonfiguration liegt kein Kräftegleichgewicht vor, sondern Kant betrachtet diesen Zustand als in höchstem Maße instabil. Bei der Entstehung der ersten Materieagglomerationen wirken die bekannte Gravitationskraft und eine spekulativ angenommene Zurückstoßungskraft zusammen. Kant liegt die Problematik des Gravitationskollaps also deutlich vor Augen. Dieser würde nach Kant darin bestehen, daß sich der kosmische Nebel direkt nach seiner Erschaffung zu Klumpen verdichtet hätte. Weil dieser Zustand offensichtlich nicht eingetreten ist, löst Kant das Gravitationsparadoxon dadurch, daß die Wirkung der Zurückstoßungskraft darin besteht, die Materie von ihrer Bahn auf die lokalen Gravitationszentren abzulenken und somit die Existenz stabiler kosmischer Systeme zu ermöglichen.

Johann Heinrich Lambert

Der kosmologische Ansatz von Johann Heinrich Lambert geht – im Unterschied zu den Vorstellungen Wrights – von einer explizit hierarchischen Verfassung der Sterne im Universum aus: Die Sonne gehört zu einem großen System von Sternen, die sich in kreisförmiger Bewegung um ein gemeinsames Zentrum bewegen. Diese Sterne bilden nicht notwendigerweise einen Nebel, über deren Wesen zur damaligen Zeit – um das Jahr 1761 – heftig diskutiert wurde. Nebel sind nach Lambert Gruppen von Sternen, die sich in einem relativ eng begrenzten Raumbereich befinden und die von ihm nicht als „eigene Welt" oder „eigenes Universum" aufgefaßt werden. Die Nebel rotieren also zusammen mit anderen Nebeln und Sternen um ein Gravitationszentrum. Mehrere dieser eben genannten Sternsysteme haben nun wiederum ein gemeinsames Zentrum, worum sie rotieren, und so wei-

---

[82] Zu William Herschels Vision, mit einer verfeinerten Beobachtungstechnik einzelne Sterne innerhalb der celestischen Nebel auflösen und die Nebel als nicht zur Milchstraße gehörig orten zu können, siehe Herschel 1785, vor allem die Seiten 225–227.

ter. Letztlich besitzt das Universum ein einziges (Haupt-)Zentrum, um das herum sich alle Dinge des Weltalls in Rotation befinden. Lambert beschäftigt vor allem die Frage, ob das Gravitationszentrum eines beliebigen Systems von einem sehr massereichen Zentralkörper besetzt sein muß, dessen Gravitationswirkung alle Objekte des jeweiligen Systems erfaßt – analog der Situation im Sonnensystem –, oder ob es möglich ist, daß sich an diesem Raumpunkt keine Materie befindet.[83] Er neigt eher der ersten Variante zu,[84] in der er die Stabilität der Universums garantiert sieht – vielleicht scheint ihm die Existenz eines materielosen Raumpunktes zu abstrakt für ein Gravitationszentrum. Einen der vielen Zentralkörper meint Lambert im Orion-Nebel gefunden zu haben, der auch seiner Ansicht nach für das Sternensystem den Zentralkörper darstellen dürfte, zu dem unser Sonnensystem gehört. Im Gegensatz zur Kosmologie Kants ist bei Lambert das Universum räumlich endlich, und seine stabile Struktur ist nicht das Ergebnis eines Entwicklungsprozesses.

Die Kosmologie Lamberts ist vor allem teleologisch und theologisch geprägt: Der Kosmos ist stabil, damit bewohnte Planeten existieren und die Menschen ihren Teil zur Verherrlichung Gottes beitragen können. Um die Stabilität zu gewährleisten, ist die Welt so eingerichtet, daß sie der Newtonschen Physik genügt.[85] Die Gesetzmäßigkeiten des Universums – und damit verbunden auch seine Erkennbarkeit – gründen in der Absicht des Schöpfers und seinem Heilsplan, dem gemäß der Kosmos nach rationalen Kriterien gestaltet ist.[86]

Deshalb überzeugt auch nicht die Ansicht von Renate Wahsner, Lamberts Teleologie zumindest teilweise als Synonym für eine nicht-göttliche, naturgesetzliche, harmonische Verfassung des Kosmos zu sehen.[87] Desgleichen gilt für das Urteil, daß Lambert den Gottesbegriff lediglich stellvertretend für die menschliche Unwissenheit der kosmischen Zusammenhänge verwende. Denn wenn Lambert die Existenz Gottes nur unter dem Gesichtspunkt zuließe, um zu garantieren, daß der Mensch die Wirklichkeit rational erfassen

---

83 Gerhard Jackisch erweckt den Eindruck, als ob es einen Unterschied zwischen beiden Möglichkeiten hinsichtlich der Diskussion über die Stabilität des Universums gebe, was sicherlich nicht der Fall ist. (Jackisch 1979, S. 40)

84 Edward Harrison bezeichnet die Lambertschen Gravitationszentren als „mystical dark centers" (Harrison 1987, S. 128).

85 Dies gilt zunächst einmal unbeschadet des (in der Auffassung Lamberts allerdings letztlich unproblematischen) Gravitationsparadoxons.

86 Jackisch läßt die beiden Elemente in Lamberts Kosmologie (einerseits Stabilität des Kosmos, weil die Newtonschen Gesetze gelten, und andererseits dessen Zweck, damit Menschen ihr Dasein gestalten können; Jackisch 1979, S. 31) unverbunden nebeneinander stehen, ohne die Abhängigkeit der Kosmologie von der Absicht des Schöpfers und den daraus abgeleiteten Sinn menschlichen Daseins hervorzuheben.

87 Die Position Wahsners skizziert Jackisch in Jackisch 1979, S. 31 f.

könne, dann sähe der Heilsplan nicht notwendig die Stabilität eines Universums vor, das ausreichend lange Zeit existiert, um langfristig die Existenz der Menschen zu sichern und sie zum Heil zu führen. Für dieses realistisch-teleologische Verständnis der Kosmologie Lamberts spricht auch die Einschätzung von Jackisch, daß Lambert die Welt nicht als einen gesetzmäßigen Prozeß, wohl aber als Ergebnis einer gesetzmäßigen *Bestimmung* verstehe.[88]

Verwirklicht wird das teleologisch-theologisch begründete Stabilitätspostulat im Universum durch die Bewegung der Massenpunkte gemäß der Newtonschen Mechanik. Lambert verwirft damit die cartesianische Wirbeltheorie, der gemäß Massenpunkte ihre Wirkungen aufeinander nur ausüben durch direkte Berührung, die auch eine Impulsübertragung über Entfernungen hinweg ermöglicht. Nach Lambert ist die Stabilität im Kosmos nicht notwendig an die Gültigkeit und Realisation dieser cartesianischen Physik gebunden. Damit wendet sich Lambert gegen einen Mechanismus der Wechselwirkung, wie er später im Modell der „vortex atoms" und in Form einer Gravitationstheorie analog zur Hydrodynamik in der zweiten Hälfte des 19. Jahrhunderts ausgearbeitet wurde.[89] Lambert löst das Stabilitätsproblem also durch Extrapolation der Physik im Sonnensystem auf das gesamte Universum und verfolgt damit konsequent das Newtonsche Projekt. Überall im Kosmos gelten dieselben Gesetze;[90] weil die Stabilität des Sonnensystems durch die Rotationsbewegung der Planeten gewährleistet ist, gilt dieses Stabilisierungsprinzip ebenso in allen anderen Sternensystemen – gleich welcher Hierarchie-Ebene.

Die Ideen von Lambert nimmt Carl Wilhelm Ludwig Charlier im Jahre 1922 auf, also zu einer Zeit, als man allgemein noch von der Existenz eines statischen Universums ausgeht. Charlier entwirft ein hierarchisch aufgebautes Universum, in dem die Einwände von Neumann und Seeliger bzw. von Cheseaux und Olbers entkräftet werden. Bei Charlier ist das Universum strukturiert aus kugelförmigen Systemen, deren Elemente Sterne, Systeme von Sternen, Systeme von Sternensystemen usf. sind. Der Radius des Systems i ist stets größer als der des Systems i-1, und zwar in der Weise, daß der

[88] Vgl. Jackisch 1979, S. 33. Interessanterweise formuliert Jackisch in diesem Zusammenhang geradezu eine Rechtfertigung für teleologische Argumentationen, wenn er auf die für die damalige Zeit weit vorausgreifenden Ergebnisse Lamberts hinweist, die dieser im Zusammenspiel vom Glauben an die gesetzmäßige Bestimmung der Welt einerseits und teleologischer Schlußweise andererseits gefunden hat.

[89] Vergleiche dazu beispielsweise North 1965, S. 32–38.

[90] Der Grund für diese Überzeugung liegt in Lamberts theologisch-teleologischem Weltbild begründet, dem gemäß der Kosmos vom göttlichen Schöpfer auf rationale (und für die Menschen nachvollziehbare) Weise geplant und gestaltet wurde.

Mindestradius des Systems *i* von der Anzahl der Elemente des Systems *i* abhängt.

Franz Selety

In den zwanziger Jahren dieses Jahrhunderts werden die Ideen eines hierarchisch verfaßten Universums (Lambert, Kant, Charlier) von Franz Selety aufgegriffen, der mit einem „molekular-hierarchischen" Modell des Kosmos das Gravitationsparadoxon beseitigen möchte und damit zugleich die Lösungen von Carl Neumann und Hugo Seeliger kritisiert.[91]

Selety führt den Nachweis, daß eine Welt mit folgenden, paradox klingenden Eigenschaften möglich ist: „Es kann in einer unendlichen Welt mit unendlich großer Masse der Raum überall mit Materie von endlicher lokaler Dichte erfüllt und diese derartig im Prinzip gleichartig verteilt sein, daß kein Punkt und kein begrenztes Weltgebiet eine ausgezeichnete Mittelstellung in der ganzen Welt besitzt und dennoch die mittlere Weltdichte Null ist."[92] Der entscheidende Punkt an dem molekular-hierarchischen Modell des Universums von Selety besteht meiner Ansicht nach darin, daß er die Forderung nach einem statischen Kosmos implizit fallen läßt. Darauf deutet die Tatsache hin, daß Selety von kaum überwindlichen Schwierigkeiten spricht, wenn man an ein kosmologisches Modell die Forderung des statistischen Gleichgewichts stellt.[93] Weil eine molekular-hierarchische Welt im statistischen Gleichgewicht unmöglich ist,[94] gibt Selety die Forderung eines statischen Universums auf. Dieses Vorgehen sieht er im Falle einer molekular-hierarchischen Materieverteilung als gerechtfertigt an, wenn diese als eine solche seit Ewigkeit existiert habe.[95] Ihr Charakteristikum besteht dann darin, daß die bekannten physikalischen Prozesse, „deren Wesen das beständige Wachsen der Entropie ist, in der Zukunft immer – wenn auch in immer wachsendem Größen- und Zeitmaßstabe – fortschreiten"[96]. Hier liegt meines Erachtens im Ansatz das

[91] Selety 1922. Zu den angesprochenen Lösungen des Gravitationsparadoxons von Carl Neumann und Hugo Seeliger vergleiche die später folgenden Abschnitte im Unterkapitel *Das kosmologische Problem im 19. Jahrhundert*.

[92] Selety 1922, S. 312

[93] Selety 1922, S. 305. In einer Fußnote schreibt Selety zu diesem thermodynamischen Problem: „Aber solange auch [...] das Gleichgewicht im Sonnensystem dauert, für ewige Zeiten kann es nach den mechanisch-thermodynamischen Prinzipien bekanntlich nicht dauern." (ebd.)

[94] Vergleiche Selety 1922, S. 306.

[95] „Eine molekularhierarchische Materieverteilung kann in keiner endlichen Zeit in eine angenähert gleichmäßige übergehen und kann [...] in keiner endlichen Zeit den molekularhierarchischen Charakter verlieren." (Selety 1923, S. 59) Vergleiche auch Selety 1922, S. 306 f.

[96] Selety 1922, S. 307

Modell eines dynamischen, expandierenden Weltalls vor, das allerdings auf Überlegungen von Fournier d'Albe und zum Teil von Charlier zurückgeht.[97]

Seletys Vorstellungen vom Aufbau des Universums gehen zwar von einer hierarchischen Struktur aus, im Gegensatz zu Charlier besteht die kosmische Struktur aber nicht in einer Hierarchie von Sternensystemen. Sein Anliegen zielt auf die Konstruktion eines Universums, in dem die Beschleunigungen an jedem beliebigen Punkt A einen endlichen Wert annehmen. Hier findet man einen deutlichen Unterschied zwischen den Ansätzen von Selety einerseits und denen von Carl Neumann und Hugo Seeliger andererseits. Letztere gehen von einer gleichförmigen Materieverteilung aus und folgern auf Widersprüche; Selety macht diese Voraussetzung nicht und setzt gewissermaßen den Wunsch nach einem endlichen Wert für die Beschleunigungen an den Anfang seiner Überlegungen. Dieser endliche Wert kann erreicht werden, wenn die Materiedichte an einem Punkt schneller abfällt als die reziproke Entfernung zu jedem anderen Punkt, an dem sich Materie befindet. Unter dieser Bedingung ist es nach Selety möglich, ein Universum in einem Gleichgewichtszustand zu beschreiben, in dem die Sterngeschwindigkeiten entsprechend klein sind, der Wert für das Potential an jedem beliebigen Punkt und die Gesamtmasse jedoch unendlich groß werden. Wenn man sich solch ein Universum vorstellen soll, dann muß die mittlere Materiedichte gegen Null gehen; ihr lokaler Wert dagegen ist endlich. Deshalb spricht man auch von einem *molekular*-hierarchischen Modell.[98]

Vom Standpunkt der Allgemeinen Relativitätstheorie aus charakterisiert Albert Einstein die Hypothese vom molekular-hierarchischen Aufbau der Sternenwelt als möglich, aber unbefriedigend. Der recht scharf formulierte Vorwurf an Selety besteht darin, daß dieser in seinem kosmologischen Modell das Postulat des Mach-Prinzips nicht berücksichtigt habe: „Die ‚molekular-hierarchische Welt' erfüllt ebensowenig wie die ‚Inselwelt' das Machsche Postulat, nach welchem die Trägheitswirkung des einzelnen Körpers durch die Gesamtheit aller übrigen im gleichen Sinne sein soll, wie seine Gravitationskraft."[99]

Einwände gegen die kosmologischen Modelle von Charlier und Selety kann man in zwei Richtungen vorbringen. Zum einen gab und gibt es keiner-

---

[97] Vergleiche dazu die zwei hier nicht näher behandelten Werke: Fournier d'Albe, E.E.: Two new worlds. London, 1907; Charlier, C.V.L.: Wie eine unendliche Welt aufgebaut sein kann. In: Arkiv för Matematik, Astronomi och Fysik 4 (1908), No.24, S. 1–15.

[98] Nach J.D.North mangelt es den Lösungen, die Charlier und Selety für die Schwierigkeiten der Newtonschen Kosmologie vorschlagen, an Einfachheit; sie seien nur um den Preis „of introducing complex types of homogeneity" (North 1965, S. 21) möglich.

[99] Einstein 1922, S. 437. Zum Stellenwert des Machschen Postulats in der Kosmologie Albert Einsteins vergleiche den Abschnitt *Das Mach-Prinzip als Argument* in Kapitel 2.

lei Anhaltspunkte für eine hierarchisch verfaßte Struktur im Universum.[100] Selbst trotz der in den letzten Jahren entdeckten großräumigen Klumpung der Materie in Galaxienclustern und Superclustern – Elemente des Universums, deren Existenz von Charlier und Selety für ihre Argumentation sicherlich begrüßt worden wären – besteht weiterhin die Überzeugung, die großräumige Verteilung der Materie im Universum mit einer konstanten Dichte annähernd richtig zu beschreiben. Charlier und Selety lösen zwar mit ihren Ansätzen die Widersprüche innerhalb einer Newtonschen Kosmologie, müssen aber mit unnatürlich erscheinenden Voraussetzungen arbeiten. Zum anderen vermögen die Ansätze von Charlier und Selety nicht die Klumpung der Nebel zu erklären, deren Existenz die Astronomen damals beschäftigt. Es scheint so, als müßten nach Überzeugung von Charlier und Selety die Nebel geklumpt sein, damit sich die Materie in einem unendlich großen Universum im statischen Gleichgewicht befinden kann. Die Nebel müßten also in einer derartigen Form strukturiert sein, daß die oben genannte Bedingung von Selety erfüllt ist. Der Einwand gegen diese Art der Erklärung betrifft folglich das teleologische Element, das darin besteht, die Eigenschaften der lokalen Struktur im Universum aus dessen großräumiger Struktur abzuleiten.[101]

In den vergangenen drei Jahrzehnten ist es vor allem Gerard de Vaucouleurs, der den Gedanken einer hierarchischen Kosmologie weiterverfolgt. Aus Messungen der Rotverschiebung und aufgrund der Größenbestimmungen von Galaxienclustern hält er die (hierarchische) Klumpung der Materie für „a basis property of fundamental importance for cosmology“[102] und nicht nur für eine kleinräumige, vernachlässigbare Erscheinung.

---

[100] So zeigen beispielsweise die Untersuchungen von K. Lundmark keinerlei Hinweise auf eine Klumpung der Materie im Universum auf „dritter Stufe“.

[101] Vor dem Hintergrund eines expandierenden Universums, in dem sich die Geschwindigkeiten der Galaxien entsprechend dem Hubble-Gesetz verhalten, brachte Finlay-Freundlich einen weiteren Einwand gegen die Vorstellungen von Charlier vor. In einem hierarchisch verfaßten Universum würden sich Singularitäten herausbilden, und damit würde die Materiedichte lokal unendliche Werte annehmen. Um die Singularitäten zu verhindern, müßte eine Abstoßungskraft im Universum wirksam sein. Das bedeutete – ebenso wie in der Einsteinschen Kosmologie – die Einführung eines kosmologischen Gliedes, um die Überzeugungen Charliers von einem hierarchisch verfaßten Weltall im Rahmen eines expandierenden Modells zu retten.

[102] Vaucouleurs 1970, S. 1211

Das kosmologische Problem im 19. Jahrhundert

Am Ende des 19. Jahrhunderts wird eine Grundlagendiskussion über die Frage geführt, ob der theoretischen Physik hinsichtlich der Naturerkenntnis eher eine Aufgabe der Deskription oder eher eine Aufgabe der Konstruktion zukomme. Wie bereits in der Einleitung zu den klassischen Lösungsvorschlägen des Gravitationsparadoxons kurz angedeutet, tritt diese aktuelle Diskussion jedoch in den Hintergrund, wenn man die unterschiedlichen Auffassungen betrachtet, die unter den Physikern hinsichtlich der Akzeptanz des Newtonschen Prinzips der Fernwirkungen besteht. Die Verteidiger des Fernwirkungsgedankens können auf die großen Erfolge dieses Konstruktionsprinzips in der theoretischen Physik verweisen, während die Gegner[103] zwar die begrifflichen Schwierigkeiten des Fernwirkungsgedankens formulieren, aber keine Alternative vorbringen können.

Carl Neumann

Carl Neumann behält die Annahme der Existenz von Fernwirkungen bei, möchte diese aber nicht allein durch die Newtonsche Gesetzmäßigkeit beschrieben sehen: „Wenn wir nämlich auch das Newton'sche *Princip* der Fernwirkungen festhalten, so können wir doch nicht gut annehmen, dass diese Fernwirkungen durchweg und in aller Strenge dem Newton'schen *Gesetz* entsprechen sollten."[104] Aufgrund der erhobenen Einwände gegen das Newtonsche Gesetz[105] hält es Carl Neumann für geboten, umgehend eine möglichst allgemeingültige Theorie der Fernwirkungen auszuarbeiten.

Neumann sieht die Dringlichkeit dieses Unterfangens aber nicht nur vor dem Hintergrund einer direkten physikalischen Anwendung des mathematischen Formalismus, beispielsweise in der Lösung des oben geschilderten Gravitationsparadoxons, sondern darin, den mathematischen Formalismus zu ordnen, zu erweitern und eventuell für zukünfige Probleme nutzbar zu machen. Hier zeigt sich bei Neumann ein Vorgehen im Rahmen der Wis-

---

[103] Man denke hier an James Clerk Maxwell und Heinrich Hertz; in der Einschätzung über die Position Michael Faradays bestehen unterschiedliche Ansichten bei Hermann von Helmholtz und Carl Neumann.

[104] Neumann 1896, S. VI–VII

[105] Vor dem Hintergrund der theoretischen Formulierungen von Green, Poisson und Gauss hat sich am Ende des 19. Jahrhunderts das Problem herauskristallisiert, daß die Existenz eines elektrostatischen Gleichgewichtszustandes nicht kompatibel ist mit jedem beliebigen, bekannten Fernwirkungsgesetz. Neumann erhebt die Forderung nach dieser Verträglichkeit zum Prinzip in seinem Werk von 1896 und gelangt dadurch zu einer Reduzierung der Zahl der möglichen Fernwirkungsgesetze.

senschaft, dessen Zielstetzung darin besteht, nicht notwendigerweise anwendungsorientiert zu forschen, sondern Strukturen der Realität zu analysieren bzw. Problembereiche begrifflich und strukturell aufzubereiten, um somit bei späteren Fragestellungen die dadurch gewonnenen Erkenntnisse anwenden zu können. Dies ist eine Position zur Aufgabe der Wissenschaft bzw. auch der Philosophie, die man heute kurz mit der Wendung „Denken auf Vorrat“ charakterisiert.

Aufgrund dieses Verständnisses von Wissenschaft allgemein und des Interesses an mathematischer Strukturierung im besonderen behandelt Neumann das Newtonsche Gravitationsgesetz zusammen mit dem Coulomb-Gesetz. Seinen Untersuchungen stellt er die Existenz des elektrostatischen Gleichgewichts voran und diskutiert unter dieser Voraussetzung Modifikationen beider Fernwirkungsgesetze. Ausgehend von der Existenz eines elektrostatischen Gleichgewichtszustandes leitet Neumann her, daß die den elektrischen Kräften zugehörige Potentialfunktion die Gestalt

$$\Phi(r) = \frac{A\mathrm{e}^{-\alpha r}}{r} + \frac{B\mathrm{e}^{-\beta r}}{r} + \frac{C\mathrm{e}^{-\gamma r}}{r} + \ldots$$

haben muß.[106] Dieses Exponentialgesetz[107] geht für $\alpha = 0$ und $B = C = \ldots = 0$ über in das Newtonsche Gravitationsgesetz.

Wegen der strukturellen Gleichheit von Newtonschem und Coulombschem Gesetz lassen sich die Ergebnisse von Neumanns Rechnungen auch auf den Fall der gravitativen Wechselwirkung übertragen. Für unsere Thematik einschlägig ist Neumanns Behandlung des sogenannten eingliedrigen Exponentialgesetzes für das Potential

$$\Phi(r) = \frac{A\mathrm{e}^{-\lambda r}}{r} \qquad (1.1),$$

weil es erstens einfach ist und weil zum zweiten gemäß der Forderung Neumanns genau ein elektrischer Gleichgewichtszustand existiert, wenn man $\lambda > 0$ wählt.[108] Die Rechnungen Neumanns mit dem Ansatz (1.1) für das Potential führen beispielsweise zu folgendem Ergebnis: Wie beim Newtonschen Gravitationsgesetz hat eine homogen mit Materie besetzte Kugelschale dieselbe gravitative Wirkung auf einen Massenpunkt außerhalb der Schale

[106] Zur Herleitung siehe Neumann 1896, Kap. 2; vor allem die Seiten 45–49 und das Theorem auf Seite 48.

[107] Dieses Exponentialgesetz wurde bereits von George Green im Jahre 1832 formuliert.

[108] Für den Existenzbeweis siehe Neumann 1896, Theorem auf Seite 75f., für den Eindeutigkeitsbeweis im selben Band das Theorem auf Seite 79f.

wie eine Punktmasse im Zentrum der Kugel[109] – allerdings ist deren Masse verschieden von der der Kugelschale, und zwar gemäß

$$M_{\text{Punkt}} = M_{\text{Schale}} \frac{e^{\lambda R} - e^{-\lambda R}}{2\lambda R} \quad \text{mit} \quad R\text{: Radius der Kugelschale.}$$

Wie man auch an dieser Beziehung leicht sieht, erfüllt sie ebenso wie (1.1) die Anschlußbedingung: Die zahlenmäßige Gleichheit der beiden auftauchenden Massen ist genau dann gegeben, wenn $\lambda = 0$ gilt; d.h. wenn das eingliedrige Exponentialgesetz im Grenzfall für $\lambda = 0$ in den Ausdruck für das Newtonsche Potential übergeht. Qualitativ dieselben Ausdrücke ergeben sich, wenn man statt einer Kugelschale eine homogen mit Materie besetzte Kugel betrachtet; auch hier gilt die oben genannte Konvergenzbedingung bzw. Konsistenzbedingung.[110]

Wenn wir als allgemeineren Ansatz für ein Potential die Gleichung (1.1) wählen und den Fall der gravitativen Wechselwirkung betrachten, dann ergibt sich (in den in diesem Buch eingeführten Bezeichnungen) statt der Poisson-Gleichung die allgemeinere Differentialgleichung

$$\Delta\Phi = \lambda^2\Phi + 4\pi G\varrho \tag{1.2}$$

für das Potential, mit G: Gravitationskonstante, und ϱ: Massendichte.[111] Diese Beziehung geht für $\lambda = 0$ selbstverständlich in die Poisson-Gleichung über.

Für das Problem des Gravitationsparadoxons sind vor allem diejenigen Rechnungen Neumanns[112] interessant, die die Wirkung des Potentials einer unendlich großen homogen mit Materie besetzten Kugel auf die inneren Punkte dieser Kugel betreffen. Wenn wir die Rechnungen für unser Problem durchführen, ergibt sich im Falle des eingliedrigen Exponentialgesetzes (1.1) einfach:

$$\Phi = \frac{4\pi\varrho A}{\lambda^2} = \text{const.}\,;$$

d.h. die Kraftwirkung der Materieverteilung auf die inneren Punkte ist identisch Null. Dies gilt für alle $\lambda > 0$. Die entscheidende Konsequenz dieses Ergebnisses besteht nun darin, daß unter der Bedingung $\lambda > 0$ unabhängig

---

[109] Für diese Rechnung siehe Neumann 1896, Kap. 5, § 1.

[110] Für den Formalismus vergleiche Neumann 1896, Kap. 5, § 3.

[111] Für die Herleitung durch Neumann siehe Neumann 1896, S. 81, unter Kenntnis der in Neumann 1896, Kap. 3, § 6, hergeleiteten Beziehungen.

[112] Für den Formalismus vergleiche Neumann 1896, Kap. 5, § 3.

von dem Zahlenwert für Lambda das Potential (1.1) die Eigenschaft hat, daß keine Kraft auf innere Punkte der Kugel wirkt. Übertragen auf das diskutierte kosmologische Problem bedeutet dies, daß die Massenpunkte im Universum keine Kraft erfahren, das Gravitationsparadoxon damit gelöst wäre. Erstaunlich an diesem Ergebnis ist die Tatsache, daß diese Eigenschaft des Potentials unabhängig vom Wert für Lambda erhalten bleibt, egal wie klein man Lambda wählt – d.h. egal wie gering die Abweichung des Exponentialgesetzes vom Newtonschen Gravitationsgesetz ausfällt.

Insgesamt gewinnt man beim Studium der Ausführungen Carl Neumanns den Eindruck, daß er den Einwand gegen die strenge Gültigkeit des Newtonschen Gesetzes in Form des Gravitationskollapses nicht ernst nimmt. Darauf weisen seine Bemerkungen hin, in denen er den hypothetischen Charakter dieses Einwandes betont: „Uebrigens ist jener Einwand nur ein *hypothetischer*.“[113] Seine Haltung scheint daher zu resultieren, daß er sich nicht der Vorstellung derjenigen anschließt, die das Universum modellhaft in einem unendlich großen Raum mit homogener Materieverteilung repräsentiert sehen. Während Neumann gebotene Modifikationen des Newtonschen Gesetzes für kleine Entfernungen im Indikativ anspricht,[114] wechselt er in den Konjunktiv, wenn er die Modifikationen des Gesetzes für große Entfernungen thematisiert, und scheint nicht die Vorstellung eines unendlich großen Universums zu teilen: „[...] falls man der gewöhnlichen Vorstellung sich hingiebt, dass der ganze Weltraum ins Unendliche hin, in einigermassen gleichförmiger Vertheilung, von Sternen erfüllt sei. Denn alsdann würde das Universum der Hauptsache nach anzusehen sein als eine unendlich grosse Kugel von einigermassen constanter Dichtigkeit.“[115] Wie allerdings das bereits ausführlich erörterte Problem der Randbedingungen in diesem Insel-Universum gelöst werden kann, darüber macht Neumann keine Aussagen.

Hugo Seeliger

Hugo Seeliger geht von einer konstanten Materiedichte ϱ im Universum aus, wobei die Materie einen unendlich großen Raum erfüllt. Man nimmt nun einen Punkt A an, der sich innerhalb eines materiefreien Hohlraumes

[113] Neumann 1896, S. 122 Anmerkung

[114] Neumann 1896, S. 1

[115] Neumann 1896, S. 1; mit derselben Intention schreibt Neumann, daß der bekannte Einwand „auf der hypothetischen Vorstellung“ beruhe, „dass der ganze Weltraum ins Unendliche hin, in einigermassen *gleichförmiger* Vertheilung, von Sternen erfüllt sei“ (Neumann 1896, S. 122 Anmerkung).

befindet. Nach Einführung eines Koordinatensystems und Festlegung der gebräuchlichen Variablen kann man ein beliebiges Potential

$$\Phi = \int_0^{2\pi} d\phi \int_0^{\pi} \sin\theta \, d\theta \int_{R_0}^{R_1} \varrho f(r') r^2 dr \qquad (1.3)$$

für die Kraft angeben, die die Materieverteilung auf den Punkt A ausübt. Durch Ableitung dieser Potentialfunktion erhält man leicht die Beschleunigung, die ein beliebig kleiner Probekörper im Punkt A erfährt, und die Beschleunigung, die auf zwei eng benachbarte Punkte aufgrund von Scher-Effekten wirkt. Wenn man nun konkret das Newtonsche Gravitationspotential in die gefundenen Ausdrücke für das Potential ϕ die Beschleunigung A und die Scherung S einsetzt, dann divergieren die jeweiligen Größen, weil in den Termen stets ein Integral über den Abstand r über alle Grenzen wächst, wenn man die obere Grenze des Integrals (d. i. die äußere Grenze des mit Materie erfüllten Raumes) vergrößert, wie man in den folgenden Ausdrücken sieht:

$$\Phi = \int_0^{2\pi} d\phi \int_0^{\pi} \sin\theta \, d\theta \int_{R_0}^{R_1} \varrho r dr \qquad (1.3a)$$

$$A = \int_0^{2\pi} d\phi \int_0^{\pi} P^1 \sin d\theta \, d\theta \int_{R_0}^{R_1} \varrho \, dr \qquad (1.3b)$$

$$S = 2\int_0^{2\pi} d\phi \int_0^{\pi} P^2 \sin d\theta \, d\theta \int_{R_0}^{R_1} \varrho \, \frac{dr}{r} \qquad (1.3c)$$

In einem unendlich großen Weltall mit einer endlichen Materiedichte treten zwangsweise unendlich große Entfernungen auf, die zu den unbestimmten Größen für Beschleunigung und Zerr-Kräfte führen, die auf einen beliebigen Punkt A wirken. Solange die Materiedichte im Universum als endlich angenommen wird, kann man sogar unendlich viele Materieverteilungen angeben, bei denen sich unendliche Werte für Beschleunigung und Scherkräfte einstellen.

Zudem ergibt sich in diesem klassischen kosmologischen Modell grundsätzlich das Problem, daß unendlich weit entfernte Bereiche des Universums die Beschleunigung und damit die Bewegung der lokalen Materieverteilung mitbestimmen. Unabhängig davon, ob die Ausbreitungsgeschwindigkeit endlich oder unendlich ist, übten in dem Standardfall eines unendlich alten Universums alle Massenpunkte eine gravitative Wechselwirkung aufeinander aus, so daß alle gravitativen Systeme in einem supermachischen Holismus[116] miteinander verbunden wären. Weil wir aber grundsätzlich keine Kenntnis über die Materieverteilung in unendlich großer Entfernung erlangen können, die das Gravitationspotential an einem beliebigen Punkt bestimmt, ist auch der mechanische Zustand in jedem Punkt nicht berechenbar.[117] Damit sind in diesem kosmologischen Szenarium Berechenbarkeit bzw. Verstehbarkeit der Welt hinsichtlich der Gravitation nicht gegeben, wenn man nicht idealisierende Annahmen über die Materieverteilung im Universum bzw. über die Randbedingungen des Gravitationspotentials im Unendlichen macht.

Nun kann man im allgemeinen Fall – d.h. in dem Fall, daß die Potentialfunktion nicht wie oben explizit vorgegeben wird – die angesprochene obere Grenze so einrichten, daß sie von den üblichen Winkelkoordinaten ϕ und θ abhängt und die Ausdehnung des Raumes (ausgedrückt durch die entsprechend gewählten Grenzen des Integrals über r) nach einer festgelegten Gesetzmäßigkeit abläuft. Solch eine Expansion kann man sich beispielsweise dadurch veranschaulichen, daß man einen Punkt A in den Mittelpunkt einer Kugel legt, deren Radius immer größer wird. Unbeschadet dieser Veranschaulichung ist es dabei willkürlich, welche Form die Oberfläche des Raumes hat und in welcher Weise sie sich mit der Expansion des Raumes verändert. Im vorliegenden Fall einer variablen Integrationsgrenze R kann man diese stets so wählen, daß die Beschleunigung und die Scherkräfte einen bestimmten Wert annehmen. Beim Beispiel der Kugel, deren Mittelpunkt in A liegt und deren Radius ins Unendliche wächst, sieht man sofort, daß bei konstanter Materiedichte die Beschleunigung, die auf den Punkt A wirkt, stets identisch Null sein muß. Das gleiche gilt für die Scherkräfte. Das Problem besteht nun darin, daß es grundsätzlich unendlich viele Möglichkeiten gibt, die Variablen einzurichten.[118] Diese mathematische Freiheit führt zu folgendem theoretischen Dilemma: Wenn man beispielsweise den Mittelpunkt der oben genannten Kugel in eine Entfernung x vom Punkt A legt, dann erfährt der Punkt A eine Beschleunigung proportional zu x und eine konstante Scherkraft. Weil die Entfernung x in einem unendlich großen Raum beliebig groß, sogar unendlich groß sein kann, wächst die Beschleunigung, die die Materieverteilung auf den Punkt A ausübt, über alle Grenzen. Selbst die Richtung der Beschleu-

---

116 Diesen Terminus hat Bernulf Kanitscheider im Rahmen der Diskussion um die quantenmechanische Separierbarkeit einzelner Teile des Universums eingeführt (Kanitscheider 1993, S. 191).

117 Auf die Unerforschbarkeit unendlich entfernter Massenverteilungen weist auch Seeliger 1895, Sp. 131, hin.

118 Einige Möglichkeiten, in welcher Weise für den Fall konstanter Materiedichte Beschleunigung und Scherkräfte von der Wahl der räumlichen Integration abhängen, werden vorgeführt bei Seeliger 1895, Sp. 131 f.

nigung wäre völlig unbestimmt, wenn sich der Mittelpunkt der Kugel in beliebiger Richtung zum Punkt A befände. Im Falle, daß der Punkt A die Spitze eines Doppelkegels darstellt, befindet er sich gar in einem unendlich instabilen Gleichgewichtszustand.

Seeliger gibt ein weiteres Beispiel für einen Widerspruch im Rahmen der Newtonschen Kosmologie, wenn man bei dieser theoretischen Konzeption von einer konstanten Materiedichte in einem unendlich großen Universum ausgeht.[119] Dabei wählt man die obere Integrationsgrenze derart, daß die Beschleunigung, die auf den Punkt A wirkt, identisch Null wird, die Scherkräfte an diesem Punkt aber einen unendlich großen Wert annehmen. Die offenkundige Willkürlichkeit für die jeweiligen Werte von Potential, Beschleunigung und Scherung an einem beliebigen Punkt im Universum im Rahmen der Newtonschen Gravitationstheorie formuliert Seeliger folgendermaßen: „Es unterliegt aber keinem Zweifel, dass die *aufgedeckten Widersprüche für jede mögliche und denkbare Massenvertheilung* bestehen bleiben, wenn nur δ die stets hervorgehobene Eigenschaft hat, dass es in unendlich grossen Raumtheilen endliche von Null verschiedene Werthe besitzt."[120]

Einen weiteren Widerspruch in der Newtonschen Gravitationstheorie arbeitet Seeliger heraus, indem er von der Potentialtheorie ausgeht und hierbei den konkreten Fall des Newtonschen Gravitationspotentials untersucht.[121] Seeliger berechnet die Änderung des Potentials entlang der Flächennormalen der Körper im Universum und kommt zu dem Schluß, daß „nach der Potentialtheorie [...] demzufolge im *Universum unbegrenzt (unendlich) grosse Beschleunigungen* vorkommen" müssen, „und zwar bei jeder denkbaren Massenvertheilung. Das sind also Bewegungen, die mit endlicher Geschwindigkeit beginnend in endlicher Zeit zu unendlich grossen Geschwindigkeiten führen, was an sich schon eine absolute Unzulässigkeit enthält, wenn man nicht die ganze Mechanik in Frage stellen will."[122]

Die Bedeutung der kosmologischen Widersprüche

Die soeben dargelegten Konsequenzen der Newtonschen Gravitationstheorie bezeichnet Hugo Seeliger ebenso wie Carl Neumann als absurd und betont

---

119 Seeliger 1896, S. 379f.

120 Seeliger 1896, S. 380. Kursivierte Passagen sind im Original gesperrt gedruckt. Ebenfalls prägnant formuliert werden die „unmöglichen [...] Consequenzen" in Seeliger 1895, Sp. 132. – Die im Zitat genannte Variable δ steht für die in der vorliegenden Arbeit mit ϱ bezeichnete Massendichte.

121 Vergleiche Seeliger 1896, zum Formalismus im Rahmen der Potentialtheorie siehe vor allem die Seiten 380–382.

122 Seeliger 1896, S. 382. Kursivierte Passagen sind im Original gesperrt gedruckt.

explizit die Widersprüche, die sich im Rahmen der Newtonschen Kosmologie im Falle einer homogenen Materieverteilung ergeben.[123] Denn als Ergebnis ihrer Untersuchungen ergibt sich ohne Zweifel, daß unter überaus plausiblen, realistischen Annahmen die Anwendung des Newtonschen Gravitationsgesetzes auf ein unendlich großes Universum auf unüberwindliche Schwierigkeiten führt. Für Hugo Seeliger stellt sich notwendigerweise die folgende Alternative[124]:

1. Das Newtonsche Gravitationsgesetz beschreibt als mathematischer Ausdruck die im Universum herrschenden Kräfte nicht in Strenge.
2. Unendlich große Bereiche des Universums besitzen nicht eine endliche, konstante Materiedichte.

Hugo Seeliger vertritt eindeutig die erste Alternative und konstatiert, daß die Zweifel an der Richtigkeit des Newtonschen Gravitationsgesetzes, wie sie u.a. von ihm geäußert werden, in der physikalischen Welt mit Unbehagen aufgenommen werden. Als Antwort auf die Frage nach dem Grund für diese offensichtliche Skepsis werden im allgemeinen die „ungeheueren Erfolge der Newton'schen Formel in der Astronomie"[125] angeführt. Seeliger geht in seiner Einschätzung der Skeptiker so weit zu behaupten, daß es den Anschein habe, „als ob man von mancher Seite dem Gravitationsgesetz die Eigenschaft eines aprioristischen Erkenntnisresultates zuschreiben möchte"[126]. Die aufgezeigten kosmologischen Widersprüche in der Anwendung der Newtonschen Gravitationstheorie führen also in der Folge zu einer grundsätzlichen Diskussion über den Status von Naturgesetzen.

Seeligers Vorwurf an die Forscher seiner Zeit besteht darin, daß diese nicht einschätzen könnten, daß es sich beim Newtonschen Gravitationsgesetz um ein rein empirisches Gesetz handele, das die wahren Verhältnisse in gravitativen Systemen in einer sehr guten Näherung wiedergebe, dies aber aufgrund seines empirischen Charakters nicht mit Sicherheit zu leisten vermöge. Der Grund dafür liegt seiner Ansicht nach darin, daß die Erfahrungsgrundlage für die Formulierung des Newtonschen Gravitationsgesetzes in einem nur sehr kleinen Ausschnitt des Universums bestehe, daß erforderliche Korrekturen also erst bei Betrachtung wesentlich größerer Räume nötig würden.

Den empirischen Charakter des Newtonschen Gravitationsgesetzes betont Hugo Seeliger bereits in einem Aufsatz von 1895, in dem er das Gravitationsgesetz als „die vollkommenste Zusammenfassung aller Erfahrungsthatsa-

---

[123] Zu dieser Einschätzung vergleiche Seeliger 1896, S. 379.
[124] Vergleiche Seeliger 1895, Sp. 132f.
[125] Seeliger 1896, S. 382
[126] Seeliger 1896, S. 383

chen über die Bewegungen innerhalb unseres Planetensystems"[127] bezeichnet. Auch wenn es als „eines der gesichertsten Resultate der theoretischen Astronomie"[128] gilt, so darf man nicht verkennen, daß „bisher Beobachtungsthatsachen nicht vorliegen, welche seine *universelle* Gültigkeit verbürgen oder beweisen können"[129]. Eine absolute Genauigkeit des Newtonschen Gesetzes anzunehmen sei eine neue und durch nichts gestützte Hypothese. Die Annahme, daß das Newtonsche Gravitationsgesetz auch außerhalb des Sonnensystems Gültigkeit beanspruchen kann, ist nach Seeliger als ein „zulässiger Analogieschluß"[130] anzusehen; man muß aber die Frage genau untersuchen, „ob das Newton'sche Gesetz auch die Anziehung von Massen genau wiedergiebt, die durch unermesslich grosse Entfernungen von einander getrennt sind. Die Erfahrung giebt hier gar keinen directen Stützpunkt und andrerseits ist das Newton'sche Gesetz eine rein empirische Formel, über deren absolute Genauigkeit wir gar nichts wissen."[131]

In diesem Zusammenhang wird bei Seeliger der Stellenwert des Kopernikanischen Prinzips im Rahmen seiner Physik deutlich. Er hält die Annahme, daß „die Anziehungskräfte an allen Orten des Weltalls denselben Gesetzen folgen", für „wohl wahrscheinlich, doch keineswegs selbstverständlich"[132] – eine Aussage, die die Problematik dieses kosmologischen Postulates deutlich macht. Für die universelle Gültigkeit des Newtonschen Gesetzes cum grano salis spricht dessen Bewährung; über eventuelle Korrekturglieder kann man nach Seeliger keine Aussage machen: „Wie es sich nun gar mit der Geltung des Newton'schen Gesetzes, als genauer Formel, durch die weiten Fixsternräume hindurch verhält, darüber liegt bis jetzt auch nicht die geringste Erfahrung vor."[133]

Am Beispiel des Kopernikanischen Prinzips kann man gut illustrieren, daß unsere Kenntnisse über Bereiche der Realität, die vormals hauptsächlich durch spekulative Überlegungen geprägt waren,[134] nun durch empirisch überprüfbare wissenschaftliche Aussagen fundiert werden können. Beispielsweise untersuchten A.M. Wolfe und A.D. Tubbs Rotverschiebungen von Resonanzübergängen in weit entfernten Gaswolken, die vor vier verschiede-

---

127 Seeliger 1895, Sp. 129

128 Seeliger 1895, Sp. 129

129 Seeliger 1895, Sp. 129. Kursivierte Passagen sind im Original gesperrt gedruckt.

130 Seeliger 1895, Sp. 129

131 Seeliger 1895, Sp. 129

132 Seeliger 1896, S. 383

133 Seeliger 1896, S. 383

134 Denn bei der Voraussetzung der globalen Gültigkeit der Naturgesetze handelt es sich sicher um eine Annahme, die „weit davon entfernt [ist,] eine Trivialität oder aus apriorischen Gründen heraus belegbar zu sein" (Kanitscheider 1984b, S. 230).

nen Quasaren liegen.[135] Mit diesem Experiment erhält man einen Test, ob terrestrisch bekannte Naturgesetze auch in anderen Gebieten der Raumzeit erfüllt sind. Als Ergebnis liefern Vergleiche der Absorptionsspektren recht enge Grenzen, innerhalb deren die Größe

$$\alpha^2 g_p \left(\frac{m}{M}\right) \tag{1.4}$$

in Raum und Zeit variiert. Dabei ist α die Feinstrukturkonstante, g_p das gyromagnetische Verhältnis des Protons und m/M das Massenverhältnis von Elektron und Proton. Der Vorteil einer Untersuchung von (1.4) besteht darin, daß spektroskopische Tests ihrer raumzeitlichen Schwankungen etwa einhundertmal empfindlicher sind als Tests eines anderen Produktes physikalischer Konstanten.[136] Über das beobachtbare Universum hinweg bleibt (1.4) mit einer Genauigkeit in der Größenordnung von 10^4 räumlich konstant. Diese räumliche Uniformität gilt für eine Zeitskala von bis zu 5% der Laufdauer des Universums. Auch eine zeitliche Variation von (1.4) kann mit derselben Genauigkeit bis zu 20% des Alters des Universums ausgeschlossen werden. Unter einfachen Annahmen[137] ergibt sich aus diesen Beobachtungen zunächst, „that both the strong and the electromagnetic forces are the same in regions that are causally disjoint"[138]. Weil zudem (1.4) auch nur geringe Schwankungen in der Vergangenheit des Universums zeigt, hat man ein Argument für folgende Annahme: „That such a complex quantity is uniform throughout most of space-time suggests that all physical laws are globally invariant."[139] Untersuchungen wie die von Wolfe und Tubbs ermöglichen also, die Universalität der Naturgesetze empirisch zu prüfen und damit die Verwendung des Kopernikanischen Prinzips zu rechtfertigen.

In den oben zitierten Äußerungen bringt Hugo Seeliger zwei Unsicherheiten zum Ausdruck. Zum einen stellt er die Frage nach der globalen Invarianz der Naturgesetze. Diese Schwierigkeit ist – wie gesehen – heute grundsätzlich empirisch behandelbar, indem man die Werte physikalischer Konstanten an weit entfernten Punkten der Raumzeit miteinander vergleicht. Zweitens formuliert Seeliger das Problem der Genauigkeit des Newtonschen Gravitationsgesetzes. Dessen exakte Gültigkeit und Erklärung ergibt sich erst im

---

[135] Wolfe, Tubbs 1980. Die untersuchten absorbierenden Systeme befinden sich in Entfernungen zwischen z=0.5 und z=1.8, mit z: Rotverschiebung.

[136] Wolfe, Tubbs 1980, L107, siehe auch L105.

[137] Wolfe und Tubbs setzen neben der Isotropie der kosmischen Hintergrundstrahlung für die Raumzeit die Robertson-Walker-Metrik voraus und verwenden die strenge Kausalitätsbedingung (vgl. Hawking, Ellis 1973, S. 192), die in allen Friedmann-Universen erfüllt ist.

[138] Wolfe, Tubbs 1980, S. L106

[139] Wolfe, Tubbs 1980, S. L107

allgemein-relativistischen Kontext und kann von Seeliger aufgrund seines empiristischen Ansatzes natürlich nicht vorausgesetzt werden. Deshalb ist es für ihn ohne weiteres möglich, die Newtonsche Formel durch eine beliebige andere zu ersetzen, die dasselbe leistet. Aufgrund der oben ausgeführten Defizite des Newtonschen Gravitationsgesetzes darf man nach Seeliger nicht an dessen absoluter Genauigkeit festhalten, sondern muß notwendigerweise Korrekturen vornehmen, wenn man die Voraussetzung beibehält, daß das Universum unendlich groß ist und eine unendlich große Masse enthält.[140] Weil die Beobachtungen im Weltall keine Hinweise darauf geben, in welcher Art und Weise die Korrekturen am Newtonschen Gravitationsgesetz aussehen könnten, existieren unendlich viele Möglichkeiten für die Konstruktion eines entsprechenden Zusammenhanges. Die Einführung von Korrekturgliedern muß selbstverständlich derart erfolgen, daß die oben diskutierten Widersprüche wegfallen und ein modifiziertes Gravitationsgesetz auf jeden Fall die Verhältnisse im Sonnensystem exakt beschreibt.

In diesem Zusammenhang sei ein wichtiger Punkt erwähnt, den Seeliger zwar nicht explizit ausgearbeitet hat, den er aber völlig richtig in seinem Beitrag von 1909 kurz benennt.[141] Wenn man im Besitz einer Theorie wäre, innerhalb deren sich der Mechanismus der Fernwirkungen erklären und das Newtonsche Gesetz auf natürliche Weise ableiten ließe, dann stellte sich das Gravitationsparadoxon auf völlig andere Weise dar. Seeliger nennt als Beispiel für Ansätze zur Erklärung der Gravitationswirkung die Ätherstoßtheorien und hebt hervor, daß sich in den theoretischen Bemühungen die Newtonsche Formel stets nur approximativ oder nur unter bestimmten Umständen genau ergeben habe. Dieses Faktum wird für Seeliger offensichtlich zum Argument für seine Präferierung von geringfügigen Modifikationen des Newtonschen Gesetzes.

Zusammengefaßt: Die Diskussionen über das Gravitationsparadoxon lassen es nach allgemeiner Meinung unumgänglich erscheinen, „daß man sich entschliessen muß, die universelle und strenge Gültigkeit der Newtonschen Attraktionsformel zu leugnen, wenngleich nur so kleine Korrekturen notwendig sein mögen, daß deren Folgen innerhalb des Planetensystems und vielleicht beträchtlich darüber hinaus unbemerkbar bleiben. Diese Korrekturen müssen unter allen Umständen in der Richtung liegen, daß die Gravitationswirkung gegenüber der Newtonschen Formel schneller mit der Entfernung abnimmt."[142]

---

140 Vergleiche dazu Seeliger 1895, Sp. 133.
141 Seeliger 1909, S. 12
142 Seeliger 1906a, S. 110

Kritik und Korrekturen am Newtonschen Gravitationsgesetz

In dem Abschnitt über die Behandlung des Gravitationsparadoxons bei Hugo Seeliger hatten wir in den Ausdruck für ein beliebiges Potential (1.3) im Fall des Newtonschen Gravitationspotentials $f(r) = \frac{1}{r}$ eingesetzt und die Beziehung (1.3a) erhalten.

Für das Gesamtpotential der Anziehung, die auf einen beliebigen Punkt A wirkt, ergibt sich also im Newtonschen Fall:

$$\Phi = \int_0^{2\pi} d\phi \int_0^{\pi} \sin\theta \, d\theta \int_{R_0}^{R_1} \varrho r dr \tag{1.5}$$

mit ϱ: Materiedichte im Universum, und R_0, R_1: innere und äußere Begrenzung des mit Materie erfüllten Raumes.

Hier seien nun drei Modifikationen dieses Zusammenhanges genannt:

1. In Analogie zu Untersuchungen von Carl Neumann bezüglich der Fernwirkungstheorie im elektrostatischen Fall kann man

$$\Phi(r) = \frac{Ae^{-\lambda_1 r}}{r} + \frac{Be^{-\lambda_2 r}}{r} + \frac{Ce^{-\lambda_3 r}}{r} + \ldots$$

auch für das Gravitationspotential ansetzen. Die Paradoxa, die wir oben diskutiert haben, verschwinden, wenn man die λ_i als endliche Größen annimmt. Neumann weist nach, daß sich im elektrostatischen Fall bei der Wahl derartiger Potentiale für die Anziehungs- und Abstoßungskräfte eindeutige Gleichgewichtszustände einstellen.[143]

2. Ebenfalls für die Elektrostatik hat George Green das Potentialgesetz

$$f(r) = \frac{A}{r^{1+\lambda}} \qquad \text{mit} \qquad 0 < \lambda \leqq 1$$

formuliert. Um es für kosmologische Probleme fruchtbar zu machen, muß selbstverständlich λ sehr klein gewählt werden. Das Problem einer Korrektur des Newtonschen Gravitationsgesetzes nach George Green besteht darin, daß im allgemeinen auch bei seinem Vorschlag das Potential und die Beschleunigung an einem beliebigen Punkt A unendlich werden und sich nur für die Scherkräfte ein endlicher Wert einstellt. Hinsichtlich des Greenschen Ansatzes weist Hugo Seeliger allerdings nach,[144] daß sich für das Gesamtpotential (1.5)

---

143 So dargestellt in Seeliger 1896, S. 385.

144 Siehe Seeliger 1906b, S. 600, bezugnehmend auf Seeliger 1896, S. 385f.; siehe dafür auch Seeliger 1896, S. 376f.

ein sinnloser Ausdruck ergibt: „Aus diesem Grunde *muss dieses Gesetz als keinen Vortheil vor dem Newton'schen gewährend abgewiesen werden.*“[145] Der Vorteil dieses Ansatzes besteht lediglich darin, daß mit ihm die bekannte Anomalie der Periheldrehung des Merkur aufgelöst werden kann.[146] In diese Richtung favorisiert auch Asaph Hall dieses Gesetz und gibt einen Zahlenwert für λ an.[147] Je nach Wahl von λ liefert diese Modifikation also eine geeignete Korrektur für den Merkur-Perihel, ohne für die Bahnen anderer Planeten Korrekturen zu ergeben, die der Beobachtung widersprechen.[148] Gegenüber den unter 1. und 3. gemachten Änderungen des Gravitationsgesetzes hat diese Korrektur zudem den Vorteil, die beobachtete Periheldrehung der Mars-Bahn sehr genau zu beschreiben.

3. Seeliger formuliert ein Fernwirkungsgesetz der Gravitation, das die Anziehung zwischen zwei Massenpunkten gemäß

$$f(r) \sim \frac{m_1 m_2 e^{-\lambda r}}{r^2} \tag{1.6}$$

beschreibt.[149] Allerdings betont er an anderer Stelle[150] ausdrücklich, daß diese Formel nur als ein Beispiel anzusehen ist und nicht als ein Vorschlag für eine ernstzunehmende Korrektur am Newtonschen Gravitationsgesetz gelten soll.

Interessant ist die Motivation Seeligers für die Konstruktion gerade dieses Korrekturvorschlages. Seeliger verwirft die Auffassung, daß es sich bei der Gravitationswechselwirkung um eine *unvermittelt* wirkende Fernwirkungskraft handelt.[151] Wenn nun die gravitative Wechselwirkung durch ein Medium vermittelt wird,[152] dann muß die Möglichkeit in Betracht gezogen werden, den Grund für ein Korrekturglied in den Eigenschaften dieses Mediums zu suchen. Aufgrund der vielen bestehenden Analogien schlägt Seeliger

[145] Seeliger 1896, S. 386; kursivierte Passagen sind im Original gesperrt gedruckt.

[146] Zu den Berechnungen von Simon Newcomb zum Problem des Merkur-Perihels vergleiche Seeliger 1906b, S. 595–600. 620. Für eine Übersicht der berechneten und beobachteten Perihel-Drehungen der vier inneren Planeten siehe de Sitter 1916a, S. 728.

[147] Nach Seeliger gibt Hall den Wert $\lambda = 1.6 \cdot 10^{-7}$ an.

[148] Vergleiche Seeliger 1906b, S. 599 f.

[149] Seeliger 1895, Sp. 134. Die Formulierung dieses Fernwirkungsgesetzes geht übrigens auf Laplace zurück, der dieses im Anschluß an Überlegungen aufstellte, die sich der Ausbreitung von Licht in einem absorbierenden Medium widmeten.

[150] Seeliger 1896, S. 386

[151] Das Problem der instantanen, unvermittelt wirkenden Gravitation wird bereits von Newton in seinem dritten Brief an Richard Bentley thematisiert (Newton 1692, vor allem S. 438).

[152] Seeliger scheint dabei wie im Falle der elektromagnetischen Wechselwirkung an einen Äther zu denken.

vor, analog zu den Eigenschaften des Lichtes „an eine Art Absorption zu denken, welche die Gravitation im Raume erfährt“[153]. Seeliger läßt es offen – und damit argumentiert er betont vorsichtig –, ob die Absorption durch das noch näher zu spezifizierende Medium oder durch Materie erfolgt. Der Gedanke der Absorption der gravitativen Wirkungen durch ein Medium erinnert an die Lösung des Strahlungsparadoxons durch Heinrich Olbers.[154] Dabei geht Olbers hauptsächlich von einer Absorption der elektromagnetischen Strahlung durch interstellare Materieansammlungen aus, denn: „Diese absolute Durchsichtigkeit des Weltraumes ist nicht nur ganz unerwiesen, sondern auch ganz unwahrscheinlich.“[155] Eine Undurchsichtigkeit nur „äußerst geringen Grades“ reiche aus, um das Strahlungsparadoxon „völlig zu vernichten“.[156] Außerdem zieht Olbers die Möglichkeit der destruktiven Interferenz von Lichtwellen zur Erklärung des dunklen Nachthimmels heran.[157] Weil sich bei diesem zweiten Lösungsansatz elektromagnetische Wirkungen wechselseitig kompensieren, ist er analog zu der zweiten oben genannten Möglichkeit von Seeliger zu verstehen, bei der die Absorption der Gravitation durch Materie erfolgt. Dabei müßte sich die gegenseitige Anziehung zweier Massenpunkte verringern, wenn sich eine dritte Masse im Zwischenraum der beiden Massen befände.

Unabhängig von einer materialen Ursache der Absorption formuliert Seeliger seinen lediglich als ein Beispiel zu verstehenden Vorschlag (1.6). Durch entsprechend kleine Wahl von λ erhält man eine beliebig gute Approximation an das Newtonsche Gravitationsgesetz bzw. an die Verhältnisse im Sonnensystem und darüber hinaus die Vorhersage eines zusätzlichen Beitrages zur Drehung der Perihels der Planetenbahnen[158]. Seeliger konstatiert es immerhin als „ein interessantes Zusammentreffen“, daß sein ohne tiefe Begründung

---

[153] Seeliger 1895, Sp. 133

[154] Vergleiche Olbers 1823, vor allem die Seiten 115–120, und den Abschnitt *Gravitationsparadoxon und Olberssches Paradoxon* am Ende dieses Kapitels.

[155] Olbers 1823, S. 115

[156] Olbers 1823, S. 116. Kritik an der Olbersschen Lösung übten vor allem John Herschel und Johann Zöllner: In einer endlichen Zeit würde sich die interstellare Materie mit der Strahlung im Gleichgewicht befinden und ihrerseits strahlen. Eine gute Übersicht zum Olbersschen Paradoxon bietet Vollmer 1992.

[157] Olbers 1823, S. 115 f. Mit dieser Möglichkeit könnte Olbers das Strahlungsparadoxon lösen, „selbst wenn dieser Weltraum auch sonst ganz leer wäre“ (ebd). Aus heutiger Sicht ist dazu zu bemerken, daß zwar die bekannten Interferenzphänomene existieren, ausschließlich destruktive Interferenz jedoch unmöglich ist.

[158] Dieser Beitrag ist proportional zu λ. Eine Bestimmung von λ könnte leicht aufgrund der beobachteten Periheldrehung des Merkur erfolgen; mit diesem Wert ließen sich dann Vorhersagen über die Periheldrehungen bei allen anderen Planetenbahnen machen und durch Beobachtung prüfen.

gemachter Vorschlag eine formelle Erklärung der Periheldrehung des Merkur liefert.[159]

Nach diesen Anmerkungen zu dem von Hugo Seeliger vorgeschlagenen Fernwirkungsgesetz betrachten wir die Modifikationen des Newtonschen Gravitationsgesetzes als ganze: Den Modifikationen 1 und 3 ist gemein, daß sie gewissermaßen eine kosmische Abstoßungskraft formulieren, die sich der bekannten Newtonschen gravitativen Anziehung überlagert und diese auf große Distanzen hin sogar überschreitet.

Zu all den drei hier genannten Vorschlägen für eine Korrektur am Newtonschen Gravitationsgesetz ist zu sagen, daß es am Ende des 19. Jahrhunderts überhaupt keine Anhaltspunkte dafür gab, ob einer dieser Zusammenhänge die im Universum wirkenden Gravitationskräfte würde letztlich richtig beschreiben können. Ihre Rechtfertigung erhalten sie einzig dadurch, daß bei entsprechender Wahl dieser Potentialgesetze die zuvor bestehenden Widersprüche im Rahmen einer Newtonschen Kosmologie nicht auftreten.

Seeliger ist beispielsweise der Meinung, daß die oben genannten Korrekturen am Newtonschen Gravitationsgesetz nicht notwendig sind allein aufgrund der im Planetensystem der Sonne gefundenen Anomalien. Für diese vermutet er andere Ursachen. Weil er aber andererseits eine Änderung wegen der ausführlich dargelegten Gründe für notwendig hält, bleibt ihm nur der Schluß, „dass das Planetensystem eine viel zu geringe Ausdehnung besitzt, um in den vorliegenden Fragen eine Entscheidung herbeiführen zu können“[160].

Außerdem macht die Tatsache, daß sowohl Neumann als auch Green den mathematischen Zusammenhang für die Elektrostatik und für die Gravitation in der Absicht formulieren, um lokale Probleme zu lösen, deutlich, daß bei den genannten Ansätzen in nur sehr geringem Maße kosmologische Überlegungen und Problemstellungen im Vordergrund stehen. Andererseits ist die gemeinsame Behandlung von elektrostatischem und gravitativem Problem bemerkenswert. Die Strukturgleichheit des Newtonschen Gravitationsgesetzes mit dem Coulomb-Gesetz legt eine analoge Behandlung der aufgetretenen Probleme nahe. Deshalb kann man hinter der von Neumann und Green gewählten Problemlösungsstrategie die Existenz einer Hypothese vermuten, die auch durch die genannte Strukturgleichheit gestützt wird. Gemäß dieser Hypothese kommt in den genannten Kraftgesetzen dieselbe naturgesetzliche Struktur zum Ausdruck. Dies könnte darauf hindeuten, daß eine einheitliche Theorie für beide Wechselwirkungen existiert. Neumann und Green äußern

[159] Vergleiche Seeliger 1895, Sp. 136.
[160] Seeliger 1896, S. 389

sich nicht, ob eine derartige Hypothese ihre Forschungen geleitet hat, und bis heute gibt es keine befriedigende Theorie, die elektromagnetische und gravitative Phänomene einheitlich beschreibt.

Aus den Sitzungsberichten der Königlich Bayerischen Akademie der Wissenschaften geht hervor, daß Hugo Seeliger nicht nur die Unmöglichkeit einer homogenen Materieverteilung in einem räumlich unendlichen Universum diskutiert hat. Vielmehr skizziert er eigene Vorstellungen über die kosmische Materieverteilung, die kurzgefaßt das Protokoll zu Seeligers Abhandlung über die räumliche Verteilung der Fixsterne wiedergibt.[161] Darin manifestiere sich „die Ansicht des Verfassers, derzufolge die uns umgebenden Sterne ein abgeschlossenes System von endlicher Ausdehnung bilden, zu dem alles gehört, was wir am Himmel sehen“[162].

Seeliger geht dabei von der Frage aus, ob die Naturgesetze auch Geltung haben in einem unendlich großen Universum.[163] Um dieses Problem anzugehen, was viele Forscher zur damaligen Zeit ablehnten, unterscheidet Seeliger zwischen dem vollendet und dem unvollendet zu bezeichnenden Unendlichen. Diese Verwendung der Begriffe bei Seeliger läuft offensichtlich zu der aus der Mathematik gebräuchlichen Verwendungsweise von „aktual unendlich“ und „potentiell unendlich“ parallel. Wenn man das Universum als vollendet unendlich denke, könne man ihm weder Eigenschaften noch Gesetze zuschreiben. Die Vermeidung einer Vorstellung vom Universum als räumlich aktual unendlich ist konsistent im Rahmen seines empiristischen Ansatzes.[164] Über unendlich weit entfernte Materieansammlungen und ihre gravitativen Wirkungen könne es keine empirischen Daten und deswegen keine Naturgesetze geben, die berechenbare physikalische Größen ermöglichten.[165] Konsequenterweise stellt Seeliger das Universum als unvollendet unendlich in dem Sinne vor, daß man die räumliche Erstreckung der uns umgebenden Materie immer größer annimmt. Gemäß dem gängigen Verständnis erreicht man dieses „potentiell Unendliche“ durch sukzessive Konstruktion in endlich vielen Schritten: „Das Universum ist dann also ein Grenzbegriff.“[166] Die Möglichkeit, mit der begrifflichen Fassung von „Uni-

---

[161] Hugo Seeliger trug diese Abhandlung der mathematisch-physikalischen Klasse am 6. November 1909 vor.

[162] Vergleiche die Sitzungsberichte der Königlich Bayerischen Akademie der Wissenschaften (München), mathematisch-physikalische Klasse 1909, S. 30*.

[163] Seeliger 1909

[164] So besitzen All-Sätze in einem unendlich großen Universum nicht ohne weiteres einen Sinn (Seeliger 1909, S. 16).

[165] Vergleiche zu diesem Problem den Abschnitt *Hugo Seeliger* und auch Seeliger 1895, Sp. 131.

[166] Seeliger 1909, S. 1; vergleiche auch die „Konstruktion“ eines unendlich großen Raumes in Seeliger 1896, S. 377 f.

versum“ als Grenzbegriff beispielsweise dem Universum asymptotisch einen konstanten Energieinhalt zuzuordnen, wird von Seeliger verworfen, weil das Universum kein abgeschlossenes System darstelle: „Danach verliert das Energieprinzip bei einem Versuch der Anwendung auf das Universum jeden Inhalt.“[167]

Die naturphilosophisch interessante Frage nach der Universalität der Naturgesetze besteht nun darin, ob diese bei Annäherung an eine in obigem Sinne skizzierte Grenze in Strenge ihre Gültigkeit behalten oder nur näherungsweise richtig sind, weil sie dem engen Rahmen menschengebundener Forschung entstammen. Wenn man Naturgesetze und ihre Gültigkeit in dieser Sicht gewissermaßen wie ein „expanding circle“ betrachtet, muß man folgendes annehmen: Ein Naturgesetz beschreibt eine allgemeine Eigenschaft der Materie E dann, wenn sich E bei Erweiterung des Raumes nicht ändert, d.h. E bei größer werdendem Raum einem Grenzwert zustrebt. Damit ist die Forderung verbunden, daß physikalische Objekte in sehr großen Entfernungen keine Wirkung auf E haben dürfen. Es muß also geprüft werden, ob physikalische Gesetzmäßigkeiten dieser Grenzbetrachtung standhalten. Dies scheint je eher der Fall zu sein, desto abstraktere Gesetzmäßigkeiten wir betrachten.[168] Konkret stellt sich die Frage, unter welchen Bedingungen die Möglichkeit der unbegrenzten Gültigkeit des Newtonschen Gravitationsgesetzes angenommen werden kann. Der Vorschlag Seeligers, das Universum als Grenzbegriff zu betrachten, entbindet ihn von einem Grenzziehungsproblem. Denn betrachtete man das Universum als vollendet unendlich und erweiterte man den Horizont der naturwissenschaftlichen Erforschung kontinuierlich und verneinte wie Seeliger grundsätzlich die Möglichkeit der Extrapolation der Gesetze auf das unendliche, d.h. unerforschte Universum, dann geriete man in das Grenzziehungsproblem, von welcher Entfernung an man die Ungültigkeit der Naturgesetze annehmen sollte.[169]

Wegen der divergierenden Ausdrücke für Potential, Anziehung und Zerrung an einem beliebigen Punkt im Universum bei gegebener Materiedichte ϱ fordert Seeliger, daß sowohl ϱR als auch ϱ für wachsende Abstände R gegen Null gehen müssen, wenn das Newtonsche Gravitationsgesetz unbegrenzt gültig sein soll. Mit anderen Worten: „Ist die Gesamtmasse des Weltalls (bei

---

[167] Seeliger 1909, S. 18. Ebenso sei auch die Frage, ob man den Gültigkeitsbereich des Entropiesatzes auf das unbegrenzte Universum ausdehnen dürfe, bereits negativ entschieden und damit gegenstandslos (vgl. Seeliger 1909, S. 20f. 25).

[168] Ein grundsätzliches Problem taucht dann natürlich auf, wenn man physikalische Phänomene in kausal entkoppelten Bereichen der Raumzeit naturgesetzlich erfassen möchte.

[169] Ein möglicher Ausweg besteht in einer agnostischen Haltung, die für die beobachtbaren Bereiche des Universums die Gültigkeit der Naturgesetze nachweist und über andere Bereiche keine Aussagen macht.

durchschnittlich endlicher Dichtigkeit) unendlich groß, dann kann das Newtonsche Gesetz nicht als mathematisch genauer Ausdruck der herrschenden Anziehungskräfte gelten."[170] Gleichbedeutend damit ist die Forderung, daß die durchschnittliche Materiedichte ϱ in beliebigen Räumen unendlich klein werden kann. Als Einwand gegen diese Forderung bringt Seeliger als ein Argument aus der Evidenz vor, daß absolut leere oder mit unendlich dünner Materie angefüllte Räume überhaupt nicht vorstellbar sind.[171] Offensichtlich ist er sich der Schwierigkeit einer derartigen erkenntnistheoretischen Grenzziehung bewußt, die auf die weitreichende metaphysische Position hinauslaufen müßte, der Natur einen „horror vacui" zuzuschreiben. Deshalb betont Seeliger später[172] noch einmal, daß man sich auf metaphysische Spekulationen lieber nicht einlassen solle, weil hier die Ansichten zu weit auseinander gingen.

Aufgrund dieser Überlegungen lehnt es Seeliger ab, unter der Voraussetzung der exakten Gültigkeit des Newtonschen Gesetzes einen Schluß zu ziehen von den Eigenschaften der Materie im lokalen Bereich auf deren Verhalten in kosmischen Dimensionen. Hier folgert Seeliger in logisch nicht korrekter Weise, daß ansonsten die lokale Materiekonstellation wesentlich bestimmt wäre durch die Materieanordnung in unendlicher Ferne. Naheliegender erscheint dagegen die Infragestellung der Behauptung, man könne die Materieanordnung in kosmischen Weiten aufgrund der universellen exakten Gültigkeit des Newtonschen Gesetzes aus lokalen Beobachtungen beschreiben. Denn durch diesen Einwand wird Seeligers Betonung der Widersinnigkeit gegenstandslos, die darin bestehen soll, daß die lokale Materiekonstellation durch Voraussetzungen bestimmt wird, über die wir niemals werden Kenntnis erlangen können. Seeliger jedoch kritisiert dieses Vorgehen als wissenschaftlich kaum zu rechtfertigendes[173] und verwechselt Voraussetzungen und Konsequenzen, wenn er die jeder Erfahrung unzugängliche kosmische Materieverteilung als Voraussetzung für die lokale Materieverteilung beschreibt. Vielmehr besteht das methodische Problem in folgendem: Wenn man von der universellen exakten Gültigkeit des Newtonschen Gesetzes ausgeht und eine konstante Materiedichte ϱ annimmt, kann man das Gravitationsparadoxon offenbar nicht vermeiden. Wie gesehen, käme als mögliche Lösung in Betracht, daß ϱR und ϱ bei $\varrho \to \infty$ gegen den Grenzwert Null konvergierten. Damit würde man unter Behauptung der universellen exakten Gültigkeit des Newtonschen Gesetzes und unter Beobachtung einer lokalen,

---

[170] Seeliger 1909, S. 9

[171] Vergleiche Seeliger 1895, Sp. 133.

[172] Vergleiche Seeliger 1909, S. 9f.

[173] Seeliger 1909, S. 11

endlichen Materiedichte Aussagen über die (verschwindende) Materieverteilung in kosmischen Bereichen machen, die explizit nicht prüfbar sind. Dies ist das methodische Problem, das Seeliger dadurch umgeht, daß er eine der Voraussetzungen dieses Argumentes – die universelle exakte Gültigkeit des Newtonschen Gesetzes – fallenläßt.[174]

In dieselbe Richtung wie Hugo Seeliger argumentiert Carl Neumann. Seiner Auffassung nach sollen Theorien die Beobachtungsdaten zusammenfassen und in möglichst einfacher Struktur wiedergeben. Das Ziel der mathematischen Naturwissenschaft bestehe darin, „möglichst wenige (übrigens nicht weiter erklärbare) Principien zu entdecken, aus denen die allgemeinen Gesetze der empirisch gegebenen Thatsachen mit mathematischer Nothwendigkeit emporsteigen, also Principien zu entdecken, welche den empirischen Thatsachen *aequivalent* sind“[175]. Auch wenn Neumanns Verwendung des Begriffs „Entdeckung der Prinzipien“ zunächst etwas anderes nahezulegen scheint,[176] so offenbart doch dieses Zitat ein instrumentalistisches Theorienverständnis. Eine Rede von der Äquivalenz von empirischen Tatsachen und Prinzipien bzw. Gesetzen läßt zweierlei außer acht: Erstens ist eine Theorie durch die empirische Basis immer unterbestimmt. Sollten die Prinzipien aufgrund von Experimenten, Beobachtungen etc. aufgewiesen worden sein, so decken die aus ihnen abgeleiteten „allgemeinen Gesetze der empirisch gegebenen Thatsachen“ einen ungleich größeren Phänomenbereich ab. Zweitens bedürfen höherrangige Gesetze – und erst recht die Prinzipien, die Neumann benennt – theoretischer Begriffe, die wegen ihres Abstraktionsgrades nicht den Phänomenen äquivalent sind, sondern auf ein tieferes Verständnis der Realität abzielen.

Die in der Geschichte der Naturwissenschaft bereits zu Tage getretenen Prinzipien müssen nach Neumann genau durchdacht werden, damit die Forderung nach Äquivalenz von Theorie und Erfahrung erfüllt werden kann. Seiner Ansicht nach beschäftigen wir uns in der theoretischen Physik mit fundamentalen, unerklärbaren Prinzipien, aus denen sich dann mithilfe der Mathematik allgemeine Gesetzmäßigkeiten ableiten lassen. Unter entsprechenden Randbedingungen ließen sich dann mit diesen Gesetzmäßigkeiten die einzelnen physikalischen Ereignisse beschreiben. Neumanns Anliegen ist ein Studium der fundamentalen Prinzipien; so z. B. des Galileischen Trägheits-

---

[174] Allerdings weist Seeliger darauf hin, daß (im Rahmen der Beobachtungsgenauigkeit) der exakten Gültigkeit des Newtonschen Gesetzes in anderen Regionen des Universums nichts widerspreche, wie die beobachtete Dynamik in Doppelsternsystemen zeige.

[175] Neumann 1870, S. 3

[176] Nach Neumann sind die Prinzipien weder aus der Erfahrung ableitbar noch begreifbar.

prinzips[177] und des Newtonschen Anziehungsprinzips[178], die sich entweder auf weitere fundamentale Prinzipien oder auf abzulehnende Definitionen gründen.

Die Vorstellung des Newtonschen Anziehungsprinzips beispielsweise hat sich zu Zeiten Neumanns bereits so eingebürgert, daß man nichts Befremdliches in einer instantanen Fernwirkung sieht, „dass jeder einzelne Körper die ihm gewordenen Befehle augenblicklich und in pünktlichster Weise ausführt“[179]. Scharfe Kritik an dem fundamentalen Prinzip der Anziehung äußert allerdings schon Huygens in einem seiner Briefe an Leibniz: „Der Newton'sche Gedanke einer gegenseitigen Anziehung [...] scheint mir *absurd*. Ich wundere mich nur, dass ein Mann wie Newton so viele mühsame Untersuchungen und Rechnungen anstellen konnte, welche kein besseres Fundament haben als einen *solchen* Gedanken.“[180]

Im Anschluß an die Kritik des fundamentalen Prinzips der Newtonschen Anziehung der Körper wirft Neumann die Frage auf, ob man eine physikalische Hypothese nach ihrem Inhalt beurteilen und je nach Inhalt für wahrscheinlich oder unwahrscheinlich halten dürfe. Denn schließlich gelte zu Recht der Grundsatz: Non necesse est, hypotheses esse veras vel verosimiles; sufficit hoc unum, si calculum observationibus congruentem exhibeant.[181] Daß sich Neumann dieser Überzeugung anschließt, zeigen die Ausführungen seiner Antrittsvorlesung vom 3. November 1869: Er diskutiert dabei die Bewegung eines Massenpunktes im Gravitationsfeld der Erde und stellt heraus, daß diese Bewegung auf die Existenz von Trägheit und Erdanziehung zurückgeführt werden können, letztere jedoch völlig unerklärt bleiben. Der (zweifelhafte) Vorteil dieser Prinzipien liege darin, daß zwei unerklärbare Dinge eine unendliche Anzahl von Erscheinungen erklärten. Und somit kann Neumann behaupten: „Newton hat, wenn wir uns strenge ausdrücken wollen, die Bewegungen der Himmelskörper *keineswegs* erklärt.“[182]

Die Unerklärbarkeit der Prinzipien einer physikalischen Naturbeschreibung sei ein Mangel, den die Wissenschaft nicht beseitigen könne. Eine unumstößliche Sicherheit von Sätzen, die an sich wahr seien, fänden wir nur in Logik und Mathematik, aus denen aber keine physikalische Theorie abge-

---

[177] Durchgeführt in Neumann 1870.

[178] Problematisiert in Neumann 1870, S. 5–13, durchgeführt in Neumann 1896.

[179] Neumann 1870, S. 8

[180] Huygens in einem Brief an Leibniz vom 18. November 1690, hier paraphrasiert von Neumann 1870, S. 8.

[181] Entgegen der landläufigen Meinung stammt dieser Ausspruch nicht von Copernicus, wie Neumann 1870, S. 24f. nachweist; dennoch habe sich Copernicus auch nicht gegen ihn ausgesprochen.

[182] Neumann 1870, S. 11

leitet werden könne. Über die Prinzipien der physikalischen Theorien urteilt Neumann: „Bis zu welcher Höhe und Vollendung unsere physikalischen Theorien im Laufe der Jahrhunderte und Jahrtausende auch emporsteigen mögen, immer werden diese Theorien von Principien, von Hypothesen ausgehen müssen, die (an und für sich betrachtet) als *unbegreiflich*, als *willkührlich* zu bezeichnen sind.“[183] Aufgrund dieser Willkür sei es in der Beurteilung dieser Prinzipien unangemessen, von Richtigkeit und Falschheit, von Wahrscheinlichkeit oder Unwahrscheinlichkeit zu sprechen. Die Prinzipien der Physik (hier vor allem das Trägheits- und das Anziehungsprinzip) seien nicht ableitbar. Nach Neumann besteht die Aufgabe der Physik darin, die vielfachen Erscheinungen der Natur zurückzuführen auf möglichst wenige, willkürlich zu wählende Prinzipien. Dementsprechend äußert Neumann die wissenschaftstheoretische Überzeugung, daß eine physikalische Theorie um so vollkommener sei, je größer die Anzahl der von ihr beschriebenen Erscheinungen und je kleiner die Anzahl ihrer unerklärbaren Prinzipien sei.

Seine Ausführungen zur Galilei-Newtonschen Theorie sollen nach dem Wunsch Neumanns das „*Wesen der mathematisch-physikalischen Theorien überhaupt*“ darstellen, „um zu zeigen, dass diese Theorien angesehen werden müssen als subjective, aus uns selber entsprungene Gestaltungen, welche (von willkührlich zu wählenden Principien aus, in streng mathematischer Weise entwickelt) ein möglichst treues Bild der Erscheinungen zu liefern bestimmt sind“[184]. Obwohl Neumann die Analogie der Erkenntnis mit dem Sehvermögen anführt (wie die Sehnerven auf Reize der Außenwelt mit Lichtempfindungen antworten, so ähnlich reagiert das Denkvermögen auf Wahrnehmungen aus der Natur), kann man ihm keinen erkenntnistheoretischen Subjektivismus vorwerfen. Neumann gesteht einer physikalischen Theorie objektive Wirklichkeit zu, wenn die behandelten „Principien die *einzig möglichen* sind, dass neben *dieser* Theorie keine *zweite* denkbar ist, welche den Erscheinungen entspricht“[185]. Das Ersinnen einer Theorie, die diese letztgültigen Kriterien erfüllt, liegt allerdings außerhalb der menschlichen Fähigkeiten. Auch Hermann von Helmholtz vertritt eine ähnliche Auffassung von Objektivität: Er sieht die theoretische Naturwissenschaft als vollendet an, wenn sich eine Zurückführung auf einfache Kräfte oder Prinzipien als die einzig mögliche erweisen sollte, die die Erscheinungen zulassen, bzw. die den Beobachtungen nicht widerspricht. „Dann wäre dieselbe [erg. Zurückführung] als die nothwendige Begriffsform der Naturauffassung

---

[183] Neumann 1870, S. 12
[184] Neumann 1870, S. 22
[185] Neumann 1870, S. 23

erwiesen; es würde derselben alsdann also auch objective Wahrheit zuzuschreiben sein.“[186]

Gravitationsparadoxon und Olberssches Paradoxon

Wie bereits in zwei vorangegangenen Abschnitten angedeutet, weist das Olberssche Paradoxon denselben physikalischen Hintergrund und dieselbe Problemstruktur wie das Gravitationsparadoxon auf.[187] Nach Olbers führt die Annahme eines unendlich großen Weltalls mit einer homogenen Materieverteilung zum sogenannten „Strahlungsparadoxon“, weil im Gegensatz zur allnächtlichen Erfahrung in einem derart beschaffenen Universum die Intensität des Lichtes an jedem Punkt unendlich sein müßte.[188]

Die Parallele zwischen dem Paradoxon von Olbers und dem Gravitationsparadoxon wird auch von Hugo Seeliger gezogen. Er leugnet nicht die strukturelle Gleichheit der Probleme, hebt aber hervor, daß die Schwierigkeiten, die uns im vorliegenden Falle des Gravitationsparadoxons beschäftigen, beim Olbersschen Paradoxon deswegen nicht aufträten, weil sie dort lediglich aufgrund der Verwechselung von leuchtenden sternähnlichen Massen mit Massen allgemein resultierten. Die „Lösung“ des Olbersschen Paradoxons bei ihm besteht einfach darin, daß die mittlere Flächenhelligkeit, die der gesamte Himmel im Grenzfall gleichmäßig darbietet, eine sehr geringe ist. Der Grund dafür liege in der endlichen Energie der Sterne: darin, „daß das Leuchten der kosmischen Massen ein ephemerer Zustand ist“[189]. Damit nimmt Seeliger die heute als gültig anerkannte Lösung des Olbersschen Paradoxons vorweg[190] und betont völlig richtig die Tatsache, daß die Endlichkeit der Lichtgeschwindigkeit lediglich einen quantitativen Einfluß habe und das Paradoxon nicht löse.

Die beiden Paradoxa des dunklen Nachthimmels und der Instabilität der kosmischen Materieverteilung stehen für offensichtliche Widersprüche innerhalb eines bestimmten kosmologischen Modells. Wenn sich wie in den vorliegenden Fällen der Widerspruch im Rahmen eines Modells oder einer Theo-

---

[186] Helmholtz 1847, S. 7

[187] Eine klare Darstellung des Olbersschen Paradoxons und seiner wissenschaftstheoretischen Bedeutung liefert Vollmer 1992. Dort findet sich auch eine Diskussion der bisherigen Vorschläge zur Lösung des Paradoxons.

[188] Olbers 1826

[189] Seeliger 1909, S. 14. Allerdings scheint seine harsche Zurückweisung der Kritik von Stallo an Olbers und seine Vorstellung der kosmischen Absorptionseffekte nicht überzeugend (vergleiche dazu Seeliger 1909, Absatz 3).

[190] Vergleiche dazu Vollmer 1992, S. 194–197.

rie deduktiv aus mehreren Prämissen[191] ergibt, bzw. wenn experimentelle Befunde im Widerspruch zu den Vorhersagen einer Theorie stehen, dann muß auf dem Weg zur Aufhebung eines Widerspruchs ein logisches Problem überwunden werden: Man kann nicht mit Hilfe der Logik ermitteln, welche der zugrundeliegenden Prämissen falsch ist. Deshalb betrifft eine notwendige Modifikation der Theorie bzw. der das Modell spezifizierenden Bedingungen ein nicht genau bestimmbares Bündel von Sätzen. Die grundsätzliche Unmöglichkeit, in einem systematischen Vorgehen einzelne Prämissen oder Hypothesen aus einem Bündel als wahr oder falsch zu erweisen, ist unter dem Namen der „Duhem-Quine-These" in die Wissenschaftstheorie eingegangen.[192]

Auf die Bedeutung von Paradoxien für die Forschung hat Gerhard Vollmer aufmerksam gemacht.[193] Auch wenn die genannten Paradoxa das damalige Modell des Universums als falsch erwiesen haben, so kann man sie auch als „Glücksfall für die Disziplin" auffassen: „Eine solche Entdeckung [eines Paradoxons bzw. eines Widerspruchs, B.S.] kann also die Theorie *töten* und zugleich die Aufmerksamkeit, das Nachdenken, die Diskussion, die Theorienbildung *beleben.*"[194] Für eine wissenschaftliche Disziplin besteht damit die Funktion von Paradoxien darin, Lücken und Irrtümer in einer Theorie bzw. in einem Modell aufzuweisen. Deshalb kann nicht nur die Entdeckung von Paradoxa hilfreich für den wissenschaftlichen Fortschritt sein, sondern auch die Suche und die Herausarbeitung von paradoxen Phänomenen kann als wichtiges (Denk-)Mittel des wissenschaftlichen Arbeitens dienen. So haben die Formulierung des Strahlungsparadoxons und – zeitlich verzögert – die Ausarbeitung des Gravitationsparadoxons durch Seeliger die gravierenden Probleme des gängigen kosmologischen Modells herausgestellt und zu einer Belebung der Kosmologie gegen Ende des 19. Jahrhundert geführt: „Dieses Paradoxon ist einer der wichtigsten Ausgangspunkte für die moderne astronomische Kosmologie geworden."[195]

---

[191] Statt des logischen Begriffs „Prämisse" verwendet man in der einzelwissenschaftlichen Forschung meist den Begriff „Hypothese".

[192] Vergleiche dazu vor allem Quine 1951. Eine ganz kurze Übersicht zur Duhem-Quine-These bietet Vollmer 1992, S. 188 f.

[193] Vollmer 1990

[194] Vollmer 1990, S. 52

[195] Schmeidler 1962, S. 56

2
Die Lösung Albert Einsteins

Das im vorangegangenen Kapitel vorgestellte Gravitationsparadoxon bildet für Albert Einstein den Ausgangspunkt für sein Unternehmen, die Allgemeine Relativitätstheorie auf den Kosmos anzuwenden und damit die paradoxe Situation der Newtonschen Kosmologie zu überwinden. Zentrales Element bei der Lösung dieses Problems ist die Einführung der Kosmologischen Konstante. Im Mittelpunkt des vorliegenden Kapitels steht deshalb die Herausarbeitung der verschiedenen Gründe, die Einstein zur Einführung dieser physikalischen Größe in die Feldgleichungen der Allgemeinen Relativitätstheorie geführt haben. Diese Begründungen stellen sich teilweise als naturphilosophische Voraussetzungen heraus, die nicht spekulativen metaphysischen Überlegungen oder Ideen entstammen, sondern sich in wechselseitiger Abhängigkeit und Beeinflussung von naturphilosophischen Positionen[1] und physikalischen Theorien entwickelt haben. Neben einer Analyse der Einsteinschen Diskussion des Problems der kosmischen Randbedingungen werden im folgenden die drei wesentlichen Elemente untersucht, die die Einführung der Kosmologischen Konstante motivieren: die Notwendigkeit der Beschreibung eines stabilen Universums, das Mach-Prinzip, die empirische Basis. Diese drei Elemente begründen nicht unabhängig voneinander die Einsteinsche Modifikation der Feldgleichungen, werden aber als Basis der Argumentation herauspräpariert.

Wie ausführlich dargestellt, bereitete die Anwendung der Newtonschen Gravitationstheorie auf die Welt im Großen schwerwiegende Probleme, die gar nicht bzw. nur unbefriedigend gelöst werden konnten. Dieser Umstand führte zusammen mit den Fortschritten in der Beobachtungstechnik[2] im ausgehenden 19. Jahrhundert zu einer Entwicklung der Kosmologie, bei der die Astronomen ihren Schwerpunkt in der Erforschung des Universums nicht auf die Lösung des aussichtslos scheinenden Gravitationsproblems, sondern auf die Beobachtung der Galaxien (bzw. Nebel, wie sie damals genannt wurden) und auf die Spektralanalyse des von ihnen ausgesandten Lichtes legten. Das Hauptproblem der Kosmologie bestand zur damaligen Zeit in der räumlichen

---

[1] Man kann an dieser Stelle im Hinblick auf Einstein synonym den Begriff „physikalisches Weltbild" verwenden.

[2] Vergleiche dazu das Kapitel *Astrophysik und Nebelforschung* in Wolfschmidt 1995, S. 32–45.

Einordnung der Nebel im Universum, vor allem relativ zur Milchstraße, und in der Aufschlüsselung deren innerer Struktur.

Ein Haupthindernis, sich losgelöst von dem konkreten Beobachtungsobjekt ganz allgemein der Struktur des gesamten Universums zu widmen, lag in der Schwierigkeit, sich eine wissenschaftlich begründete Vorstellung darüber zu machen, ob das Universum eine endliche oder eine unendliche Ausdehnung hat.[3] Natürlich existierten bereits die mathematischen Untersuchungen von Bernhard Riemann bzw. W.K. Clifford, die einen endlich großen Raum ohne Begrenzung beschreiben.[4] Im Rahmen der von ihnen entdeckten nicht-euklidischen Geometrien wurde jedoch nicht der Versuch unternommen, „eine reine nichteuklidische Geometrie zur physikalischen Geometrie zu erheben, d.h. zur Beschreibung des Raumes zu verwenden, in dem die Natur effektiv agiert“[5]. Es fehlte also die Verbindung dieser geometrischen Konzeptionen mit einer Theorie der Gravitation, die quantitativ einem Test unterzogen werden konnte; diese Synthese gelingt erst Albert Einstein mit der Allgemeinen Relativitätstheorie im Jahre 1915.

Bald nach der endgültigen Formulierung der Allgemeinen Relativitätstheorie am Ende des Jahres 1915 wendet sich Albert Einstein dem kosmologischen Problem zu: Er erkennt, daß die neue Theorie der Gravitation auch eine neue, erfolgversprechende Basis für die Lösung derjenigen Probleme verspricht, die zuvor mit einer physikalischen Beschreibung der Welt im Großen verbunden waren. „Mit der Einsteinschen Relativitätstheorie hat das menschliche Denken über den Kosmos eine neue Stufe erklommen“[6], so würdigt beispielsweise Hermann Weyl die Bedeutung der Leistung Einsteins. Aus einem Gespräch vom September 1916 zwischen Einstein und de Sitter geht hervor, daß sich Einstein bereits frühzeitig über die kosmologischen Konsequenzen seiner Gravitationstheorie im klaren gewesen ist, obwohl seinen Überlegungen zunächst eine wesentlich andere Annahme zugrunde liegt: Im Jahre 1916 formuliert Einstein die bald darauf verworfene Hypothese, daß die Elemente der Raumzeit-Metrik, die $g_{\mu\nu}$, im Unendlichen gegen

[3] Auf die Bedeutung gerade dieser Schwierigkeit weist beispielsweise North 1965, S. 16, hin.

[4] Weil es sich bei diesen Untersuchungen zweifellos um ernsthafte wissenschaftliche Arbeiten handelt, muß man Vogt widersprechen, wenn er behauptet, daß erstmalig durch die Allgemeine Relativitätstheorie ernsthaft der Gedanke in Erwägung gezogen worden sei, das Weltall könne in bezug auf sein Volumen und damit verbunden auf seine Masse nur endlich groß sein; vergleiche dazu Vogt 1960, S. 79. Abgesehen von den im Text genannten Untersuchungen findet sich eine qualitative Diskussion dieser Position bereits bei René Descartes.

[5] Kanitscheider 1988, S. 144

[6] Weyl 1923, VIII

$$\begin{pmatrix} \infty^2 & \infty & \infty & \infty \\ \infty & 0 & 0 & 0 \\ \infty & 0 & 0 & 0 \\ \infty & 0 & 0 & 0 \end{pmatrix}$$

konvergieren.[7] Diese Hypothese impliziert selbstverständlich eine endliche Welt, weil mit dieser Randbedingung eine – wenn auch weit entfernte – kosmische Grenze gezogen wird, jenseits deren keine Materie, sondern nur noch das $g_{\mu\nu}$-Feld existiert. In dem genannten Gespräch mit de Sitter hebt Einstein sogar in einer viel allgemeineren Weise die Konsequenzen hervor, die die Allgemeine Relativitätstheorie für die Kosmologie hat: „If we wish to have complete four-dimensional relativity for the actual world, this world must of necessity be finite.“[8] Einsteins Überzeugung von der Endlichkeit des Universums, die bei ihm eine direkte Folge der Gültigkeit des Mach-Prinzips ist,[9] wird hier bereits explizit ausgesprochen.

Seine wichtigsten kosmologischen Überlegungen veröffentlicht Albert Einstein Anfang des Jahres 1917 in den Sitzungsberichten der Preussischen Akademie der Wissenschaften.[10] In diesem vielbeachteten Artikel diskutiert er die Anwendung der Allgemeinen Relativitätstheorie auf die Welt als ganze.[11] Gegenüber der Newtonschen Kosmologie wird hier als neue Erkenntnis die Tatsache umgesetzt, daß die Raumkrümmung abhängig von den physikalischen Eigenschaften der Materie ist. Der Raum wird nicht mehr als etwas Neutrales oder Absolutes angesehen, nicht mehr als ein Gefäß, in dem sich die Materie befindet; vielmehr bestimmt die Materieverteilung (genauer: der Energie-Impuls-Tensor) die Struktur der Raumzeit. Die Struktur der Raumzeit wiederum beeinflußt die Bahnkurven der Massenpunkte, die Geodäten, die durch die Metrik der Raumzeit vorgegeben sind: „Space and time [...]

---

7 Zur Kritik an dieser Hypothese siehe de Sitter 1916, S. 531 f. Eine Reaktion auf diese Kritik im Sinne einer Revision seiner Ansichten kann man in Einstein 1917, S. 143. 145 f. nachlesen. de Sitter geht hierauf noch einmal kurz ein in de Sitter 1917.

8 de Sitter 1916, S. 532

9 Vergleiche dazu das Unterkapitel *Das Mach-Prinzip als Argument*.

10 Einstein 1917

11 Zu Recht kann man behaupten, daß mit diesem Artikel die moderne Kosmologie begründet wird. Siegfried Müller-Markus urteilt: „Es war dies im Grunde das erste wissenschaftliche Weltmodell.“ (Müller-Markus 1986, S. 214) Einen dieser Einschätzung nicht widersprechenden, sondern eher einen anderen Akzent setzenden Aspekt betont Engelbert Schücking, wenn er den Beginn der theoretischen Kosmologie der Neuzeit mit dem Habilitationsvortrag von Bernhard Riemann im Jahre 1854 ansetzt (Schücking 1993, S. 15 f.).

had at last been awakened from the dead and had become active participants in the world at large.“[12]

Auch die Relativität der Trägheit findet in der Allgemeinen Relativitätstheorie ihren Niederschlag. Allerdings wird die Rolle des absoluten Raumes in der Newtonschen Physik nun vom metrischen Feld eingenommen, das keinen absoluten Charakter mehr besitzt, weil es durch die Massen bedingt ist und die Trägheitswirkungen „lediglich“ vermittelt. Gravitationsfelder sind in diesem Zusammenhang Gebiete mit einer nicht-euklidischen Metrik. Deshalb ist es im Prinzip möglich, daß die Materieverteilung im Universum dazu führt, daß sich der Raum in sich selbst zurückbiegt, sich also schließt.

Die Anwendung der Allgemeinen Relativitätstheorie als einer Gravitationstheorie auf den Kosmos führt in den Überlegungen von Einstein zur Einfügung des kosmologischen Termes in die allgemein-relativistischen Feldgleichungen. Diese Modifikation ist von der Theorie der Gravitation her zunächst einmal nicht begründet[13] und läßt sich nur aus dem Bemühen Einsteins erklären, das kosmologische Problem lösen zu wollen. Interessanterweise verwendet Einstein die um den kosmologischen Term erweiterten Feldgleichungen ausschließlich bei der Behandlung des kosmologischen Problems. Bei allen anderen Problemen legt Einstein stets die allgemein-relativistischen Feldgleichungen in ihrer ursprünglichen Form, d.h. ohne kosmologischen Term, zugrunde.[14] An dieser Behandlung der Kosmologischen Konstante durch Einstein kann man bereits erkennen, daß er ihr keine grundlegende physikalische Bedeutung zuschreibt, sondern sie nur in ihrer mathematischen Funktion verwendet, um die Beschreibung eines statischen Universums zu ermöglichen. Wie die vorliegende Untersuchung zeigen wird, entwickelt sich aus diesem mathematischen Kunstgriff in der Folge eine angeregte Diskussion, die bei weitem über das Problem der kosmischen Stabilität hinausgeht.

Bevor wir in den folgenden Unterkapiteln schrittweise die Einführung der Kosmologischen Konstante genauer behandeln, sei ein charakteristischer Zug des wissenschaftlichen Arbeitens Albert Einsteins genannt, der auch für seinen Umgang mit der Kosmologischen Konstante bestimmend ist: Einstein beginnt mit einem heuristischen Programm, das im vorliegenden Fall in der Lösung des kosmologischen Problems besteht, und sieht sich später nicht-intendierten Konsequenzen seines Ansatzes konfrontiert, die den anfänglichen Überlegungen oft entgegenlaufen.

---

[12] Harrison 1981, S. 293

[13] Vergleiche Einsteins Urteil in Einstein 1917, S. 152.

[14] So beispielsweise in Einstein 1916.

Das Problem der Randbedingungen in der Kosmologie

Bekanntermaßen stellen Differentialgleichungen lediglich eine notwendige, aber keine hinreichende Bedingung dar, um Zustand und Dynamik eines physikalischen Systems zu beschreiben. Zusätzlich benötigt man Randbedingungen[15], die die Lösungsmannigfaltigkeit der Differentialgleichungen beschränken – je nachdem welcher konkrete physikalische Anfangszustand betrachtet wird. In den meisten Fällen bestimmen die Eigenschaften des zu untersuchenden Problems die Grenz- oder Anfangsbedingungen. Wenn man sich in der theoretischen Physik dem physikalischen System „Kosmos" zuwendet, dann findet man auf die Frage nach (geeigneten) Randbedingungen keine leichte Antwort, weil es sich bei diesem physikalischen System nicht um eine „künstliche" Experimentalanordnung oder ein einfach zu manipulierendes System handelt. Zudem sind wegen der großen raumzeitlichen Entfernungen nur vereinfachende Annahmen über einen Anfangszustand möglich. Mehr noch, Aussagen über die Randbedingungen für ein kosmisches Szenario setzen immer schon eine (implizite) Theorie über den Kosmos voraus. Dabei kann sich zeigen, daß im Laufe der Ausarbeitung einer Theorie die Vorstellungen über die Grenzbedingungen modifiziert werden müssen, weil deren physikalische Aussage zusammen mit den die Dynamik verkörpernden Differentialgleichungssystemen zu kontrafaktischen Resultaten führt. Im Gegensatz zu vielen anderen physikalischen Problemen, bei denen die Anfangsbedingungen als bekannt und außerhalb eines konkreten theoretischen Modells liegend[16] vorausgesetzt werden können, stellt sich das Grenzwertproblem in der Kosmologie gravierender: Die Annahmen über die Anfangsbedingungen müssen zusammen mit den aus ihnen (durch die Dynamik) resultierenden Zuständen ein konsistentes Bild des Universums ergeben. Wie im ersten Kapitel dargestellt, kann diese notwendige Bedingung von keinem der im Rahmen der Newtonschen Gravitationstheorie vorgeschlagenen kosmologischen Modelle erfüllt werden. Sie alle führen zu Widersprüchen bzw. in Aporien.

Mit den Feldgleichungen der Gravitation als Kernstück der Allgemeinen Relativitätstheorie hat Einstein diejenigen Differentialgleichungen bereitgestellt, die die Dynamik im Kosmos bestimmen. Konsequenterweise stellt

[15] Synonym zu „Randbedingungen" verwende ich die Begriffe „Anfangsbedingungen" und „Grenzbedingungen".

[16] Selbstverständlich gilt auch hier, daß die Formulierung der Anfangsbedingungen stets (mehr oder weniger bedeutsame) theoretische Elemente enthält. Eine kurze Übersicht über dieses Problem der Theoriebeladenheit von Beobachtungen bzw. Experimenten bietet Hacking 1983, Kap. 10.

er an den Anfang seiner kosmologischen Betrachtungen eine Diskussion der Grenzwerte, die das Gravitationspotential im räumlich Unendlichen annimmt. An die Stelle des Newtonschen Potentials ϕ treten im allgemein-relativistischen Fall die dynamischen Felder $g_{\mu\nu}$, d.h. die Komponenten des metrischen Fundamentaltensors $g_{\mu\nu}$. Um den Zustand und die Dynamik des Kosmos beschreiben zu können, müssen zu den Feldgleichungen demnach als Randbedingungen Hypothesen über Werte der $g_{\mu\nu}$ im räumlich Unendlichen angegeben werden.

Im Falle der Newtonschen Kosmologie hatten wir hervorgehoben,[17] daß zur Poisson-Gleichung $\Delta\Phi = 4\pi G\varrho$ für das Potential als mögliche Randbedingung $\lim_{\vec{x}\to\infty} \Phi(\vec{x}) =$ const. hinzugenommen werden muß, um zu einer Beschreibung der Materieverteilung im Universum zu gelangen. Dabei wird vorausgesetzt, daß sich das Universum mit euklidischer Metrik räumlich grenzenlos erstreckt. Im Falle der genannten Randbedingung $\lim_{\vec{x}\to\infty} \Phi(\vec{x}) =$ const. ergibt sich, daß die Materiedichte im Universum von einem gedachten Mittelpunkt aus nach außen hin abnimmt, bis sie im Unendlichen zu Null wird. Damit das Potential ϕ im Unendlichen einem konstanten Grenzwert zustrebt, muß also die Materiedichte von dem gedachten Mittelpunkt aus stärker als mit $\frac{1}{r^2}$ abnehmen. Die Randbedingung $\lim_{\vec{x}\to\infty} \Phi(\vec{x}) =$ const. impliziert also das Insel-Universum, einen räumlich unendlich großen Kosmos, in dem die Materie aber in dieser „inselartigen“ Weise auf einen Raum begrenzt ist.[18] Ob die Masse der Materie in einem Insel-Universum endlich oder unendlich ist, kann theoretisch jedoch nicht entschieden werden.

Zusätzlich zu dem Auftreten des Gravitationsparadoxons nennt Einstein ein weiteres Argument, warum die Vorstellung von einem Insel-Universum in noch stärkerem Maße unbefriedigend sei: Das von den Sternen dieser Insel ausgesandte Licht und ebenso die Sterne selber würden sich nach und nach in den unendlichen Raum entfernen, niemals wiederkehren und nie mehr mit anderen Naturobjekten in Wechselwirkung treten können.[19] Als Folgerung dieses Prozesses konstatiert Einstein zu Recht, daß dieses Insel-Universum im Laufe der Zeit systematisch verarmen müßte.

Zu diesem Argument Einsteins drei Bemerkungen:

Erstens handelt es sich bei der Überlegung Einsteins eher um ein ästhetisches Urteil. Gesetzt den Fall, wir lebten in einem Insel-Universum und Licht und

---

[17] Vergleiche die Ausführungen in Kapitel 1.

[18] Zu den Eigenschaften und Problemen des Insel-Universums vergleiche die entsprechenden Abschnitte in Kapitel 1.

[19] Vergleiche Einstein 1988, S. 70.

Sterne würden sich in den unendlichen Weiten des Weltalls verlieren, dann gäbe es keinen logischen Grund, ein mit dieser Eigenschaft ausgestattetes Weltmodell zu verwerfen. Als Einwand könnte man nur geltend machen – vielleicht setzt Einstein diese Prämisse stillschweigend voraus –, daß dieses Weltmodell ad absurdum geführt wäre, existierte das Universum seit unendlich langer Zeit. Wäre in diesem Modell die systematische Verarmung der Insel die Konsequenz, dann dürften wir nach unendlich langer Existenz der Welt kein Insel-Universum beobachten. Wir tun es aber, also kann das Modell nicht stimmen.

Zweitens kann in dem von Einstein so formulierten Argument nicht geschlossen werden, daß diese Abwanderung ins Unendliche mit Notwendigkeit auftreten muß. Betrachtet man die Materie im Universum als Gas, dann findet die angesprochene Ausdünnung statt. Allerdings könnte die kinetische Energie der Sterne so gering sein, daß das Gas-Modell für die Sterne im Universum nicht zutrifft. Hinter dem Einsteinschen Argument müßte also zudem die Annahme stehen, daß die kinetische Energie der Sterne im Universum doch einen entsprechend großen Wert hat, der die Konsequenz der Abwanderung rechtfertigt. Denn befänden sich die Sterne in Ruhe, dann müßte es aufgrund der gegenseitigen Massenanziehung längst zum Gravitationskollaps gekommen sein – zumal, wenn das Universum seit ewiger Zeit existierte. Weil dies offensichtlich nicht der Fall ist, muß die kinetische Energie der Sterne so groß sein, daß der Gravitationskollaps vermieden wäre; dann besäßen sie aber auch ausreichend Energie, um in die unendliche Weite des Weltalls wegzudiffundieren. Um diese Überlegung muß man folglich das Einsteinsche Argument ergänzen, um es gültig werden zu lassen.

Drittens wäre es von der Idee einer umfassenderen Feldtheorie her denkbar, eine stabile Materieanordnung im Sinne eines Insel-Universums zu beschreiben. Zu Zeiten Einsteins war eine Theorie eines Feldes, in dem die Komponenten des Energie-Impuls-Tensors, die T_{ij}, und die g_{ij} Teile eines umfassenden Gesamtfeldes sind, nicht ausgearbeitet. Ohne direkten Zwang aber vermeidet man zugegebenermaßen die Forderung nach neuen Feldern und Feldgrößen sowie die Annahme unentdeckter Mechanismen der Wechselwirkung zwischen dem Gesamtfeld und seinen Teilfeldern. Neben den damit verbundenen technischen Schwierigkeiten gibt es für Einstein offensichtlich ästhetische oder psychologische Motivationen, die gegen die Annahme eines Insel-Universums sprechen. Wenn man von einem umfassenderen Feld ausgeht, „könnte man meinen, dass das ganze kosmologische Problem nichts sei als eine Modekrankheit. Dies ist aber doch nicht ganz so, weil man schwer davon los kommt, dass die Welt (roh gesprochen) wenigstens ‚räumlich' homogen sollte gedacht werden können. Anders gesagt: man kann nicht glauben, dass die Körperwelt eine Insel in einem unendlichen g_{ij}-Feld sei.“[20]

Einsteins Vorbehalte gegenüber dem Insel-Universum werden auch darin deutlich, daß er die Konsequenz dieses Modells – die Welt hat einen Mittelpunkt – als unsympathisch bezeichnet.[21] An einer anderen Stelle[22] weist Einstein darauf hin, daß wir aufgrund von Beobachtungen des Himmels zu der Überzeugung gelangt sind, daß das System der Fixsterne nicht als eine Insel im unendlichen Raum schwebt. „Wir fühlen uns vielmehr zu der Überzeugung gedrängt, daß es [...] eine mittlere Dichte der Materie im Raum gibt, die überall größer als Null ist.“[23]

Die Einsteinsche Lösung des Problems der kosmischen Grenzbedingungen

Um die bekannten Schwierigkeiten bei der Wahl der Grenzbedingungen im Rahmen der Newtonschen Theorie zu vermeiden, schlägt Einstein eine Erweiterung der Gleichungen der Allgemeinen Relativitätstheorie vor, die strukturgleich der Erweiterung der Poisson-Gleichung ist. Diese Modifikation führt dazu – so legt es Einstein nahe[24] –, daß dann die Grenzbedingungen im räumlich Unendlichen überhaupt entfallen, „da das Weltkontinuum bezüglich seiner räumlichen Erstreckung als ein in sich geschlossenes von endlichem, räumlichem (dreidimensionalem) Volumen aufzufassen ist“[25]. Wenn diese räumliche Geschlossenheit der Welt nicht gegeben ist, dann muß man im Falle einer Feldtheorie, wie sie die Allgemeine Relativitätstheorie darstellt, willkürliche Grenzbedingungen angeben.[26] Die Geschlossenheit der Welt als Lösung des Problems der kosmischen Grenzbedingungen wird im folgenden vorgestellt. Sie steht in wechselseitiger Beziehung zur Einführung der Kosmologischen Konstante und bildet die Voraussetzung des Einsteinschen Zylinder-Universums als Modell des Kosmos.

In Einsteins einleitenden Ausführungen der *kosmologischen Betrachtungen* wird bereits die wichtige Bedeutung des Mach-Prinzips als einer Grundlage

---

[20] Einstein in einem Brief an Felix Pirani vom 2. Februar 1954.

[21] Vergleiche dazu beispielsweise Einstein 1988, S. 70.

[22] Einstein 1956, S. 72

[23] Einstein 1956, S. 72

[24] Vergleiche Einstein 1917, S. 144f. Diese Passage, daß die Modifikation der Feldgleichungen die Geschlossenheit der Welt ergebe, widerspricht Einsteins Äußerungen am Ende seines Aufsatzes (ebd. S. 152).

[25] Einstein 1917, S. 145

[26] Vergleiche dazu auch eine Notiz in dem Brief Einsteins an Felix Pirani vom 2. Februar 1954.

der Allgemeinen Relativitätstheorie offenbar: Es kann keine Trägheit der Massen gegenüber dem Raum, sondern nur gegenüber den Massenpunkten im Universum geben. Dieses Postulat der Relativität der Trägheit ergibt als Konsequenz, daß die potentielle Energie eines Massenpunktes im Unendlichen unendlich groß wird, er also das System nicht verlassen kann.[27] Wenn man nun die Gravitationsfelder in der Weise ansetzt, daß sie die eben genannten Grenzbedingungen erfüllen, dann führt dies zu einem Widerspruch mit den Grenzbedingungen, wie sie für das Fixsternsystem angenommen werden müssen. Denn die Beobachtungen ergeben relativ kleine Sterngeschwindigkeiten, woraus für die Komponenten des kontravarianten Energie-Impuls-Tensors die Bedingung $T^{ij} \ll T^{00}$ folgt. Diese Bedingung läßt sich in der Rechnung Einsteins nicht mit den eingangs gewählten Grenzbedingungen in Einklang bringen.

Neben der empirischen Tatsache der kleinen Sterngeschwindigkeiten bezieht Einstein statistische Überlegungen ein: In einem unendlich alten Universum hätte der Boltzmannsche Gleichverteilungssatz dazu führen müssen, daß sich die einzelnen Sterne ins räumlich Unendliche entfernen. Denn solange die Gesamtenergie der Körper im Universum größer ist als die Energie, die man benötigt, um einem Stern durch Stoß eine Energie zum Erreichen des räumlich Unendlichen zu verleihen, kann es keine Gleichgewichtsverteilung der Körper geben.[28]

Aus diesen beiden Überlegungen ergibt sich, daß in allen materieerfüllten Bereichen des Universums das Gravitationspotential einen ähnlichen Wert annehmen muß wie im Sonnensystem. Damit dürfen „derartige Degenerationsbedingungen für die $g_{\mu\nu}$ im Räumlich-Unendlichen nicht postuliert werden“[29].

Nach Einstein resultieren daraus zwei Möglichkeiten für die Grenzbedingungen. Die erste Möglichkeit entspricht der Forderung, daß sich die Metrik der Raumzeit in großen Entfernungen der Minkowski-Metrik annähert.[30] Dies würde aber nichts anderes bedeuten, als für das Modell der Materieverteilung im Kosmos das Insel-Universum anzunehmen. Zu dem bekannten Problem des Insel-Universums[31] kämen dann zwei weitere: Die Minkowski-Metrik erhielte man nur bei Wahl eines passenden Bezugssystems, womit der Forderung des Relativitätsprinzips widersprochen würde. Das zweite

[27] Nach Einstein 1917, S. 146, folgt dieselbe Beschränkung auch für Lichtstrahlen.

[28] Zu diesem Argument vergleiche auch Einstein 1917, S. 143.

[29] Einstein 1917, S. 147

[30] Beispielsweise geht die Schwarzschild-Lösung der Feldgleichungen von der Randbedingung aus, daß die Metrik im Unendlichen flach ist.

[31] Vergleiche die entsprechenden Abschnitte in Kapitel 1.

Problem bestände darin, daß man das Postulat der Relativität der Trägheit aufgäbe: In einem flachen Universum würde die Trägheit dann durch die „Materie zwar *beeinflußt*, aber nicht *bedingt*“[32]. Weil sich in diesem Falle die $g_{\mu\nu}$ im räumlich Endlichen nur geringfügig von der im Unendlichen postulierten Minkowski-Metrik unterschieden, käme auch einem einzigen Körper im Universum eine fast gleich große Trägheit zu, wie es für diesen in unserem von Materie erfüllten Universum der Fall ist. Es widerspricht also explizit der Einsteinschen Überzeugung von der Gültigkeit des Mach-Prinzips, wenn die Trägheit dieses einen Körpers nicht durch andere Massen bedingt wird.[33]

Bei der zweiten Möglichkeit wird gänzlich auf eine universelle Lösung des kosmologischen Problems verzichtet, indem man sich auf ein räumlich begrenztes Gebiet des Kosmos beschränkt und an den Grenzen dieses Bereiches die $g_{\mu\nu}$ als Grenzbedingungen willkürlich bestimmt.[34]

In seiner Lösung des kosmologischen Problems erfüllt Einstein sowohl das Relativitätsprinzip als auch das Postulat der Relativität der Trägheit. Wie im folgenden deutlich wird, werden in seinem kosmologischen Modell durch den Materieinhalt des Universums die Krümmungseigenschaften des Kosmos festgelegt; und diese wiederum bestimmen die Bahnkurven der Massenpunkte, die Geodäten. Dadurch kann Einstein das Szenario einer geschlossenen Welt entwerfen, in dem das Problem der Grenzbedingungen obsolet wird. Zudem gelingt es ihm, durch die Einführung der Kosmologischen Konstante an der Gültigkeit des Mach-Prinzips festzuhalten.

Das Zylinder-Universum

Einstein unterbreitet ein kosmologisches Modell, das sogenannte Zylinder-Universum, das auf mehreren Voraussetzungen fußt. Die erste Voraussetzung ist eine homogene Materieverteilung, d.h. $\varrho(\vec{x}) =$ const. für alle Punkte im Universum. Einstein stützt diese Voraussetzung mit der Annahme, daß die Welt räumlich geschlossen ist, so daß naheliegenderweise ϱ als vom Orte unabhängig angesetzt werden kann.[35] Zum zweiten ergibt sich aufgrund der beobachteten äußerst kleinen Sterngeschwindigkeiten (relativ zur Lichtgeschwindigkeit) für den kontravarianten Energie-Impuls-Tensor

---

[32] Einstein 1917, S. 147; die kursivierten Wörter sind im Original gesperrt gedruckt. Für die Begründung von Einsteins Behauptung, siehe ebd.

[33] Zu diesen Ausführungen vergleiche auch das Unterkapitel *Das Mach-Prinzip als Argument*.

[34] Dies ist die Position de Sitters in de Sitter 1917.

[35] Vergleiche dazu Einstein 1917, S. 149. Einschränkend muß aber bemerkt werden, daß das Faktum einer räumlich geschlossenen Welt natürlich nicht notwendig eine homogene Materieverteilung im Kosmos impliziert.

$$T^{\mu\nu} = \begin{pmatrix} \varrho & 0 & 0 & 0 \\ 0 & 0 & 0 & 0 \\ 0 & 0 & 0 & 0 \\ 0 & 0 & 0 & 0 \end{pmatrix}.$$

Als dritte Voraussetzung betrachten wir die Forderungen an den Metrik-Tensor: Weil alle Größen als explizit zeitunabhängig angenommen werden, setzt Einstein $g_{00} = 1$; weil er die Lösungsmannigfaltigkeit auf die Klasse der statischen Modelle einschränkt, muß er auch $g_{10} = g_{20} = g_{30} = 0$ setzen. Unter der Voraussetzung einer konstanten Materieverteilung (und damit einer konstanten Krümmung des Raumes) erhält Einstein für die weiteren (die räumlichen) Elemente des Metrik-Tensors

$$g_{ij} = -\left(\delta_{ij} + \frac{x_i x_j}{R^2 - (x_1^2 + x_2^2 + x_3^2)}\right).$$

Man sieht, daß die einzelnen Voraussetzungen von Einstein nicht unabhängig voneinander formuliert sind. Als Grundlage der weiteren Ableitung fassen wir Einsteins entscheidende kosmologische Grundannahme in der Aussage zusammen, daß Einstein von einer geschlossenen, statischen Welt mit homogener Materieverteilung ausgeht.

Die Einsetzung der derart gewählten Elemente des Metrik- und Energie-Impuls-Tensors in die Feldgleichungen der Gravitation

$$G_{\mu\nu} = -\varkappa\left(T_{\mu\nu} - \frac{1}{2}g_{\mu\nu}T\right) \qquad (2.1)$$

führt dazu, daß damit dieses Gleichungssystem nicht saturiert wird. Sollten die Einsteinschen Feldgleichungen in der Form (2.1) die einzigen sein, die mit dem Relativitätsprinzip vereinbar wären, dann bedeutete dies, daß die Allgemeine Relativitätstheorie eine räumlich geschlossene, statische Welt nicht zuließe.

Einstein schlägt nun aufgrund der eben formulierten Grundannahme eine andere Form der Feldgleichungen vor:

$$G_{\mu\nu} - \lambda g_{\mu\nu} = -\varkappa\left(T_{\mu\nu} - \frac{1}{2}g_{\mu\nu}T\right) \qquad (2.2),$$

wobei die Modifikation der ursprünglichen Feldgleichungen (2.1) in analoger Form zu der bereits diskutierten Modifikation der Poisson-Gleichung geschieht. In die Einsteinschen Feldgleichungen wird also auf der linken Seite das kosmologische Glied $\lambda g_{\mu\nu}$ hinzugefügt.[36] Wichtig bei dieser Modifikation ist die Gewährleistung, daß dadurch weder die allgemeine Kovarianz noch die Erhaltungssätze für Energie und Impuls verletzt werden.

Angesichts der Prinzipien, von denen sich Einstein bei der Entwicklung der Feldgleichungen der Allgemeinen Relativitätstheorie hat leiten lassen, nimmt es wunder, daß er nicht bereits bei der Ausarbeitung der Allgemeinen Relativitätstheorie das kosmologische Glied konsequent aus der Theorie hergeleitet hat. Dieses offensichtliche Defizit in der Allgemeingültigkeit der mathematischen und physikalischen Formulierung der Ableitung kann J.D. North nur als ein schwer verständliches Versehen ansehen: „[...] it is hard to see how the omission of the λ-term can be regarded as anything but an oversight."[37]

Wenn man nach dem Einsetzen der von Einstein vorgegebenen Elemente des Metrik- und Energie-Impuls-Tensors in die modifizierten Gleichungen (2.2) diese einzeln saturiert, dann gelingt dies nur, wenn gilt:

$$-\frac{2}{R^2} + \lambda = -\frac{\varkappa\varrho}{2} \quad \text{und} \quad \lambda = \frac{\varkappa\varrho}{2} \qquad (2.3).$$

Aus der Forderung eines räumlich geschlossenen, statischen Universums ergeben sich nach Einstein im theoretischen Rahmen der Allgemeinen Relativitätstheorie eindeutig diese beiden Beziehungen. Weil in diesem Rahmen die angenommene homogene Materieverteilung notwendig mit einer konstanten Raumkrümmung R verbunden ist,[38] wird diese durch die beiden Gleichungen (2.3) mit der eingeführten universellen Konstante λ verknüpft durch $\lambda = \frac{1}{R^2}$. Man sieht, daß sich aus der Kenntnis einer der drei Konstanten ϱ, λ und R mittels der angeführten Beziehungen die beiden anderen Größen leicht ableiten lassen. An diesen Beziehungen ist erkennbar, in welchem wechselseitigen Verhältnis die Gesamtmasse des Universums, dessen Raumkrümmung und die Kosmologische Konstante stehen, die nach Einstein die Existenz des Zylinder-Universums überhaupt erst ermöglicht. Ebenso leicht kann man sowohl das Volumen des Universums als das eines sphärischen Raumes angeben als auch die Gesamtmasse des Universums wegen der Endlichkeit von ϱ und R als eine endliche Größe bestimmen. Für das Volumen und die Masse gilt: $V = 2\pi^2 R^3$ und $M = \varrho V = \sqrt{\frac{32\pi^4}{\varkappa^3 \varrho}}$.

Wie wirkt sich der kosmologische Term physikalisch aus? Ein positiver Wert der Kosmologischen Konstante bewirkt eine kosmische Abstoßungs-

---

[36] Zur Terminologie: Das kosmologische Glied $\lambda g_{\mu\nu}$ wird oft auch als kosmologischer Term, das alleinstehende Lambda stets als Kosmologische Konstante bezeichnet.

[37] North 1965, S. 87

[38] Vergleiche auch den Hinweis in Einstein 1917, S. 149.

kraft, die proportional zum Abstand zwischen zwei Raumpunkten besteht. Lambda selber gibt damit die Stärke der Abstoßungskraft an, die zwei beliebige Massenpunkte voneinander erfahren. Die kosmische Repulsion kann man sich als der Newtonschen Attraktion überlagert vorstellen. Die mit dem kosmologischen Term verbundene Kraft ist dabei so gering, daß sie in Größenordnungen von Sonnensystemen oder Galaxien physikalisch keine Rolle spielt. Nachhaltig wirksam wird sie aber in kosmischen Entfernungen in der Größenordnung von 10^9–10^{10} Lj.,[39] wodurch sich die Bestimmung ihrer Größenordnung überaus schwierig gestaltet. Um die Beschreibung eines statischen Universums zu erreichen, erfordert die mit der Kosmologischen Konstante verbundene repulsive Kraft nun eine Feineinstellung von Lambda, damit sie genau die mit den Massen verbundene Anziehungskraft kompensiert. Zu einer groben Abschätzung der Größe der Kosmologischen Konstante gelangt man, wenn man berücksichtigt, daß für schwache stationäre Felder, die von einer nicht-relativistischen Materieverteilung erzeugt werden (Newtonscher Grenzfall), gilt: $G_{00} = \nabla^2 g_{00}$. Wegen des korrespondenzartigen Anschlusses der Allgemeinen Relativitätstheorie an die Newtonsche Gravitationstheorie muß also ein sehr kleiner Wert für die Kosmologische Konstante gefordert werden.

Wenn man sich die Wirkung des kosmologischen Gliedes in den Feldgleichungen als eine kosmische Repulsion veranschaulicht, dann taucht folgende begriffliche Schwierigkeit auf: Im physikalischen Kontext der Einsteinschen Gravitationstheorie existieren keine Kräfte, die Massenpunkte bewegen sich kräftefrei auf Geodäten. Deshalb wird die Vorstellung einer repulsiven Kraft dem Kerngedanken der Einsteinschen Gravitationstheorie nicht gerecht. Das Bild eines statischen Universums, das seine Stabilität aufgrund eines Kräftegleichgewichts zwischen attraktiven und repulsiven Kräften aufrecht erhält, ist kein allgemein-relativistisch adäquates Szenarium. Dieses Problems dürfte Einstein sich offenkundig bewußt gewesen sein, wenn er von der Bedenklichkeit seiner kosmologischen Lösung spricht.[40] Konsequenterweise müßte man die physikalische Wirkung des kosmologischen Termes in einer Raumkrümmung sehen, die mit zunehmendem Abstand zwischen zwei Massenpunkten größer wird. Zu dem Modell des Einsteinschen statischen Universums gelangt man dadurch, daß eine negative Krümmung der

---

[39] Vergleiche z. B. auch Unsöld 1991, S. 232. – Fälschlicherweise behauptet Narlikar 1982, S. 142, daß „the constant is so small [...] on the scale of the Solar System". Bei der Kosmologischen Konstante handelt es sich jedoch um eine Konstante, die unabhängig von der Raumzeit überall denselben Wert annimmt; lediglich ihre physikalische Wirkung ist in kosmischen Systemen von der Größenordnung des Sonnensystems nicht nachweisbar.

[40] Vergleiche dazu Einstein 1956, S. 72.

Raumzeit, die durch die Wirkung der Kosmologischen Konstante bedingt ist, deren positive Krümmung, die durch die Materieverteilung hervorgerufen wird, in entsprechender Weise kompensiert. Deshalb auch dürfte Einstein den kosmologischen Term auf der linken Seite der Feldgleichungen eingefügt haben,[41] auf der diejenigen Größen zusammengefaßt sind, die die Eigenschaften der Raumzeit beschreiben.

Das Modell eines sphärisch geschlossenen Universums betrachtet Einstein als logisch konsistent und als das allgemein-relativistisch naheliegendste. Die von Einstein gelieferte Vorstellung vom Weltraum gibt eine Antwort auf das Ausgangsproblem seiner Arbeit vom Februar 1917; die im Rahmen der Newtonschen Gravitationstheorie unverstandene Beziehung zwischen Raum und Materie in kosmischen Dimensionen wird geklärt.[42] Das Modell des Zylinder-Universums, bzw. eine positive Raumkrümmung, würde sich auch dann als Lösung der Feldgleichungen der Gravitation ergeben, wenn man nicht die um das kosmologische Glied $\lambda g_{\mu\nu}$ erweiterten Gleichungen (2.2) ansetzte, sondern vom ursprünglichen Gleichungssystem (2.1) ausginge.[43] Verwunderlich erscheinen deshalb Überlegungen Einsteins zwei Jahre später, in denen er darauf hinweist, daß der theoretische Rahmen der Allgemeinen Relativitätstheorie für die Kosmologie eine räumlich geschlossene Welt verlange. „Diese Auffassung machte aber eine Erweiterung der Gleichungen (1) [d.i. (2.1), B.S.] nötig, wobei eine neue universelle Konstante Λ eingeführt werden mußte [...].“[44] An dieser Stelle begründet Einstein also explizit die Einführung der Kosmologischen Konstante mit der Forderung nach der Geschlossenheit des von ihm konzipierten Zylinder-Universums.[45]

Einstein und Seeliger: Ein Vergleich

Die Schwierigkeiten der Newtonschen Kosmologie, die im vorangegangenen Kapitel angesprochen wurden, lassen sich in der Sicht Einsteins kaum überwinden.[46] Einstein zeigt allerdings einen Ausweg aus dem „Newtonschen Dilemma“, indem er für die neue Gravitationstheorie, d.h. für die Feldgleichungen der Allgemeinen Relativitätstheorie eine Modifikation vorschlägt.

---

[41] Siehe Einstein 1917, S. 151.

[42] Vergleiche zu dieser Einschätzung beispielsweise Lanczos 1965, S. 106.

[43] Darauf weist auch Einstein 1917, S. 152, hin.

[44] Einstein 1919, S. 351

[45] Diese Position kann man bereits als Ausgangspunkt der Argumentation Einsteins in seinen kosmologischen Betrachtungen festmachen; s. dazu Einstein 1917, S. 144f. Die damit verbundene offensichtliche Widersprüchlichkeit in diesem Text wird von ihm nicht thematisiert.

[46] Einstein 1917, S. 143

Analog dem Vorgehen innerhalb der Newtonschen Theorie werden dabei die Grundgleichungen um einen Term erweitert – ebenso wie im Falle des Newtonschen Gravitationsgesetzes bei Carl Neumann und Hugo Seeliger bereits dargestellt. Einsteins Einschätzung dieses Vorgehens hinterläßt jedoch keinen allzu überzeugenden Eindruck, denn er sieht in dieser Modifikation „einen Weg [...], der an sich nicht beansprucht, ernst genommen zu werden“[47].

Meines Erachtens gibt es zwei (nicht notwendig voneinander unabhängige) Möglichkeiten, Einsteins skeptisches Urteil über seinen eigenen Vorschlag zu verstehen. Erstens macht auch Hugo Seeliger den Vorschlag der Modifikation der Poisson-Gleichungen, ohne dafür explizit ein Argument anzuführen; mehr noch: er nennt keinen physikalischen Grund für diese Korrektur, so daß hier ebenso wie beim analogen Vorgehen Einsteins zu Recht Skepsis angebracht ist. Zweitens tritt in der Einsteinschen Ableitung der Gravitations-Feldgleichungen das kosmologische Glied nicht als abgeleitete Größe auf. Die Einführung eines kosmologischen Terms erscheint Einstein somit willkürlich und kann von ihm deswegen nicht ernst genommen werden: „Hierin liegt ein besonders schwerwiegender Schönheitsfehler der Theorie.“[48] Der Unterschied zu Seeliger besteht allerdings darin, daß bei Seeliger nichts *gegen* die Einfügung des kosmologischen Termes spricht, weil er immer den empirischen Charakter des Newtonschen Gravitationsgesetzes betont und weil somit dessen Erweiterung als Optimierung der mathematischen Beschreibung von physikalischen Vorgängen angesehen werden kann. Einstein dagegen formuliert explizit Postulate bzw. Axiome, die an eine zukünftige Theorie der Gravitation zu stellen sind. Insofern besteht der eigene Anspruch stärker in einer Formulierung der theoretischen Zusammenhänge aus allgemeinen Überlegungen heraus, als dies bei Seeliger der Fall ist, der allein mit dem Kriterium einer möglichst sparsamen Erfassung des empirischen Materials die Qualität einer theoretischen Formulierung bewertet.

Bezüglich ihrer stationären kosmologischen Lösung stimmen die Ergebnisse von Seeliger und Einstein in einem Punkt überein: Ein zeitunabhängiges, statisches Universum ergibt sich bereits, wenn Lambda kleine Zahlenwerte annimmt. Auf diese Weise wird gewährleistet, daß sich die Einführung der Kosmologischen Konstante auf Prozesse innerhalb unseres Sonnensystems in nicht nachweisbarer Weise auswirkt. Diese Tatsache ist mit drei wichtigen Konsequenzen verbunden: Erstens bieten astronomische Beobachtungen schon innerhalb des Sonnensystems eine Abschätzung für die obere Grenze der Kosmologischen Konstante. Zweitens existiert die Newtonsche Gravita-

[47] Einstein 1917, S. 143 f.
[48] Einstein 1919, S. 351

tionstheorie als Grenzfall für schwache Gravitationsfelder im theoretischen Rahmen der Allgemeinen Relativitätstheorie weiter. Damit erfüllt die Allgemeine Relativitätstheorie auch diesbezüglich eine Forderung, die man an jede neue Theorie stellen muß, die den Anspruch erhebt, weiterreichende Erklärungen als die Vorgängertheorie zu bieten: der Erfolg der alten Theorie muß im Kontext der neuen verstehbar sein. Wenn somit das kosmologische Modell Seeligers als Grenzfall des Einsteinschen Modells verstanden wird, dann kann auch das in beiden Theorien analog auftretende Problem auf analoge Weise gelöst werden. Zum dritten beeinflußt ein kleiner Zahlenwert der Kosmologischen Konstante nicht die Vorhersagekraft der Theorien in kleinen gravitativ gebundenen Systemen wie dem Sonnensystem; die Vorhersage der Periheldrehung des Merkur beispielsweise wird in ihrem Zahlenwert von einer entsprechend kleinen Kosmologischen Konstante nicht berührt.

Das Vorgehen Einsteins bei der Einführung der Kosmologischen Konstante widerspricht einerseits der Modifikation des Newtonschen Gesetzes bei Seeliger, andererseits entspricht es auch der Seeligerschen Idee. Zunächst zum Widerspruch: Die Konzeption und Grundlegung der Allgemeinen Relativitätstheorie auf drei Prinzipien (Äquivalenzprinzip, Prinzip der allgemeinen Kovarianz, Mach-Prinzip) ergibt innerhalb der theoretischen Ableitung die Feldgleichungen der Gravitation ohne weitere Zusatzannahmen bzw. empirische Elemente. Die Hinzufügung des kosmologischen Gliedes hingegen folgt bei Einstein nicht zwanglos aus dem Formalismus, sondern stellt einen Fremdkörper in der Theorie dar. Im Gegensatz dazu faßt Seeliger die Newtonsche Gravitationstheorie als eine auf rein empirischer Basis gefundene Theorie auf, als eine aufgrund eines Abstraktionsprozesses aus den Phänomenen gewonnene Formel. Diese kann bei Bedarf geändert werden, wenn die Beobachtungsdaten eine andere formale Zusammenfassung als geeigneter erscheinen lassen, um die Phänomene zu beschreiben. Insofern spielt die Einführung des kosmologischen Gliedes innerhalb des jeweiligen theoretischen Zusammenhanges eine fundamental unterschiedliche Rolle. Weil Einstein dieses instrumentalistische Theorienverständnis von Seeliger nicht kennt bzw. nicht nachvollziehen möchte, sondern nach theoretischen Gründen für eine Modifikation der Poisson-Gleichung fragt, kann er deren Erweiterung um das kosmologische Glied nicht ernst nehmen; deswegen seine Äußerung über einen Weg, der nicht ernst genommen zu werden braucht.[49] Diese Position, Korrekturen am Newtonschen Gesetz aus empirischen Gründen nicht ernsthaft zu berücksichtigen, wird in den ersten Jahrzehnten dieses Jahrhunderts häufig vertreten. Exemplarisch dafür steht das Urteil von Gerold von

---

[49] Vergleiche Einstein 1917, S. 143f.

Gleich: „Auf die mehr oder weniger künstlichen Aptierungen des Potentials oder der Gravitationskraft näher einzugehen, erübrigt sich, da es sich dort um eine Art von empirischen Korrektionen handelt.“[50]

Die fehlende theoretische Grundlegung ist aber sowohl in der Argumentation Seeligers als auch im Vorgehen Einsteins zu konstatieren. Darin gleichen sich beide Theoretiker. Die Erweiterung der Feldgleichungen geschieht bei Einstein – genau wie bei Seeliger – als Folge der astronomischen Erfahrung, die vor allem in der Beobachtung der Stabilität des Universums und in dem Faktum kleiner Sterngeschwindigkeiten besteht. Insofern entsprechen sich die Vorgehensweisen von Seeliger und Einstein. Der Grund dafür, daß Einstein trotz einer nicht aufweisbaren theoretischen Grundlage die Kosmologische Konstante einführt, dürfte in der Dringlichkeit des Gravitationsproblems liegen und aus einer nicht zu leugnenden Faszination für ein positiv gekrümmtes, geschlossenes Universum stammen: „C'est au moins une preuve que la relativité générale peut conduire à un système non-contradictoire.“[51] Denn sein kosmologisches Modell des Zylinder-Universums[52] beantwortet die alte naturphilosophische Frage nach der Endlichkeit und Unendlichkeit der Welt auf elegante Weise. Aufgrund seiner Studien der Arbeiten von Bernhard Riemann ist zu vermuten, daß Einstein diesen Gedanken der Probevorlesung Riemanns entnommen hat, die dieser im Rahmen seines Habilitationsverfahrens 1854 in Göttingen gehalten hatte. Riemann spricht dabei über die alltägliche Erfahrung, daß die dreidimensionale Außenwelt offensichtlich ohne Begrenzung ist: „Die Unbegrenztheit des Raumes besitzt daher eine größere empirische Gewißheit als irgendeine äußere Erfahrung. Hieraus folgt aber die Unendlichkeit keineswegs; vielmehr würde der Raum, wenn man [...] ihm also ein konstantes Krümmungsmaß zuschreibt, notwendig endlich sein, sobald dieses Krümmungsmaß einen noch so kleinen positiven Wert hätte.“[53] Wie Einstein allerdings selber schreibt, bedarf es für das Modell eines geschlossenen Kosmos, wie er bei Riemann bereits angedeutet wird, nicht notwendig der Kosmologischen Konstante.[54] Weil zudem die Motivation für die Einführung des kosmologischen Termes der Konzeptionsweise der Allgemeinen Relativitätstheorie in keiner Weise entspricht, werden die späteren Äußerungen Einsteins sehr verständlich, in denen er die Überflüssigkeit der Einfügung betont. Darin hebt er explizit hervor, daß man

[50] Gleich 1923, S. 230
[51] Einstein, Besso 1979, S. 62; siehe auch Mehra 1973a, S. 167.
[52] Zur Erklärung dieses anschaulichen Begriffes siehe den Abschnitt *Das Einstein-Universum* in Kapitel 3.
[53] Riemann 1854, S. 18
[54] Einstein 1917, S. 152

ein kosmologisches Modell nach seinen Vorstellungen ohne weiteres *ohne* den theoretisch nicht begründbaren kosmologischen Term erhalten kann.

Der Vorwurf gegenüber der Lösung des Gravitationsparadoxons von Seeliger besteht in den Überlegungen Einsteins darin, daß es für eine Modifikation und die damit verbundene Komplizierung des Newtonschen Gravitationsgesetzes weder einen empirischen noch einen theoretischen Grund gibt. Man darf meiner Einschätzung nach mit Recht annehmen, daß Einstein auch aus ästhetischen Gründen grundsätzlich einer Komplizierung des Gesetzes skeptisch bis ablehnend gegenübergestanden hätte, selbst wenn es empirische oder theoretische Anhaltspunkte für eine Modifizierung gegeben hätte. Im Gegensatz zu dem Vorschlag von Seeliger bietet die Argumentation Einsteins für die Kritiker eine Angriffsfläche weniger. Konnten jene noch auf den ausgezeichneten Status des Newtonschen Gravitationsgesetzes gegenüber anderen Gravitationsgesetzen[55] verweisen, so betont Einstein die Gleichwertigkeit des von Seeliger modifizierten Gravitationsgesetzes im Verhältnis zum Newtonschen. Man kann sich sogar unendlich viele andere Gesetzmäßigkeiten ausdenken, ohne daß einer von ihnen aufgrund einer Gründung in allgemeinen theoretischen Prinzipien der Vorzug zu geben wäre. Erst die Einsteinsche Gravitationstheorie bietet eine solche Verankerung in allgemeinen theoretischen Überlegungen.

Das Mach-Prinzip als Argument

Im Jahre 1917 wird sehr schnell deutlich, welche wichtige Rolle das Mach-Prinzip[56] nicht nur bei der Formulierung der Allgemeinen Relativitätstheorie, sondern auch bei der Einführung der Kosmologischen Konstante gespielt hat: Bevor de Sitter seinen Aufsatz über die Möglichkeit von sogenannten „Vakuumlösungen“ der Feldgleichungen veröffentlicht,[57] teilt er dessen Inhalt Einstein vorab mit. Einstein schreibt darauf hin de Sitter seine Position in einem Brief vom 24. März 1917: „Es wäre nach meiner Meinung unbefriedigend, wenn es eine denkbare Welt ohne Materie gäbe. Das $g_{\mu\nu}$-Feld soll vielmehr *durch die Materie bedingt sein, ohne dieselbe nicht bestehen können.* Das ist der

---

[55] Darunter sind in erster Linie alle denkbaren Variationen des Newtonschen Gravitationsgesetzes zu verstehen, wie sie teilweise in Kapitel 1 vorgestellt werden.

[56] Zur erkenntnistheoretischen Bedeutung des Mach-Prinzips findet man hilfreiche Literaturangaben in Kanitscheider 1971, S. 221 Anm. 25.

[57] de Sitter 1917a

Kern dessen, was ich unter der Forderung von der Relativität der Trägheit verstehe."[58]

Pais weist darauf hin,[59] daß Mach zwar Urheber des Machschen Trägheitsprinzips, aber nicht des Mach-Prinzips sei.[60] Die Motivation für Mach habe nach Einstein in der Unerträglichkeit bestanden, daß in der Newtonschen Physik der Raum das Trägheitsverhalten der Massen bestimme, „ohne dass letztere auf den Raum bestimmend zurückwirken"[61]. Der Unterschied zum Newtonschen Trägheitsprinzip besteht nun in folgendem: Das Newtonsche Trägheitsgesetz bezieht sich auf Bewegungen, die gleichmäßig-gleichförmig relativ zum absoluten Raum sind; Mach hingegen betrachtet die Trägheitsbewegungen relativ zu den Fixsternen, die in seiner Auffassung ein idealisiertes starres Bezugssystem darstellen: „Statt nun einen bewegten Körper K auf den Raum [...] zu beziehen, wollen wir direkt sein Verhältnis zu den *Körpern* des Weltraumes betrachten, durch welche jenes Koordinatensystem allein *bestimmt* werden kann."[62] Damit wird eine Form der Wechselwirkung zwischen dem beschleunigten Körper und den übrigen Körpern postuliert. Was bei Mach nicht ausgearbeitet ist, legt Einstein vor: eine dynamische Theorie der Trägheitsbewegungen. Unter dem Mach-Prinzip kann man nun Einsteins Verständnis des Machschen Trägheitsprinzips verstehen,[63] wonach die Relativität der Trägheit als eines von drei gleichberechtigten Prinzipien einer befriedigenden Gravitationstheorie (im besonderen der Allgemeinen Relativitätstheorie) zugrunde liegen muß. Die gegenüber den Ideen Machs weitergehenden Forderungen Einsteins, die er selbst als Mach-Prinzip bezeichnet, werden explizit thematisiert in der Auseinandersetzung zwischen Einstein und Selety über das kosmologische Problem.[64] Einstein unterscheidet in sei-

---

[58] de Sitter zitiert aus diesem Brief Einsteins an ihn in de Sitter 1917, S. 1225.

[59] Pais 1986, S. 286

[60] Unbeschadet der Einschätzung Pais' bezeichnet Mach sich selbst als „Erfinder des Prinzips" in Mach 1963, S. 227. Zu den verschiedenen Formulierungen des Mach-Prinzips siehe Goenner 1981, S. 87f.

[61] So Einstein in einem Brief an Felix Pirani vom 2. Februar 1954.

[62] Mach 1963, S. 227f., die kursivierten Wörter sind im Original gesperrt gedruckt. Ähnlich Mach 1963, S. 227, daß bei der Rede von der Trägheitsbewegung eines Körpers „darin nur eine kurze Anweisung auf Beachtung der *ganzen* Welt" liege.

[63] Ohne es explizit zu formulieren, scheint auch Abraham Pais diese Terminologie zu verwenden. Siehe dazu den Abschnitt *Einstein and Mach's Principle* in Pais 1982, S. 284–288, bzw. in Pais 1986, S. 287–292. Zudem stütze ich diese Behauptung auf Einstein 1918, S. 241 Anm. 1. In ähnlicher Weise versteht auch Goenner die Rezeption der Machschen Gedanken durch Einstein (Goenner 1981, S. 86f.).

[64] Siehe dazu die Veröffentlichungen in den Annalen der Physik (Selety 1922, Einstein 1922, Selety 1923, Selety 1924), hierin vor allem Selety 1923, S. 60–63, sowie Selety 1924, S. 297. 319f.

nem Aufsatz von 1918 erstmalig zwischen dem Relativitätsprinzip (dem Prinzip der allgemeinen Kovarianz) und dem Mach-Prinzip[65]. Letzteres besagt: „Das G-Feld ist *restlos* durch die Massen der Körper bestimmt.“[66]

Einstein verknüpft in seinem Verständnis des Mach-Prinzips die träge Masse eines materiellen Punktes mit der Existenz der ihn umgebenden Materie und vermutet, „daß die *ganze* Trägheit eines Massenpunktes eine Wirkung des Vorhandenseins aller übrigen Massen sei, auf einer Art Wechselwirkung mit den letzteren beruhend“[67]. Die Gleichungen der Allgemeinen Relativitätstheorie enthielten die Gedanken Machs, weil aus ihnen folge, „dass die Trägheit mindestens zum Teil auf Wechselwirkung der Massen beruht“[68]. Explizit formuliert Einstein sein Verständnis der Trägheit im Jahre 1920: „Die Trägheit ist nach meiner Auffassung im gleichen Sinne eine (vermittelte) Wechselwirkung zwischen den Massen der Welt wie diejenigen Wirkungen, welche die Newtonsche Theorie als Gravitationswirkungen betrachtet.“[69]

Einstein selbst geht – auch gegen die Skepsis der Kollegen[70] – so weit, die Erfüllung des Mach-Prinzips „als unbedingt notwendig“ anzunehmen.[71] Diese Notwendigkeit ergibt sich aus der sicheren Überzeugung Einsteins, daß kein G-Feld ohne Materie existieren könne: „Ich selbst bin der Machschen

---

[65] Der Begriff „Machsches Prinzip“ taucht hier zum ersten Mal in der Literatur auf. Einstein spricht deshalb von einem Prinzip, weil er in diesem die Machsche Forderung verallgemeinert sieht, nach der „die Trägheit auf eine Wechselwirkung der Körper zurückgeführt werden müsse“ (Einstein 1918, S. 241).

[66] Einstein 1918, S. 241. Allgemeiner formuliert Einstein weiter unten, daß „das G-Feld durch den Energietensor der Materie bedingt und bestimmt sei“ (Einstein 1918, S. 242). – Zur Terminologie: Unter dem G-Feld versteht Einstein den durch den Fundamentaltensor $g_{\mu\nu}$ beschriebenen Raumzustand. Die vollständige Bestimmtheit des G-Feldes durch die (fernen) Massen als die Position Einsteins hebt de Sitter aufgrund eines Gespräches mit Einstein aus dem September 1916 hervor: „The hypothesis has arisen from the wish to explain not only a small portion of the g_{ij} (i. e. of inertia) by the influence of material bodies, but to ascribe *the whole of the* g_{ij} […] to this influence“ (de Sitter 1916, S. 531), und etwas später spricht de Sitter von „an entirely material origin of inertia“ (de Sitter 1916, S. 532).

[67] Einstein 1912, S. 39, die kursivierten Wörter sind im Original gesperrt gedruckt. In einer Anmerkung bezieht sich Einstein mit obenstehender Vermutung explizit auf die „scharfsinnigen Untersuchungen“ von Ernst Mach (Einstein 1912, S. 39).

[68] Einstein 1960, S. 22. Diese Formulierung dürfte aus dem Jahre 1920 stammen und somit Einsteins Position zu dieser Zeit wiedergeben; vergleiche auch Einstein 1960, S. 22.

[69] Einstein in Reichenbächer 1920, S. 1011

[70] Vergleiche hierzu auch die entsprechenden Abschnitte der Zuschriften-Kontroverse zwischen Albert Einstein und Ernst Reichenbächer aus dem Jahre 1920. Dort äußert Einstein die Meinung, „daß alle auch noch so fernen Massen der Welt am Zustandekommen des Gravitationsfeldes an jeder Stelle mitbeteiligt sind“ (Reichenbächer 1920, S. 1010).

[71] Einstein 1918, S. 242. Vergleiche auch Einsteins Zurückweisung des molekular-hierarchischen kosmologischen Modells von Franz Selety, in der er noch im Herbst 1922 die Wichtigkeit der Machschen Ideen für die Allgemeine Relativitätstheorie betont (Einstein 1922, S. 437).

Ansicht, welche sich in der Sprache der Relativitätstheorie etwa so formulieren läßt: Alle Massen der Welt zusammen bestimmen das $g_{\mu\nu}$-Feld [...].“[72] In dieser Überlegung liegt auch der Grund für die Einführung der Kosmologischen Konstante: Die ursprünglichen Feldgleichungen der Gravitation stehen im Widerspruch mit dem Mach-Prinzip, weil sie die Lösungen $g_{\mu\nu} = \text{const.}$ *und* $T_{\mu\nu} = 0$ zulassen. Damit wäre ein G-Feld ohne erzeugende Materie denkbar. Die Vermeidung dieser Vakuumlösungen gelingt nach Einstein durch die Modifikation der Feldgleichungen.[73] Im Gegensatz zum Urteil von Abraham Pais ist damit gezeigt, daß Einstein – etwa zum Jahreswechsel 1917/18 – schon explizit darauf hinweist, daß die um den kosmologischen Term erweiterten Feldgleichungen für den leeren Raum keine Lösungen besitzen.[74] Die Gültigkeit des Mach-Prinzips ist also die notwendige Bedingung für die Einführung des kosmologischen Termes in den kosmologischen Rahmen der Allgemeinen Relativitätstheorie: „Bestände die de Sittersche Lösung überall zu Recht, so würde damit gezeigt sein, daß der durch die Einführung des λ-Gliedes von mir beabsichtigte Zweck nicht erreicht wäre.“[75] Die Theorie sei nur dann befriedigend, wenn „die physikalischen Qualitäten des Raumes allein durch die Materie *vollständig* bestimmt werden“[76].

Im Verlauf der wissenschaftlichen Entwicklung der kommenden Jahrzehnte nimmt Einstein immer mehr Abstand von der heuristischen Funktion und Gültigkeit des Mach-Prinzips; dies formuliert er explizit in einem Brief an Felix Pirani. Einstein hält es am Ende seines Lebens für eine „heikle Sache“, wenn die Menschen denken, „dass das Feld *völlig* bestimmt sein soll durch die Materie“, weil die die Materie repräsentierenden T_{ij} „immer schon die g_{ij} voraussetzen“.[77] Insofern überrascht auch nicht seine Aufgabe des Mach-Prinzips: „Von dem Machschen Prinzip aber sollte man meiner Meinung nach überhaupt nicht mehr sprechen. Es stammt aus einer Zeit, in der man dachte, dass die ‚ponderablen Körper‘ das einzige physikalisch Reale seien [...] (Ich bin mir der Tatsache wohl bewusst, dass auch ich lange Zeit durch diese fixe Idee beeinflusst war).“[78]

---

[72] Einstein in Reichenbächer 1920, S. 1011

[73] Einstein 1918, S. 243

[74] Obwohl Pais die Arbeit Einsteins (Eingang bei den *Annalen der Physik* am 6. März 1918) zur Kenntnis genommen hat, behauptet er, daß Einstein nicht explizit von der Vermeidung der Vakuumlösungen durch die Einführung des kosmologischen Termes gesprochen habe (Pais 1986, S. 291).

[75] Einstein 1918, S. 271

[76] Einstein 1918, S. 271

[77] Aus dem Brief an Felix Pirani vom 2. Februar 1954.

[78] Einstein in einem Brief an Felix Pirani vom 2. Februar 1954, hier zitiert nach den geringfügig unterschiedlichen Auszügen in Hentschel 1990, S. 41 Anm. 19, und Pais 1982, S. 288.

Es sei hier kurz angedeutet, daß an der unterschiedlichen Einschätzung der Rolle der Materie, die Einstein zu verschiedenen Zeiten seines Forschens äußert, allgemein das problematische Verhältnis von Materie und Raumzeit deutlich wird. Wenn Einstein die Qualitäten des Raumes vollständig durch die Materie bestimmt sieht, so muß er doch zugleich bei der Beschreibung der Materieverteilung auf eine Konzeption des Raumes zurückgreifen. Insofern liegt jeder Materiebeschreibung implizit eine Metrik zugrunde, so daß der von Einstein angenommene – gewissermaßen ontologisch zu verstehende – Primat des Raumes gegenüber der Materie keine konsistente Konzeption darstellt.

Wegen der Notwendigkeit der Erfüllung des Mach-Prinzips ist letztlich auch die Einführung der Kosmologischen Konstante erforderlich. Denn durch die Modifikation der Feldgleichungen kann nun keine singularitätenfreie Raumzeit mehr existieren, in der der Energie-Impuls-Tensor überall verschwindet.[79] Damit ist also entgegen dem, was Einstein am Ende seiner kosmologischen Betrachtungen ausführt, neben den kleinen Sterngeschwindigkeiten auch das Mach-Prinzip konstituierend für die Einfügung des kosmologischen Gliedes. Deshalb kann Goenner auch zu Recht davon sprechen, daß bei Einstein die Verbindung der „Forderung nach einem *räumlich geschlossenen* Kosmos" „mit der Vorstellung eines *statischen* Kosmos" zum kosmologischen Term geführt habe.[80]

Bereits im September 1916 formuliert Willem de Sitter einen Einwand gegen die Verwendung des Mach-Prinzips durch Einstein in dem Sinne, daß dieser sich an die Existenz der fernen Massen als Quellen der Trägheit hafte. Der Grund für deren Einführung liege in dem Wunsch, dem Gravitationsfeld im Unendlichen den Wert Null in jedem Bezugssystem zuzuweisen. „This wish, however well founded in a theory based on absolute space, is contrary to the spirit of the principle of relativity."[81] Für diese Grenzbedingung an das Gravitationsfeld gilt: „[...] in a theory of relativity it has no foundation."[82]

Die Verwendung des Mach-Prinzips in dem kosmologischen Modell von 1917 hat zur Voraussetzung, daß der symmetrische Fundamentaltensor[83] $g_{\mu\nu}$ von der Materieverteilung im Universum vollständig bestimmt ist. In einem Brief an Maurice Solovine betont Einstein die philosophischen Voraussetzungen, die in der Umsetzung des Mach-Prinzips im Zylinder-Universum

---

[79] Vergleiche zu dieser Argumentation Einstein 1918, S. 243.

[80] Goenner 1981, S. 89

[81] de Sitter 1916, S. 527. Zur Begründung von de Sitter siehe de Sitter 1916, S. 527–531.

[82] de Sitter 1916, S. 531

[83] Der Begriff des Fundamentaltensors ist insofern gerechtfertigt, als der metrische Tensor bei der Beschreibung des Gravitationsfeldes fundamentale Bedeutung hat, d. i. das Gravitationsfeld repräsentiert.

ihren Niederschlag finden: „Ueberhaupt ist es erkenntnistheoretisch befriedigender, wenn die mechanischen Eigenschaften des Raumes vollständig durch die Materie bestimmt werden, was nur im Falle einer räumlich geschlossenen Welt der Fall ist.“[84] Die $g_{\mu\nu}$ des Fundamentaltensors nun legen die metrischen Eigenschaften des Raumes, die Gravitationswirkungen und eben die Trägheitswirkung auf die Materie fest.[85] In der oben kurz angesprochenen und von Einstein verworfenen Lösung des kosmologischen Problems durch Postulieren der Minkowski-Metrik für das räumlich Unendliche wäre die Trägheit eines Massenpunktes nicht letztlich durch die Materie bedingt, sondern diese hätte lediglich eine geringe Beeinflussung der Trägheit dieses Massenpunktes zur Folge.[86] Aus Einsteins Arbeit von 1917 geht zwar nicht hervor, auf welche Weise gerade die Modifikation der Feldgleichungen der Gravitation die Kopplung der Trägheit an die Masse der entfernten Sterne gemäß den Machschen Ideen gewährleisten soll. Die Einführung des kosmologischen Gliedes läßt aber keine Vakuumlösungen der Feldgleichungen mehr zu. Die ursprünglichen Feldgleichungen (2.1) erlauben noch die Lösung $g_{\mu\nu} = \text{const.}$ und $T_{\mu\nu} = 0$, d.h. es wäre „im Widerspruch mit dem Machschen Postulat ein G-Feld denkbar ohne jede erzeugende Materie“[87]. Die modifizierte Form der Feldgleichungen (2.2) führt dagegen für verschwindende Materiedichte ϱ zu keiner Lösung. Damit sichert die Existenz einer von Null verschiedenen Kosmologischen Konstante, daß ohne das Vorhandensein von Materie auch keine Trägheit auftritt – in voller Übereinstimmung mit dem Mach-Prinzip. Wenn Einstein eine unendlich große Welt nur bei einer verschwindenden Materiedichte für möglich hält,[88] dann kann das Universum für eine von Null verschiedene mittlere Materiedichte nur unter Verletzung des Mach-Prinzips grenzenlos sein. Weil eine verschwindende Materiedichte aber lediglich eine logische Möglichkeit darstellt, die in der Realität offensichtlich nicht verwirklicht ist, fordert das Mach-Prinzip die Geschlossenheit des Universums. In Einsteins Überzeugung von der Geschlossenheit der Welt finden also die Machschen Ideen ihre Umsetzung: „Dem Mach'schen Gedanken entspricht aber nur eine räumlich geschlossene (endliche) Welt, nicht eine quasi-euklidische, unendliche.“[89] Obwohl Einstein nicht explizit den Mechanismus angeben kann, wie die entfernten Sterne die Trägheit eines

[84] Einstein 1960, S. 22

[85] Zum Zusammenhang dieser Eigenschaften mit dem Äquivalenzprinzip vergleiche Einstein 1918, S. 241.

[86] Vergleiche auch Einstein 1917, S. 147.

[87] Einstein 1918, S. 243

[88] Einstein 1960, S. 22

[89] Einstein 1960, S. 22. Dieses Zitat stammt aus einem Brief Einsteins an Solovine und ist in dem mir vorliegenden Werk nicht datiert. Wenn man in Einstein 1960 eine chronologische

Massenpunktes im Universum bestimmen, so ist doch seine Kosmologie von den Machschen Ideen stark beeinflußt, die im kosmologischen Term ihren Niederschlag finden. Hinsichtlich des Zieles einer Kosmologie nach Machschen Vorstellungen scheinen Einsteins kosmologische Betrachtungen „zumindest ein guter Anfang in diese Richtung“[90] zu sein.

Auch lange nach dem vehementen Eintreten Einsteins für die Berücksichtigung des Mach-Prinzips geht die Einschätzung über dessen Funktion heutzutage weit auseinander. Dies illustrieren kurz und unkommentiert drei Fragen, die in den vergangenen Jahrzehnten im Mittelpunkt der Diskussion um das Mach-Prinzip standen: Soll man die Gültigkeit des Mach-Prinzips zum fundamentalen Postulat für jede physikalische Theorie erheben, kann das Mach-Prinzip als Auswahlkriterium[91] bei unterschiedlichen (Machschen und nicht-Machschen) Lösungen eines Problems herangezogen werden, oder soll man das Mach-Prinzip vollkommen aufgeben?[92]

Zusammengefaßt: In welcher Weise Einsteins Überzeugung vom Mach-Prinzip die Modifikation der Feldgleichungen in der Allgemeinen Relativitätstheorie erfordert hat, wird erst in seiner Arbeit in den Annalen der Physik deutlich.[93] Dort wird das Mach-Prinzip zum Postulat erhoben, dessen Erfüllung Einstein als notwendig betrachtet und das die Einfügung des kosmologischen Termes erzwingt. Denn die modifizierten Feldgleichungen der Gravitation schließen Vakuumlösungen aus, d. h. ein singularitätenfreies Raum-Zeit-Kontinuum kann nicht ohne das Vorhandensein von Materie existieren. Obgleich Einstein auch in seinen kosmologischen Betrachtungen explizit die Machschen Ideen formuliert,[94] betont er doch am Ende des Aufsatzes das empirische Faktum der kleinen Sterngeschwindigkeiten, die allein die Einführung des kosmologischen Gliedes erzwungen hätten.[95] Hier verweist er auf die empirische Basis, die im folgenden Abschnitt als weiteres Element der Einsteinschen Kosmologie untersucht wird.

Zusammenstellung der Briefe annimmt, dann muß Einstein seine Überzeugung Solovine zwischen April 1920 und März 1921 zugeschickt haben.

90 So das Urteil von Pais 1986, S. 291.

91 Siehe dazu beispielsweise das Kapitel *Das Machsche Prinzip als Auswahlprinzip kosmologischer Lösungen der Einsteinschen Feldgleichungen* in Dambmann 1990, S. 247–256, mit Hinweisen auf die wichtigen Arbeiten zum Mach-Prinzip von Helmut Hönl und Heinz Dehnen.

92 Zu einer neueren physikalischen Diskussion über den Status des Mach-Prinzips siehe auch Goenner 1981, vor allem S. 90ff.

93 Einstein 1918

94 Als markantes Beispiel vergleiche die entsprechende Passage in Einstein 1917, S. 147.

95 Einstein 1917, S. 142

Das Argument der Beschaffenheit der realen Welt

Am Ende des ersten Jahrzehnts dieses Jahrhunderts war unter Astronomen die allgemeine Überzeugung verbreitet, daß die Milchstraße die einzige Materieansammlung in einem Universum darstellt, das sonst nur aus materiefreiem Raum besteht. Vor diesem Hintergrund ist das gewagte Neue des Einsteinschen kosmologischen Modells auch die Annahme einer homogenen Materieverteilung im Kosmos. Daß Einstein sein Zylinder-Universum nicht nur als eine Gedankenspielerei verstanden wissen möchte, zeigen seine späteren Ausführungen.[96] Einstein hält es für vorstellbar, daß unsere wirkliche Welt durch sein Modell eines sphärischen Universums approximiert wird. Dies begründet er mit der realistischen Möglichkeit, daß die Materiedichte, wenn man sie über kosmische Entfernungen mittele, einen konstanten Wert annehme. Wenn die Konstanz der Materiedichte bzw. die Approximation des Modells gegeben seien, dann „*müssen* [sic!] die Gleichungen (1) [gemeint sind die Feldgleichungen der Gravitation in ihrer ursprünglichen Form, B.S.] durch ein Zusatzglied vom Charakter des Λ-Gliedes ergänzt werden; es muß dann die Welt in sich geschlossen sein"[97]. Im Gegensatz zu seinem Aufsatz von 1917 bezeichnet Einstein hier die Einführung der Kosmologischen Konstante für notwendig, um das Modell eines sphärisch geschlossenen Universums zu konzipieren. Mehr noch: Die Einführung der Kosmologischen Konstante ist notwendig geboten zur adäquaten Beschreibung unserer realen Welt.

Ausdrücklich hebt Einstein in seinen kosmologischen Betrachtungen hervor, daß es nicht Ziel seiner Ausführungen sei zu beurteilen, ob sein Modell des Zylinder-Universums angesichts des aktuellen astronomischen Wissens haltbar sei.[98] Er zeigt sich eher skeptisch hinsichtlich der grundsätzlichen Prüfbarkeit seines kosmologischen Modells: „Malheureusement il y a peu de chances qu'on puisse vérifier par l'expérience les propositions énoncées."[99] Andererseits muß man festhalten, daß in sein kosmologisches Modell konstitutiv die Beobachtungstatsache der kleinen Sterngeschwindigkeiten einfließt.[100] Sie stützt die entscheidende Voraussetzung eines statischen Kosmos, die sich in den Forderungen an die $g_{\mu\nu}$ niederschlägt. Und nur unter dieser Bedingung, so Einstein, müsse man die Feldgleichungen der Gravitation um

[96] Einstein 1918, S. 243

[97] Einstein 1918, S. 244

[98] Vergleiche Einstein 1917, S. 152.

[99] Einstein, Besso 1979, S. 62; siehe auch Mehra 1973a, S. 167.

[100] Die Bedeutung der kleinen Sterngeschwindigkeiten für ein realistisches kosmologisches Modell nennt Einstein beispielsweise auch in Einstein 1918, S. 243.

das kosmologische Glied $\lambda g_{\mu\nu}$ erweitern, um zu einem widerspruchsfreien Modell des Kosmos zu gelangen. Einstein betont, daß diese Erweiterung durch unser Wissen über die Gravitation nicht gerechtfertigt werde.[101] Die Einfügung des Zusatzgliedes in die Feldgleichungen sei „nur nötig, um eine quasistatische Verteilung der Materie zu ermöglichen, wie es der Tatsache der kleinen Sterngeschwindigkeiten entspricht“[102]. Ein bezeichnendes Licht auf Einsteins Überzeugungen in den Jahren 1916 und 1917 wirft dann seine spätere Begründung der Hypothese, daß der Radius des Universums zeitunabhängig sein müsse. Diese Annahme erscheine ihm „unvermeidlich“, weil „man in uferlose Spekulationen geraten würde, wenn man von ihr abginge.“[103]

An dem historischen Beispiel, daß sich Albert Einstein bei der Einführung der Kosmologischen Konstante von der Annahme eines statischen Kosmos hat leiten lassen, kann man auch die erkenntnishemmende Funktion von Vorurteilen bzw. Annahmen illustrieren. (Man sollte im vorliegenden Falle eher von „Annahme“ als von „Vorurteil“ sprechen, weil man ein Urteil dann ein „Vorurteil“ nennt, wenn es nicht nach den üblichen Regeln der wissenschaftlichen Kunst gebildet wurde. Einstein aber hat sich der etablierten Auffassung eines statischen Universums angeschlossen und dies mit den empirischen Daten über die kleinen Sterngeschwindigkeiten untermauert.) Nachdem sich im Laufe der zwanziger Jahre – vor allem durch die Arbeiten von Edwin Hubble und zuvor Vesto Slipher – herausgestellt hatte, daß wir in einem expandierenden Universum leben, wurde die Annahme einer statischen Welt hinfällig. Zeitgleich mit der für ihn schwindenden Bedeutung des Mach-Prinzips kehrte Einstein im Laufe dieser Jahre wieder zur ursprünglichen Form der Feldgleichungen zurück. Wie Alexander Friedmann gezeigt hatte, liefern die Lösungen dieser Gleichungen einen expandierenden Kosmos – völlig unabhängig davon, ob man den kosmologischen Term einführt oder nicht. Damit wäre es Einstein bereits Ende 1915 im Prinzip möglich gewesen, die Ausdehnung der Welt vorherzusagen, was den ungeheuren Erfolg der Allgemeinen Relativitätstheorie in den zwanziger Jahren noch gesteigert hätte. Die ersten Entdeckungen zur Nebelflucht durch Slipher dürften Einstein aber wegen der Wirren des Ersten Weltkrieges nicht zur Kenntnis gekommen sein. Eventuell wäre Einstein sonst die Möglichkeit eines expandierenden Universums eher in den Sinn gekommen,[104] und er hätte die Arbeiten von

---

[101] Vergleiche Einstein 1917, S. 152.
[102] Vergleiche Einstein 1917, S. 152.
[103] Einstein 1988, S. 90
[104] Vergleiche dazu beispielsweise den Brief von Einstein von Felix Pirani vom 2. Februar 1954.

Alexander Friedmann selber vorweggenommen. Andererseits war damals die allgemeine Überzeugung eines statischen Universums derart verfestigt, daß jedes kosmologische Modell, das keinen statischen Kosmos geliefert hätte, „nur als ein Kuriosum angesehen worden wäre“[105], bzw. daß die Vorstellung eines expandierenden oder kontrahierenden Weltalls „für die damalige Zeit noch zu revolutionierend“[106] gewesen sein dürfte. Diese Einschätzung ist durchaus verständlich, weil es überhaupt keine wissenschaftlichen bzw. physikalischen Hinweise dafür gab, daß sich je im Universum bedeutsame Veränderungen abgespielt haben.[107]

Norriss Hetherington behauptet sogar – trotz der bekannten Arbeiten von Friedmann und Lemaître –, daß bis zum Jahr 1929 nur nach statischen Lösungen der Einsteinschen Feldgleichungen gesucht wurde: „Even the idea of an expanding universe seemed senseless.“[108] Stephen Hawking hält die Tatsache, daß niemand den Gedanken an ein nicht-statisches Universum entwickelt habe, für „an interesting reflection on the general climate of thought before the twentieth century“[109]. Statt dessen nahm Einstein Zuflucht zu einem theoretischen Konstrukt – der Einführung der Kosmologischen Konstante –, dessen Berechtigung ihm von Anfang an unklar war und das seinem ästhetischen Empfinden nachhaltig widersprach. Den Eindruck, daß es sich bei der Einfügung der Kosmologischen Konstante in die Feldgleichungen um einen mathematischen Kunstgriff handelt, erhält man auch bei der Lektüre neuerer Literatur. Beispielsweise erklärt Stephen Hawking die Kosmologische Konstante als „a mathematical device [...] to give spacetime an inbuilt tendency to expand“[110]. Als Fazit der historischen Rückschau bleibt festzuhalten: Die von den ursprünglichen Feldgleichungen her naheliegende Lösung (das Modell eines expandierenden Kosmos) wurde also erst dann ernsthaft in ihrer physikalischen (und nicht allein mathematischen) Relevanz beachtet, als die Beobachtungsdaten der kosmischen Rotverschiebung als gesichert galten und die Rotverschiebung als Indiz für eine kosmische Galaxienflucht interpretiert wurde.

Über seine entscheidende Voraussetzung eines statischen kosmologischen Modells gelangt Einstein im zeitlichen Rückblick zu folgender Einschätzung: „Das Bedenkliche an dieser Lösung liegt darin, daß man einen negativen

105 Lovell 1959, S. 54
106 Tammann 1989, S. 115
107 Auf diesen Punkt macht beispielsweise auch Bonner 1960, S. 1, aufmerksam.
108 Hetherington 1982, S. 43
109 Hawking 1988, S. 5f. Wie aber das vorliegende Kapitel belegt, gilt diese Einschätzung auch für die ersten beiden Jahrzehnte des 20. Jahrhunderts.
110 So im Glossar in Hawking 1988, S. 184.

Druck einführen muß, für welchen es keine physikalische Rechtfertigung gibt."[111] Wenn Einstein hier von einem negativen Druck spricht, dann könnte es sich bei diesem unklaren Begriff zum einen bereits um eine retrospektive Interpretation der Bedeutung des kosmologischen Gliedes in den Feldgleichungen handeln – im Sinne einer Energiedichte. Denn betrachtet man die Auswirkung der Kosmologischen Konstante auf die Dynamik des Universums, dann findet man keinen Unterschied zur Wirkung einer homogenen Materieverteilung mit der Zustandsgleichung $p = -\varrho c^2$: der Druck wird negativ. Zum anderen könnte die Einsteinsche Rede vom negativen Druck auch ein Übertragungsfehler sein und er statt dessen die Einführung einer negativen *Dichte* bedenklich finden. Denn ein positiver Wert für λ, wie ihn Einstein in seinem kosmologischen Modell angibt, wirkt gemäß der zweiten Friedmann-Lemaître-Gleichung auf die Dynamik der Expansion wie eine negative Dichte, d.h. wie eine der Gravitation entgegengesetzte kosmische Abstoßung.

Rückblickend nennt Einstein zudem die Homogenität der kosmischen Materieverteilung als Grund für die Einführung der Kosmologischen Konstante.[112] Durch die Annahme einer von Null verschiedenen konstanten Materiedichte sei er in eine Notlage gebracht worden, die die Einführung des kosmologischen Gliedes erzwungen habe. Nur diese Annahme, die Einstein offensichtlich nicht fallenlassen möchte, könne letztlich die Einführung entschuldigen.[113] Die Folge: „Die Einfügung dieses zweiten Gliedes ist eine Komplizierung der Theorie, welche deren logische Einfachheit bedenklich vermindert."[114] Und einige Jahre später faßt Einstein seine Einschätzung der Einfügung des kosmologischen Terms zusammen: „Diese Setzung war aber weder physikalisch noch vom Standpunkt der logischen Einfachheit gerechtfertigt."[115]

---

[111] Einstein 1956, S. 72. Zur Datierung dieser Aussage siehe die folgende Anmerkung.

[112] Einstein 1956. Bei Einstein 1956 handelt es sich um die 3. und erweiterte Auflage der *Vier Vorlesungen über Relativitätstheorie*. Die Vorlesungen hielt Einstein im Mai 1921 an der Princeton University. Sie erschienen 1921 zunächst unter dem Titel *The meaning of relativity*; die deutsche Übersetzung veröffentlichte Vieweg in erster Auflage 1922, in zweiter Auflage 1923. Die Erweiterung betrifft den für das vorstehende Problem einschlägigen Anhang I der dritten deutschen Auflage 1956; dieser Anhang erschien zuerst als Nachwort der zweiten Auflage von *The meaning of relativity* im Jahre 1945. Obwohl davon eine Übersetzung von Ernst G. Straus existiert, wurde die Übersetzung des Anhanges in Einstein 1956 aufgrund der fünften amerikanischen Auflage von Valentin Bargmann angefertigt. Diese wichtige und hier vorgestellte zeitliche Einordnung des Anhanges erfolgt ausgehend von einem Hinweis in Seelig 1954, S. 290.

[113] Einstein 1956, S. 73

[114] Einstein 1956, S. 73

[115] Einstein in einem Brief an Felix Pirani vom 2. Februar 1954

Wenn Einstein in den vorliegenden Zitaten von logischer Einfachheit spricht, dann bezieht er sich nicht so sehr auf die Logik der formalen Ableitungen bei der Formulierung der Feldgleichungen. Vielmehr geht es Einstein dabei um das Gebot der Sparsamkeit, die Zahl der physikalischen Terme möglichst gering zu halten: „Vornehmstes Ziel aller Theorie ist es, jene irreduzibeln Grundelemente so einfach und so wenig zahlreich wie möglich zu machen, ohne auf die zutreffende Darstellung irgendwelcher Erfahrungsinhalte verzichten zu müssen."[116] Der Begriff „logisch" referiert somit eher auf die Struktur und die Konsistenz der physikalischen Terme innerhalb der Theorie. Die Kosmologische Konstante stellt in der Sicht Einsteins deswegen einen Fremdkörper dar, weil sie sich aus seiner Gravitationstheorie nicht logisch ergibt und durch ihre Einfügung die einfache Struktur der Feldgleichungen künstlich erweitert wird.[117]

Obwohl Friedmanns Anliegen nicht in einer Lösung des kosmologischen Problems bestand,[118] ist dennoch die Formulierung Einsteins zutreffend, daß es letztlich Alexander Friedmann gewesen sei, der den Ausweg aus diesem Dilemma gefunden habe.[119] Indem man die Voraussetzung eines statischen Kosmos fallenläßt, d.h. wenn man die Darstellung des Erfahrungsinhaltes „stabiler Kosmos" nicht mehr benötigt, können Lösungen der Feldgleichungen in deren ursprünglicher Form (2.1) gesucht werden. Damit entfällt die künstliche Erweiterung, die im Rahmen der Theorie nicht logisch notwendig ist, und die „logische Einfachheit" ist wiederhergestellt.[120] Deshalb geht Einstein konsequenterweise in seinen späteren Jahren stets von den Feldgleichungen ohne Kosmologische Konstante aus, wenn er auf deren Grundlage kosmologische Modelle skizziert.[121]

Wie Einstein den Inhalt und wohl auch mögliche Reaktionen auf seine Arbeit einschätzt, illustriert ein Brief an Paul Ehrenfest vom 4. Februar

---

116 Einstein 1934, S. 115

117 An einer anderen Stelle verwendet Einstein die sicherlich nicht weniger problematische Formulierung, daß ihm die Einführung des kosmologischen Gliedes keinesfalls „vom theoretischen Standpunkt als natürlich erschien", und er beschreibt dabei die Kosmologische Konstante als „wenig natürlich" (Einstein 1988, S. 90).

118 Einstein spricht ausdrücklich davon, daß Alexander Friedmann den Weg zu einem nicht-statischen Universum „unbeeinflußt durch Beobachtungstatsachen" eingeschlagen habe (Einstein 1931, S. 236). Andererseits hebt Friedmann hervor, daß unsere astronomischen Kenntnisse „vollständig ungenügend" seien, um durch Zahlenrechnungen die Expansionsform unseres Universums bestimmen zu können (Friedmann 1922, S. 385).

119 Einstein 1956, S. 73. Im Jahre 1954 formuliert Einstein in einem Brief an Felix Pirani, daß das Dilemma des kosmologischen Problems „wohl nur durch Friedmanns expandierendes Universum zu lösen" sei.

120 Vergleiche Einstein 1956, S. 72. 73. 84.

121 So beispielsweise in Einstein 1956, S. 76 ff.

1917. Dort schreibt er: „Ich habe wieder etwas verbrochen in der Gravitationstheorie, was mich ein wenig in Gefahr bringt, in einem Tollhaus interniert zu werden.“[122] Zusammen mit den genannten Anmerkungen in der Arbeit von 1917 macht dieses Zitat deutlich, daß Einsteins Vorstellungen eines gekrümmten, grenzenlosen, aber räumlich endlichen Universums das außerordentlich Neue an seinen kosmologischen Betrachtungen darstellt. Wie seine einführenden Bemerkungen zeigen, stellt er seine Überlegungen in den Rahmen der Lösung des Gravitationsparadoxons, das letztlich aufgrund des empirischen Faktums der geringen Sterngeschwindigkeiten zu der (in Einsteins Argumentation notwendigen) Einführung der Kosmologischen Konstante führt.

Bereits seine oben genannte Voraussetzung einer homogenen Materieverteilung erscheint sehr gewagt.[123] Noch Jahre später bezeichnet Einstein die Annahme einer konstanten Materiedichte im Universum als „die einfachste und radikalste Spezialisierung“[124]. Denn trotz der zu Beginn des Jahrhunderts schon lang andauernden Debatte um den astronomischen Status der Nebel herrschte die Meinung vor, daß die Milchstraße als einzige Galaxie im Universum die gesamte Materie beinhalte und das Universum damit im Prinzip leer sei.[125] Gegenüber vielen spekulativen Entwürfen der Vergangenheit weist die von Einstein vorgenommene Spezialisierung den Vorteil auf, durch astronomische Beobachtungen grundsätzlich auf ihre Richtigkeit hin prüfbar zu sein. Wie Einsteins eigene Einschätzung seines Vorschlags[126] zeigt, sieht er sein kosmologisches Modell als einen durchaus verbesserungswürdigen Vorschlag an. Denn offensichtlich trifft er dabei eine Auswahl der empirischen Fakten, die seinem Modell zugrunde liegen: das astronomische Faktum der Statik des Universums berücksichtigt er, das Faktum der Nicht-Uniformität findet in seinem Modell keinen Niederschlag. Daraus erklärt sich auch Einsteins zurückhaltende Haltung, das Zylinder-Universum nicht als adäquate Repräsentation des Kosmos zu bezeichnen. Aus heutiger Sicht interessant ist die Tatsache, daß beide oben angesprochenen empirischen Fakten, von denen Einstein mit dem Wissen seiner Zeit ausgehen mußte, aus heutiger Sicht falsch sind: denn das Universum ist uniform und expandiert.

---

[122] Zitiert nach Pais 1986, S. 289.

[123] Siehe das Postulat in dem Abschnitt *Das Zylinder-Universum.*

[124] Einstein 1956, S. 72

[125] Die *kategorische* Aussage von Pais, daß man im Jahre 1917 allgemein angenommen habe, das Universum bestehe nur aus unserer Galaxie, scheint mir so nicht gerechtfertigt (Pais 1986, S. 290). – Die im Text angesprochene Vorstellung entspricht eindeutig dem in Kapitel 1 diskutierten Modell des Insel-Universums.

[126] Vergleiche Einstein 1917, S. 152.

Zwischenbilanz

Aufgrund der geschilderten Entwicklungen innerhalb der modernen Kosmologie von 1917 bis 1930 (Skepsis gegenüber dem Mach-Prinzip, Entdeckung der Expansion des Universums etc.) wundert es nicht, daß Einstein im Laufe der Zeit Abstand von der Einführung der Kosmologischen Konstante nimmt und sie als größten Schnitzer seines Lebens bezeichnet. Und dieses Problem der Existenz der Kosmologischen Konstante könnte als erledigt betrachtet werden, wenn die Einführung durch Einstein so willkürlich wäre, wie er es in seiner Arbeit von 1917 selbst skizziert. Einstein versteht die mit dem Relativitätspostulat vereinbare Erweiterung analog der Erweiterung der Poisson-Gleichung.[127] Er stellt nicht die Frage, ob auch diese Modifikation nicht beansprucht, ernst genommen zu werden,[128] sondern hält sich in der Beurteilung seiner Modifikation zurück. Am Ende seines Aufsatzes läßt er zudem offen, ob sich seine Überlegungen angesichts des aktuellen astronomischen Wissens als haltbar erweisen. Hier hebt Einstein auch explizit hervor, daß die Einführung der Kosmologischen Konstante nur notwendig sei, um ein kosmologisches Modell mit einer quasi-statischen Verteilung der Materie zu erhalten;[129] für alle anderen Aspekte seiner kosmologischen Betrachtungen von 1917 spielt die Kosmologische Konstante keine Rolle.

Damit wird deutlich, daß das wichtigste Ergebnis der Einsteinschen Arbeit das Modell einer *geschlossenen* Welt ist; denn dieses Modell eines geschlossenen Kosmos mit endlichem Volumen ist eine elegante, fast geniale Lösung des Problems der Aufstellung von Grenzbedingungen für das Gravitationspotential im räumlich Unendlichen. An der Lösung dieses Problems war Einstein zunächst gescheitert.[130]

Darüber hinaus ist in Einsteins Modell das Mach-Prinzip explizit enthalten, weil der Materieinhalt den Krümmungsradius des sphärischen Universums festlegt, d.h. die Materie die Struktur der Raumzeit bestimmt. Deswegen kann dieses Modell als Paradefall allgemein-relativistischer Physik angesehen werden. Inhaltlich kommt also dem Mach-Prinzip in Einsteins Kosmologie am Ende des zweiten Jahrzehnts große Bedeutung zu. Insofern sind seine kosmologischen Betrachtungen hinsichtlich der naturphilosophischen

---

[127] Einstein 1917, S. 151, und auch S. 144, auf der Einstein hinsichtlich dieses Überganges von einer vollkommenen Entsprechung spricht.

[128] Analog zu seiner Einschätzung der Modifikation der Poisson-Gleichung in Einstein 1917, S. 143f.

[129] Die Inkonsistenz der Position Einsteins hinsichtlich der notwendigen Gründe für die Einführung der Kosmologischen Konstante und die Widersprüche zu seinen späteren Äußerungen sind im vorliegenden Kapitel an mehreren Stellen herausgearbeitet.

[130] Vergleiche Einstein 1917, S. 148.

Grundüberzeugungen Einsteins eng mit der Entstehung der Allgemeinen Relativitätstheorie verknüpft. Die Einführung der Kosmologischen Konstante hängt damit implizit (vermittelt durch das Mach-Prinzip) mit Einsteins physikalischen und naturphilosophischen Überlegungen der vorangegangenen zehn Jahre zusammen.

Erst sekundär findet dann meiner Überzeugung nach bei ihm das empirische Datum der kleinen Sterngeschwindigkeiten Berücksichtigung, obwohl dieses nach Einsteins Bekunden von 1917 den Hauptgrund für die Einführung der Kosmologischen Konstante darstellt[131] – im Widerspruch zu anderen Aussagen von ihm. Diese Einführung ist zunächst notwendig für das konkrete Modell des Zylinder-Universums, ihre Funktion besteht aber letztlich in der Rücksichtnahme auf empirische Daten und auf Einsteins metaphysische Überzeugung eines statischen Kosmos.

Eine Modifikation der Gravitationsfeldgleichungen analog dem Vorgehen von Seeliger zur Rettung eines statischen Universums war spätestens nach den physikalischen Erkenntnissen der zwanziger Jahre nicht mehr zu rechtfertigen. Sicherlich werden innerhalb der Physik immer wieder Zahlenwerte von Konstanten dem empirischen Material angepaßt – man denke beispielsweise an die Werte der Kopplungskonstanten oder der Massen der Elementarteilchen. Im vorliegenden Fall der Kosmologischen Konstante jedoch gab es bei deren Einführung durch Einstein keinen Grund von physikalischer Notwendigkeit. Damit blieb unklar, welche Bedeutung die Konstante im Rahmen der Theorie eigentlich einnahm. Einstein weist selber in seiner Arbeit darauf hin, daß sein kosmologisches Modell nur widerspruchsfrei konzipiert werden konnte durch diese Modifikation, die „eine neue, durch unser tatsächliches Wissen von der Gravitation nicht gerechtfertigte Erweiterung der Feldgleichungen der Gravitation“[132] bedeutet.

Man kann nun beliebig viele physikalische Terme in eine Theorie integrieren, um die Phänomene zu retten,[133] befriedigend oder überzeugend (oder auch: sinnvoll) werden diese allerdings erst, wenn sie auf Objekte der Realität referieren. Dieses Vorgehen wird im wissenschaftstheoretischen Rahmen der Forschungslogiken mit der Einführung sogenannter „ad hoc-Hypothesen“ beschrieben. Ihr Status in unterschiedlichen Methodologien der Wissenschaft ist umstritten.[134] Wenn man die Einführung der Kosmologischen Konstante

---

[131] Vergleiche Einstein 1917, S. 152.

[132] Einstein 1917, S. 152

[133] Als klassisches Beispiel sei die Theorie der Epizyklen in der Ptolemäischen Kosmologie genannt.

[134] Weil die Literatur zu diesem Thema stark streut und umfangreiches Material bietet, muß eine gründliche Aufarbeitung einer anderen Arbeit vorbehalten bleiben. Im Text werden nur

in die Feldgleichungen als eine ad hoc-Hypothese bezeichnet, dann kann man dies nicht in dem Sinne verstehen, den Imre Lakatos dem Popperschen Falsifikationismus zuschreibt. Dort würden ad hoc-Hypothesen als unfalsifizierbare Theorien aufgefaßt, aus denen keine neuartigen empirischen Vorhersagen folgten.[135] In ähnlicher Weise charakterisiert auch J.D. North „ad hoc" als „without empirical consequences apart from those it was devised to explain"[136]. Wenn man den Begriff „ad hoc" so versteht, dann wendet sich der ad hoc-Vorwurf gegen die zusätzliche Annahme von Theorien bzw. Hypothesen, deren Erklärungsbereich nicht größer ist als der bereits bestehender Theorien bzw. Hypothesen. Anschaulich wird dieses Verständnis von „ad hoc" auch in einer Erläuterung von North: „For if two theories have what might roughly be called ‚the same empirical basis', that which came second is bound to fall under this definition of ‚*ad hoc*'."[137] Aufgrund dieser Position handelt es sich bei der Einführung des kosmologischen Termes in heutiger Sicht nicht um eine ad hoc-Hypothese.[138] Denn die Existenz einer von Null verschiedenen Kosmologischen Konstante führt zu einem empirisch untersuchbaren Effekt, zu einer inneren Krümmung der Raumzeit, und in den modernen Quantenfeldtheorien referiert sie auf die Energiedichte des Vakuums.[139] Deswegen kann man heute in der Kosmologie eine Reihe von Phänomenen anführen, in denen sich ein von Null verschiedenes Lambda bemerkbar macht.[140]

Eine ad hoc-Lösung wie die Korrektur des Newtonschen Gravitationsgesetzes (Neumann) oder die Einführung des kosmologischen Gliedes (Einstein) zur Behebung einer Anomalie beurteilt Karl Raimund Popper als verbotenen Schachzug,[141] wohingegen man – auf einer weiteren Abstraktionsebene – gerade die häufige Verwendung von ad hoc-Lösungen in der Wissenschaft als Widerlegung der Popperschen Methodologie anführen kann: Die Existenz von ad hoc-Hypothesen ist nicht als Abgrenzungskriterium

kurz zwei Aspekte in der Diskussion über ad hoc-Hypothesen angesprochen: 1. Was ist eine ad hoc Hypothese? 2. Taugen ad hoc Hypothesen als Abgrenzungskriterium?

135 Lakatos 1974, S. 65

136 North 1965, S. 18

137 North 1965, S. 18

138 In einem etwas anderen Zusammenhang kommt Christopher Ray zu demselben Schluß (Ray 1990, S. 589); siehe auch seine Diskussion mit Charles Curry (Curry, Ray 1992).

139 Siehe dazu Kapitel 4.

140 Dazu zählen vor allem: Anzahl-Rotverschiebungs-Beziehung, Statistik der Quasar-Absorptionslinien (Lyman-Alpha-Wolke), Wachstum der Dichtestörungen, Gravitationslinsen-Effekte (vgl. Goenner 1994, 128).

141 Damit bietet eine so verstandene ad hoc-Lösung nach Popper ein geeignetes Kriterium, um „schlechte" Wissenschaft von „guter" Wissenschaft abzugrenzen.

geeignet, weil es den Basis-Bewertungen durch die wissenschaftliche Elite widerspricht.[142]

Die oben genannte Referenz auf ein physikalisches Objekt lag bei Einführung der Kosmologischen Konstante nicht vor, und es gibt viele Beispiele in der theoretischen Physik, bei denen diese Referenz zunächst nicht gegeben war.[143] Im Falle der Kosmologischen Konstante jedoch wurde auch im Laufe der Jahre nach ihrer Einführung keine Referenz gefunden. Vielmehr schwand zunehmend die Plausibilität der nicht konsistent verfolgten physikalischen und metaphysischen Voraussetzungen, aufgrund deren Einstein zur Einführung der Kosmologischen Konstante motiviert war.

Deswegen nimmt aufgrund der weiteren Entwicklungen der modernen Kosmologie Albert Einstein Abstand von einer Berücksichtigung des kosmologischen Termes bei seinen Überlegungen zum kosmologischen Problem. Im Jahre 1945 schreibt er beispielsweise: „Die Einführung des ‚kosmologischen Gliedes' in die Gravitationsgleichungen ist zwar relativistisch möglich, vom Standpunkt der logischen Ökonomie aber verwerflich."[144] Im zeitlichen Rückblick auf seine Arbeit von 1917 urteilt Einstein, daß die Einführung des kosmologischen Termes in die Feldgleichungen der Gravitation ad hoc erfolgt sei.[145] Die Gegenposition hierzu vertritt J.D. North, der im nachhinein das Entfernen der Kosmologischen Konstante aus den Feldgleichungen der Allgemeinen Relativitätstheorie für eine in weitaus größerem Maße willkürliche Maßnahme als deren Einfügung hält.[146] Weitere neun Jahre später reflektiert Einstein über die Auswirkungen seines damaligen Handelns: „Sie [die Einführung des kosmologischen Terms, B.S.] hat dann dazu beigetragen, dass man in kosmologischen Betrachtungen dem ‚wishful thinking' eine Rolle zugebilligt hat, über welche spätere Generationen gewiss lächeln werden. Ich glaube nicht, dass derartige willkürliche Setzungen eine einigermassen beträchtliche Aussicht haben, uns der Wahrheit näher zu bringen."[147] An diesem Zitat erkennt man die Position Einsteins, nur solche Begriffe und Terme in der Physik zuzulassen, die im Rahmen einer Theorie eine Bedeutung tragen. Damit werden auf der Theorieebene Anpassungen an Beob-

---

[142] Aufgrund dieses Metakriteriums (Lakatos 1974, S. 93), das er später wieder verwirft, hält Lakatos das Auftreten von ad hoc-Hypothesen als Abgrenzungskriterium für ungeeignet (Lakatos 1974, S. 95).

[143] Man denke beispielsweise an die theoretische Vorhersage der Existenz des Neutrinos durch Wolfgang Pauli im Jahre 1930 oder an die der Antiteilchen durch Paul A.M. Dirac.

[144] Einstein 1956, S. 84

[145] Einstein 1956, S. 76; der Anhang I, dem dieses Zitat entnommen ist, stammt offensichtlich aus dem Jahre 1945 (zur Datierung siehe die entsprechende obige Anmerkung).

[146] Vergleiche North 1965, S. 87.

[147] Einstein in einem Brief an Felix Pirani vom 2. Februar 1954.

achtungsdaten abgelehnt, die ohne eine theoretische Verankerung erfolgen. Daß Einstein der Theorie einen Primat im Prozeß der Erarbeitung physikalischer Erkenntnisse zuweist, ergibt sich aus einem Gespräch von Werner Heisenberg mit Einstein: „Erst die Theorie entscheidet darüber, was man beobachten kann.“[148]

[148] Heisenberg 1969, S. 92; das Gespräch der beiden Physiker fand im Frühjahr 1926 statt. Zu Einsteins Begründung seiner Position und zu seiner Beeinflussung durch die Machsche „Denkökonomie“ vergleiche ebd., S. 92–95.

3
Kosmologische Szenarien

Die Jahre, die nach der Veröffentlichung der kosmologischen Betrachtungen durch Albert Einstein vergingen,[1] erwiesen sich für die Entwicklung der Kosmologie als überaus ungewöhnlich und bemerkenswert.

Die kosmologischen Modelle, die Einstein und de Sitter als Lösungen der Feldgleichungen der Gravitation innerhalb der Allgemeinen Relativitätstheorie entwickelt hatten, erregten erstaunlich wenig Resonanz unter den Astronomen der Zeit. Ein Grund für dieses relative Desinteresse mag darin liegen, daß Überlegungen der theoretischen Kosmologie im Vergleich zu den Ergebnissen der beobachtenden Astronomie stärker von spekulativen Elementen geprägt sind. Die Arbeit der Kosmologen enthält vor allem rein mathematische und metaphysische Bestandteile, die zu einer Konzeption des Universums führen, deren Elemente im Rahmen der üblichen Beobachtungspraxis schwer oder nicht überprüfbar sind. So ist beispielsweise die zeitliche Entwicklung des kosmischen Sklalenfaktors $R(t)$ einer direkten Beobachtung nicht zugänglich. Zum anderen entwerfen die Theoretiker kosmologische Modelle als Lösungen der Feldgleichungen der Gravitation, die kontrafaktische Eigenschaften aufweisen. Denn zugegebenermaßen wirkt ein de Sittersches Modell eines Universums, in dem keine Materie existiert, wenig überzeugend als Rekonstruktion der kosmischen Realität.[2]

Dennoch versuchte de Sitter anfänglich, diesen Widerspruch aufzulösen. Überraschenderweise ging er das Problem nicht von der theoretischen, sondern von der empirischen Seite her an und machte die Annahme, daß sich die Materiedichte im Universum dem Wert Null annähere.[3] Dieses Vorgehen erscheint jedoch weniger erstaunlich, wenn man die grundlegende Idee des

---

[1] Im engeren Sinne verstehe ich darunter die Jahre 1917 bis 1922, die vor allem durch die (theoretische) Anwendung der Allgemeinen Relativitätstheorie auf das Universum geprägt waren – man denke an die Arbeiten von de Sitter und Friedmann –; im weiteren Sinne die Jahre bis 1930 mit den Arbeiten von Eddington, Hubble und Lemaître.

[2] Zur Bedeutung des de Sitter-Modells paßt die Charakterisierung Manfred Eigens: „A theory has only the alternative of being right of wrong. A model has a third possibility: it may be right, but irrelevant.“ (Eigen 1973, S. 618)

[3] Von dieser Position nahm de Sitter im Jahre 1930 Abstand, nachdem er mithilfe der Daten Hubbles und aufgrund der Abschätzung der Masse der Milchstraße durch Jan Hendrik Oort nachweisen konnte, daß die Materiedichte im Universum deutlich größer als Null ist. Diese Wende de Sitters zeigt auch, daß er die Materiedichte im Universum nicht hinsichtlich eines unendlich großen Raumes bestimmen wollte; somit lag das Insel-Universum im engen Sinne seinen Überlegungen nicht zugrunde.

Insel-Universums betrachtet: ein unendlicher Raum mit endlichem Materieinhalt. In dem de Sitter-Modell[4] würden sich aufgrund der inneren Dynamik der Raumzeit kosmische Systeme (wie Sonnensysteme oder Galaxien) voneinander wegbewegen, und wegen der Endlichkeit ihrer Masse ergäbe sich die kosmische Materiedichte zu $\varrho = 0$.[5] Grundsätzlich blieb aber das Problem der Unvereinbarkeit von Stabilität und endlichem Materieinhalt im de Sitter-Universum bestehen.

Der expandierende Kosmos

Ein verstärktes Interesse für kosmologische Fragen erwachte erst dann, als man sich den zahlreichen Meßdaten über die Rotverschiebung der Linien in den Spektren weit entfernter Nebel[6] zuwandte. Diese Entwicklung innerhalb der Kosmologie kann man mit dem wissenschaftlichen Werdegang Georges Lemaîtres personifizieren: Die berühmte „Great Debate"[7] endete im Jahre 1925, nachdem zu Beginn dieses Jahres Edwin Hubble die Entdeckung von Cepheiden in Spiral-Galaxien veröffentlicht hatte.[8]

Innerhalb kurzer Zeit stimmten die Astronomen in der Überzeugung

---

[4] Zu den Eigenschaften dieses kosmologischen Modells siehe in diesem Kapitel den Abschnitt *Das de Sitter-Universum*.

[5] Wenn der ursprünglich materiefrei konzipierte de Sitter-Kosmos Massenpunkte enthält, stellt sich die Frage nach deren Ursprung, und die Frage nach dem Alter des de Sitter-Kosmos erhebt sich über das Alter der Materie erneut. Von beiden Problemen sehen wir hier ab.

[6] Die Überzeugung, daß es sich bei den Nebelflecken am Himmel um Galaxien handelt, die nicht Elemente unserer Milchstraße, sondern ebenso wie die Milchstraße Sternsysteme sind, hatte sich in der ersten Hälfte der zwanziger Jahre noch nicht durchgesetzt. Erst später erkannte man durch eine Verfeinerung der Beobachtungstechnik, daß sich die Nebelflecken in Entfernungen befinden, die lokale galaktische Dimensionen bei weitem übersteigen.

[7] Mit dem Begriff „great debate" bezeichnet man im allgemeinen die Diskussion über die innere Struktur und die kosmische Position der sogenannten „Nebel", die wir heute als Galaxien bezeichnen (zum historisch-naturphilosophischen Hintergrund vergleiche in Kapitel 1 den Abschnitt *Das Insel-Universum*). Genaugenommen versteht man unter „great debate" jedoch die konkrete Auseinandersetzung zwischen Harlow Shapley und Heber Curtis im April des Jahres 1920 in Washington. Im Ergebnis ihrer Diskussionen hatte Shapley darin recht, daß sich seine Entfernungsbestimmungen mittels der Cepheiden-Methode als richtig herausstellten, aufgrund deren er die Stellung der Sonne innerhalb der Milchstraße bestimmte. Curtis verteidigte die richtige Auffassung, daß die Spiral-Galaxien Sternensysteme sind und sich in sehr großer Entfernung außerhalb der Milchstraße befinden. Damit bestätigte er die Spekulation von William Herschel aus dem Jahre 1785, „that those objects which had been called nebulae are evidently nothing but clusters of stars" (Herschel 1785, S. 226).

[8] Hubble konnte die Galaxie M33 in einzelne Sterne auflösen und ihre Entfernung bestimmen, indem er die Perioden-Leuchtkraft-Beziehung der Cepheiden verwendete.

überein, daß es sich bei den Nebelflecken um Galaxien außerhalb der Milchstraße handelt. Lemaître erkannte bereits 1925 die Bedeutung von Hubbles Beobachtungen und widmete sich dem Problem, welche Auswirkungen diese auf die kosmologischen Modelle von Einstein und de Sitter haben.[9] In seiner Arbeit von 1925 kritisiert Lemaître das Modell von de Sitter, weil dort hinsichtlich der Koordinatenwahl, d.h. der vorgenommenen Trennung von Raum und Zeit in der de Sitter-Metrik, ein kosmischer Mittelpunkt existiere.[10] Dabei handelt es sich um ein Artefakt der Koordinatenwahl und nicht um eine Eigenschaft der Metrik.[11] Andererseits wurde das de Sitter-Modell von Lemaître gegenüber dem Einsteinschen Modell favorisiert, weil in seinem Rahmen die Abstand-Rotverschiebung-Beziehung erklärt werden konnte.[12] Diese Präferenz geht sicherlich auf den Einfluß Arthur Eddingtons zurück, bei dem Lemaître vom Sommer 1924 an studierte. Eddington schreibt 1923: „It is sometimes urged against de Sitter's world that it becomes non-statical as soon as any matter is inserted in it. But this property is perhaps rather in favour of de Sitter's theory than against it."[13] Zu dieser Einschätzung zugunsten des de Sitter-Modells wurde Eddington aufgrund der hohen Sterngeschwindigkeiten bewogen, die zu Beginn der zwanziger Jahre aktuell von Slipher gemessen worden waren.[14] Unklar blieb für Eddington allerdings die Tatsache, daß sich einzelne Galaxien, wie der Andromeda-Nebel, auf den Ursprung des de Sitter-Universums zubewegen. Als Lemaître in seinen Untersuchungen des

---

[9] Zur Rezeption dieser Arbeit und deren historischer Bedeutung vergleiche Kragh 1987.

[10] Lemaître 1925, S. 188. In der von de Sitter vorgeschlagenen Metrik ist das Kosmologische Prinzip für das vierdimensionale Universum verletzt, weil sich ein Punkt (center) in seinen Eigenschaften von allen anderen Punkten unterscheidet. So bewegen sich gemäß der de Sitter-Metrik Lichtstrahlen auf Geodäten der vierdimensionalen Raumzeit, aber nicht auf räumlichen Geodäten – mit Ausnahme derjenigen Lichtstrahlen, die durch den Mittelpunkt gehen.

[11] Obwohl Lemaître das Problem durch eine andere Wahl der Koordinaten beseitigen konnte, schreibt er über die Wahl der Koordinaten bei de Sitter, daß die Inhomogenität der Raumzeit (das Auftreten eines Mittelpunktes) nicht nur eine mathematische Erscheinung sei, sondern „really attributes distinct absolute properties to a center" (Lemaître 1925, S. 192). – Das Auftreten von Koordinaten-Singularitäten in den de Sitter-Raumzeiten wird explizit diskutiert in Hawking, Ellis 1973, Kap. 5.2, vor allem die Seiten 125–127.

[12] Zum Phänomen der Rotverschiebung in einer de Sitter-Welt siehe beispielsweise Eddington 1925, § 70.

[13] Eddington 1923, S. 161; ebenso Eddington 1925, S. 237. Daß im Einstein-Universum die Rotverschiebung nicht erklärt werden kann, bezeichnet Eddington explizit als Nachteil (Eddington 1925, S. 247).

[14] Bis zum Jahre 1923 hatte Slipher die Spektren von 41 Galaxien untersucht; davon zeigen 36 eine Rot- und 5 eine Blauverschiebung. Er hatte 1912 mit seinen Messungen begonnen, und die ersten Veröffentlichungen über Sliphers Entdeckungen der Nebelflucht finden sich in der Zeitschrift *Popular Astronomy* aus dem Jahre 1915.

de Sitter-Modells den (artefakten) Mittelpunkt zu beseitigen suchte, störte ihn deswegen auch weniger, daß dadurch der statische Charakter des Universums nicht mehr haltbar war, als vielmehr die Tatsache, daß sich in einer de Sitter-Welt ohne Mittelpunkt keine Raumkrümmung ergab: „But first the field is not static and secondly, the space has no curvature. The first point may probably be accepted. [...] The second point, on the contrary, seems completely inadmissible.“[15] Eine endliche Zahl von Massenpunkten kann nicht in einem unendlichen euklidischen Raum angeordnet werden. Bei Lemaître tauchte also sofort die Schwierigkeit des Insel-Universums auf, bei dem die Probleme sowohl der Begrenzung als auch des Gravitationsparadoxons vorliegen.[16] In seinem Forschungen versuchte Lemaître deshalb, die Vorteile des Einsteinschen und des de Sitterschen Modells zu vereinigen.

Lemaître veränderte das Linienelement der de Sitterschen Metrik, indem er den Radius, d.h. den Skalenfaktor des Universums zeitabhängig machte. Damit vollzog er den Übergang vom statischen zum nicht-statischen de Sitter-Universum.[17] Einen ähnlichen Übergang hatte drei Jahre zuvor bereits Kornelius Lanczos vorgeschlagen.[18] Im Gegensatz zum de Sitter-Modell besitzt das Universum in der Vorstellung von Lemaître keinen ausgezeichneten Punkt; es handelt sich um ein uniformes Modell mit zeitabhängigem Krümmungsradius. Bezüglich eines denkbaren Einflusses von Alexander Friedmann ist hervorzuheben, daß Georges Lemaître die nicht-statischen Lösungen der Feldgleichungen der Gravitation unabhängig von Friedmann gefunden hat.

Lemaîtres Verdienst besteht in einer detaillierten Ausarbeitung der Konsequenzen, die die Existenz nicht-statischer Lösungen für die Kosmologie hat.[19] Er studierte die dynamischen Auswirkungen eines expandierenden Kosmos und erwog Möglichkeiten, wie sich die Galaxienentstehung aus einem ursprünglich homogenen Materiesubstrat vollziehen könnte. Als erster Theoretiker nahm er einen Zustand hoher Dichte als Anfangszustand des Universums an, den er als „primeval atom“ bezeichnet. Obwohl in seiner Vorstellung das Universum an seinem Beginn – im Gegensatz zum Stan-

---

[15] Lemaître 1925, S. 192

[16] „De Sitter's solution has to be abandoned, [...] because it does not give a finite space without introducing an impossible boundary.“ (Lemaître 1925, S. 192)

[17] Die de Sittersche Metrik hat die Eigenschaft, daß die Raumzeit des materiefreien de Sitter-Universums an sich statisch ist; der Kosmos expandiert jedoch, sobald er (beliebig wenig) Materie enthält.

[18] Lanczos 1922

[19] Als wohl wichtigste Veröffentlichung von Georges Lemaître ist sein Modell eines homogenen Universums mit konstanter Masse und zeitabhängigem Radius zu nennen, in dem die Fluchtgeschwindigkeit der extragalaktischen Nebel eine Erklärung findet; siehe Lemaître 1927.

dardmodell – bereits eine endliche Größe aufweist, wird Lemaître allgemein als Vater des sogenannten „Urknall-Modells“ angesehen.[20]

Wie lange dagegen Einsteins Abneigung gegen ein expandierendes Universum anhielt, bzw. wie stark Einstein von der Existenz eines statischen Kosmos überzeugt war, zeigt seine Reaktion im Jahre 1927. Im Oktober traf Lemaître Einstein auf einem der berühmten Solvay-Kongresse und präsentierte ihm seine kosmologischen Arbeiten. Einsteins Urteil war vernichtend: „Vos calculs sont corrects, mais votre physique est abominable.“[21]

Eine gängige Bewertung der beiden in den zwanziger Jahren diskutierten kosmologischen Modelle von Einstein und de Sitter formuliert Arthur Eddington. In seiner Diskussion dieser Weltmodelle, in denen er die bisherigen Anwendungen der Allgemeinen Relativitätstheorie auf den Kosmos repräsentiert sieht,[22] kommt er zu folgendem Ergebnis: „Es scheint natürlich, die Lösungen von de Sitter und von Einstein als zwei Grenzfälle zu betrachten, so daß die Verhältnisse der wirklichen Welt in der Mitte liegen.“[23] Die de Sittersche Welt enthalte zu wenig, die Einsteinsche zu viel Materie, so daß eine Antwort auf die Frage, welches Modell eine bessere Approximation der wirklichen Welt darstelle, von dem kontigenten Materieinhalt des Universums abhänge.

An dieser überblickartigen Skizze der Entwicklung der Kosmologie in den zehn Jahren nach Einsteins erstem modernen kosmologischen Modell werden die folgenden Punkte deutlich:

Erstens setzt sich, wie bereits die erste Einschätzung Einsteins angedeutet hatte, unter den Astronomen immer stärker die Auffassung durch, die Allgemeine Relativitätstheorie fruchtbar auf kosmische Vorgänge anwenden zu können. Die ersten kosmologischen Modelle werden nicht mehr nur als eine mathematische Beschreibung logisch möglicher Universen betrachtet, sondern als realistische Abbildung unseres konkreten Universums. Das wachsende Interesse wird gefördert durch die allgemeine Anerkennung der Allgemeinen Relativitätstheorie als erfolgreicher Gravitationstheorie,[24] so daß man von auf ihr basierenden kosmologischen Modelle eine adäquate Beschreibung

[20] Eine Würdigung der Leistungen von Georges Lemaître findet sich sogar in Lehrbüchern, so in Peebles 1971, S. 8.

[21] Zitiert nach Schücking 1993, S. 22.

[22] Vergleiche beispielsweise Eddington 1925, § 67. Man beachte, daß die englische Ausgabe aus dem Jahre 1923 stammt und Eddington zur Zeit der Abfassung die Arbeit von Alexander Friedmann noch nicht gekannt haben dürfte. Ein Hinweis auf Seite 238 legt den diesbezüglichen Informationsstand Eddingtons vom Februar 1922 nahe.

[23] Eddington 1925, S. 236

[24] Der Erfolg der Allgemeinen Relativitätstheorie gründet in deren Erklärung der Periheldrehung

des Kosmos erwartet. Desweiteren zeigen die verfeinerten astronomischen Beobachtungen die Plausibilität der Voraussetzung eines uniformen Universums; zudem erlauben sie eine Bestimmung der kosmischen Parameter[25] und damit eine Präferierung bestimmter Modelle.[26] Für die Kosmologische Konstante bedeutet dies, daß eine empirische Bestimmung ihres Zahlenwertes möglich wird.

Zum zweiten finden die Beobachtungsdaten, die die Expansion des Universums belegen, eine theoretische Einordnung in einer Reihe von kosmologischen Modellen, wodurch die Allgemeine Relativitätstheorie und die Voraussetzung der Uniformität des Kosmos eine empirische Stützung erfahren.

Drittens werden die Fragen nach der Entstehung und Entwicklung des Kosmos aus dem Bereich ungesicherter Spekulation zu einem Thema empirischer Naturwissenschaft erhoben.

Für zwei klassische naturphilosophische Fragen hat diese Entwicklung weitreichende Konsequenzen: Zum ersten Mal existiert durch die moderne Kosmologie eine physikalische Basis, die sowohl die Frage nach der Endlichkeit bzw. Unendlichkeit der Welt grundsätzlich beantworten kann, als auch für das Problem der zeitlichen bzw. ewigen Existenz des Universums wichtige Hinweise bietet. An diesen beiden Fällen kann man exemplarisch den Status modernen naturphilosophischen Forschens illustrieren: Philosophische Fragen, deren Antworten in der Vergangenheit oft nur auf spekulativem Wege gefunden wurden und ausschließlich an metaphysischen Vorgaben philosophischer Systeme orientiert waren, werden nun transformiert auf empirische Fragestellungen, die grundsätzlich dem naturwissenschaftlichen Forschen zugänglich sind. Das Ziel moderner Naturphilosophie besteht demnach darin, naturphilosophische Fragen in engem Kontakt zu einzelwissenschaftlichen Theorien zu behandeln.[27] Die Beziehung dieser beiden Arten des wissenschaftlichen Fragens ist dadurch zu kennzeichnen, „daß rein objektgerichtetes Forschen und erkenntnistheoretisches Analysieren in einem

---

des Merkur, in der Beobachtung der Lichtablenkung im Gravitationsfeld der Sonne und im Nachweis der gravitativen Rotverschiebung elektromagnetischer Strahlung.

[25] Man denke dabei an die Hubble-Konstante, den Verzögerungsparameter und die Materiedichte.

[26] Daß eine empirische Datenbasis auch völlig wirkungslos auf die Akzeptanz eines kosmologischen Modells sein kann, zeigt das Beispiel Edwin Hubbles: In den dreißiger Jahren wurde eine Vielzahl von konkurrierenden kosmologischen Modellen diskutiert, und Hubbles astronomische Beobachtungen lieferten gewichtige empirische Daten zu den angeregten Diskussionen. Hubble selbst verwarf in dieser Diskussion ein Modell, das am besten mit den von ihm selbst erhobenen Daten in Einklang stand, „because philosophical values dictated allegiance to another model" (Hetherington 1982, S. 41).

[27] Vergleiche dazu auch Kanitscheider 1983.

gegenseitigen Stützungsverhältnis stehen"[28]. Die geschilderten Entwicklungen der Kosmologie zeigen auch, daß die Grenze zwischen Naturphilosophie und Naturwissenschaft nicht streng gezogen werden kann; sie ist fließend, je nachdem welche Problemstellungen auf welcher Abstraktionsebene man in den beiden Wissenschaftsbereichen untersucht. Diesen graduellen Übergang kann man auch an der Aufgabenstellung der Naturphilosophie illustrieren: „Ihre Erkenntnisdomäne ist das Lösen von Problemen, die ontologisch auf der Ebene der faktischen Systeme angesiedelt sind, qualitativ aber einen höheren Allgemeinheitsgrad besitzen; sie betreffen den erfahrungsfernsten theoretischen Teil der Naturwissenschaft."[29]

Vor dem Hintergrund der Tatsache, daß Albert Einstein die Kosmologische Konstante allein deswegen als notwendiges Element in die Feldgleichungen der Gravitation eingefügt hatte, um ein statisches Universum beschreiben zu können, führte die Hubblesche Entdeckung dazu, auf die Kosmologische Konstante zu verzichten. Die Anforderung an ein realistisches Modell, einen statischen Kosmos abzubilden, entfiel. Hinzu kam das Ergebnis der Untersuchungen von Arthur Eddington, wonach das Einsteinsche Zylinder-Universum instabil ist.[30] Damit lagen zwei gewichtige Gründe vor, die modifizierte Form der Feldgleichungen aufzugeben: Zum einen konnten sie keine Lösung eines statischen Universums liefern, das unanfällig gegenüber kleinen Störungen war, und zum anderen benötigte man eben nicht mehr ein Modell eines statischen Kosmos, weil sich die Welt als ein expandierender Kosmos erwiesen hatte. Das theoretische Ziel einer Erklärung eines statischen Kosmos mit einer endlichen Materiedichte wurde überflüssig und damit auch die Kosmologische Konstante: „It now appears that in the dynamical case this end can be reached without the introduction of Λ."[31]

Einstein selber hebt hervor, daß sich bereits mit der Arbeit von Alexander Friedmann[32] zeigen läßt, daß sein Zylinder-Universum nicht stabil ist. Eine Lösung der Feldgleichungen mit einem geringen Unterschied zur statischen Lösung weiche im Laufe der Zeit immer stärker vom statischen Kosmos ab. „Schon aus diesem Grunde bin ich nicht mehr geneigt, meiner damaligen Lösung eine physikalische Bedeutung zuzuschreiben, schon abgesehen von Hubble's Beobachtungsresultaten."[33] Offensichtlich war Einstein so sehr gefangen von der Idee, das kosmologische Problem zu lösen, daß er weder

---

[28] Kanitscheider 1984d, S. 10
[29] Kanitscheider 1984e, S. 78f.
[30] Eddington 1930
[31] Einstein, de Sitter 1932, S. 213. Einstein bezeichnet oftmals – ohne besondere Bedeutung – die Kosmologische Konstante mit dem griechischen Großbuchstaben.
[32] Vergleiche Friedmann 1922 und Friedmann 1924.
[33] Einstein 1931, S. 236

seine statische Lösung problematisierte noch eine nicht-statische Lösung auch nur im Ansatz erwog. Denn in der zeitlichen Rückschau schreibt Einstein gegen Ende seines Lebens an Pirani über die vertane Chance zur Entdeckung eines expandierenden Kosmos und über die Einführung der Kosmologischen Konstante: „Da mir diese Möglichkeit [eines expandierenden Universums, B.S.] nicht in den Sinn kam, glaubte ich (irrtümlich), dass eine quasi-homogene Welt nur durch Einführung des (‚kosmologischen Terms') zu erzielen sei."[34] Einstein spricht hier statt von einem „quasi-statischen" von einem „quasi-homogenen" Universum, wobei es sich vermutlich um einen Übertragungsfehler handelt.[35]

In einer erneuten Hinwendung Albert Einsteins zum kosmologischen Problem im Jahre 1931 wird deutlich, daß er den kosmologischen Term für „theoretisch ohnedies unbefriedigend" hält.[36] Gerade aufgrund der Arbeiten von Edwin Hubble stellt Einstein in diesem Aufsatz u.a. die Frage, ob man den Beobachtungstatsachen nicht auch gerecht werden könne ohne die Einführung des kosmologischen Terms. Einstein macht sich uneingeschränkt die Ergebnisse von Friedmann und Hubble zu eigen und skizziert unter Berücksichtigung von aktuellen Beobachtungsdaten ein kosmologisches Modell, in dem das Universum nach einer Phase der Ausdehnung in seiner Expansionsbewegung zum Stillstand kommt und anschließend kontrahiert.[37] Am Ende seiner Arbeit zeigt Einstein ein gewisses Maß an Erleichterung darüber, daß seine Theorie nun eine Kosmologie möglich macht, die von der theoretischen Seite her befriedigender und von der empirischen Seite her adäquater das kosmologische Problem zu lösen vermag: „Bemerkenswert ist vor allem, daß die allgemeine Relativitätstheorie Hubbles neuen Tatsachen ungezwungener (nämlich ohne Λ-Glied) gerecht werden zu können scheint als dem nun empirisch in die Ferne gerückten Postulat von der quasi-statischen Natur des Raumes."[38]

Bemerkenswert in Einsteins Verhältnis zum Problem der Kosmologischen Konstante ist die Tatsache, daß er in seinem Anhang zu den *Grundzügen der Relativitätstheorie* im Jahre 1945 ausschließlich kosmologische Modelle

---

[34] Einstein in einem Brief an Felix Pirani vom 2. Februar 1954; die mir vorliegende Abschrift des Briefes enthält die runden Klammern.

[35] Weil mir nur eine Abschrift des Briefes vorliegt, scheint die Möglichkeit eines Übertragungsfehlers die wahrscheinlichste. Zur Homogenität als Voraussetzung des Einsteinschen Modells und zu deren Rolle bei der Einführung der Kosmologischen Konstante siehe die entsprechenden Abschnitte in Kapitel 2, dort vor allem das Unterkapitel *Das Argument der Beschaffenheit der realen Welt*.

[36] Einstein 1931, S. 236

[37] Vergleiche Einstein 1931, vor allem die Seiten 236f.

[38] Einstein 1931, S. 237

vorstellt, die die Kosmologische Konstante nicht enthalten.[39] Obwohl er die Arbeiten kennen dürfte, die die erweiterten Feldgleichungen der Gravitation (2.2) als allgemeinste Form im Rahmen der Allgemeinen Relativitätstheorie ableiten, nimmt er die Möglichkeit einer Erweiterung der möglichen kosmologischen Lösungen nicht wahr und scheint das Kriterium der Einfachheit (im Sinne einer Sparsamkeit physikalischer Terme) gegenüber dem der Allgemeinheit höher zu bewerten. Einstein hat diese Präferenz der Einfachheit oft in einer metaphorischen Rede von Gott zum Ausdruck gebracht: „Was mich wirklich interessiert, ist die Frage, ob Gott die Welt auch in anderer Weise hätte schaffen können, d.h. die Frage, ob die Notwendigkeit der logischen Einfachheit überhaupt irgendwelche Freiheit läßt.“[40] Im Kontrast dazu wird beispielsweise von J.D. North gerade die Allgemeinheit der Feldgleichungen durch die Berücksichtigung der Kosmologischen Konstante betont: „At all events, in assigning the value *zero* to the constant λ, loss of generality has seemed, to the majority, too high a price to pay for brevity and elegance.“[41]

Daß die Bewertung der Einfachheit von Theorie bzw. Feldgleichungen subjektiv geprägt ist, zeigen die Einschätzungen von Rudolf Kippenhahn und Steven Weinberg. Während Einstein die Erweiterung der Feldgleichungen durch den kosmologischen Term als einen besonders schwerwiegender Schönheitsfehler der Theorie ansieht,[42] urteilt Kippenhahn, daß die Gleichungen dadurch „nicht an Schönheit und Symmetrie und fast nichts an ihrer Einfachheit“[43] verlieren. Bezüglich der Symmetrie ist Kippenhahn zuzustimmen, daß sie durch die Modifikation der Feldgleichungen nicht beeinträchtigt wird; die Charakteristika der Schönheit und Einfachheit sind jedoch den veränderten Gleichungen im Vergleich mit der ursprünglichen Version nicht mehr zuzuschreiben. Ganz anders als bei Kippenhahn fällt dagegen das Urteil von Steven Weinberg über die Kosmologische Konstante aus. Ihre Einführung in die Feldgleichungen habe diese „verstümmel[t]“ und „die ursprüngliche Eleganz der Theorie weitgehend zunichte“ gemacht.[44]

---

[39] Vergleiche Einstein 1956, S. 76ff.

[40] Zitiert nach French 1985, S. 141. Die bewußte Verbindung von „Einfachheit“ mit seinem spinozistischen Gottesbegriff macht deutlich, daß Einsteins Bevorzugung größerer Einfachheit gegenüber höherer Allgemeinheit kein Akt rational gestützter Argumentation ist. Diese persönliche Neigung zeigt auch der folgende Ausspruch: „Das ist so einfach – Gott hätte sich das niemals entgehen lassen.“ (zitiert nach Hoffmann, Dukas 1978, S. 268) – Zum Begriff „logische Einfachheit“ bei Einstein siehe die entsprechende Passage in dem Unterkapitel *Das Argument der Beschaffenheit der realen Welt* in Kapitel 2.

[41] North 1965, S. 87

[42] Siehe das Unterkapitel *Einstein und Seeliger – Ein Vergleich* in Kapitel 2.

[43] Kippenhahn 1987, S. 199

[44] Weinberg 1980, S. 46; engl.: Weinberg 1977, S. 32. Bemerkenswerterweise hat Weinberg seine Position in den vergangenen Jahren geändert. Es sei nicht ausreichend „to say that a

Wenn Einstein in späteren Jahren auf die Kosmologische Konstante zu sprechen kommt, dann erwähnt er nicht die Rechnungen von de Sitter, sondern die Arbeiten von Alexander Friedmann, die ihn offensichtlich stärker als diejenigen von de Sitter davon überzeugt haben, daß die Einführung des kosmologischen Gliedes überflüssig war. Der Grund für diesen Umstand ist darin zu sehen, daß sich die theoretischen Überlegungen Friedmanns angesichts der empirischen Beobachtungen im Laufe der Jahre als überaus gewichtig herausgestellt haben. Wenn nun das Faktum eines expandierenden Kosmos die Weglassung der Kosmologischen Konstante bedingt, dann unterstreicht diese Haltung Einsteins noch einmal die Bedeutung seines Vorverständnisses einer statischen Welt für deren Einführung.

Abschließend zur Einschätzung der Kosmologischen Konstante durch Einstein in den zwanziger Jahren sei seine Reaktion auf die Arbeiten von de Sitter und Friedmann im Frühjahr 1923 zitiert: „Wenn schon keine quasistatische Welt, dann fort mit dem kosmologischen Glied.“[45]

Kosmologische Modelle

Unter einem kosmologischen Modell versteht man eine Lösung der Einsteinschen Feldgleichungen, die die Geometrie der Raumzeit und die Materie in ihrem Energiezustand an allen Punkten der Raumzeit beschreibt.[46] Ohne grundlegend auf das Verhältnis von Modell und Theorie im Rahmen der Wissenschaftstheorie einzugehen,[47] sei kurz die spezielle Beziehung eines kosmologischen Modells zu der zugrundeliegenden Einsteinschen Gravitationstheorie skizziert. Wie das zu Beginn dieses Kapitels angeführte Zitat Manfred Eigens zeigt, kann ein Modell – im Unterschied zu einer Theorie – nicht nur richtig oder falsch, sondern auch irrelevant sein. Das Modell stellt in gewissem Sinne die Verbindung zwischen den physikalischen Größen der Theorie und den empirischen Daten her, indem es durch bestimmte (oftmals vereinfachende) Annahmen theoretische Terme spezifiziert. Ohne diese Modell-Annahmen wäre eine Theorie weder verifizierbar noch falsi-

---

cosmological constant is an unnecessary complication. Simplicity, like everything else, must be explained.“ (Weinberg 1993, S. 179)

[45] Brief Albert Einsteins an Hermann Weyl vom 23. Mai 1923 (hier zitiert nach Pais 1986, S. 292).

[46] Drieschner 1981, S. 48, spricht in diesem Zusammenhang statt von Materie in ihrem jeweiligen Energiezustand von „Materie mit ihren Eigenschaften“, wobei unbestimmt bleibt, was unter diesen „Eigenschaften“ zu verstehen sein soll.

[47] Zur allgemeinen Diskussion dieses Verhältnisses und einschlägigen Literaturhinweisen siehe Hartmann 1995, Kap. 2.

fizierbar. Je nach Grad der Spezifizierung kann man verschiedene Ebenen der Modellbildung unterscheiden. Die Funktion der Modelle besteht demnach in der Bildung der referentiellen Brücke zwischen Theorie und Realität. Grundsätzlich müssen in kosmologischen Modellen Annahmen über die Metrik, den Zahlenwert der Kosmologischen Konstante und die Komponenten des Energie-Impuls-Tensors angegeben werden, damit der Bezug der Theorie zum kosmischen System hergestellt ist. Ein kosmologisches Modell ist demnach charakterisiert durch eine Menge von Idealisierungen und Spezifikationen über das reale System „Kosmos" und kann insofern auch als Summe der Randbedingungen aufgefaßt werden.[48]

In der folgenden Diskussion der verschiedenen kosmologischen Modelle wird deutlich, worin im einzelnen die vorgenommenen Idealisierungen und Spezifikationen liegen. Weil der Ausgangspunkt moderner Kosmologie, die Einsteinschen Feldgleichungen der Allgemeinen Relativitätstheorie, nichtlinear sind, ist die Menge der allgemeinen Lösungen nicht einfach anzugeben. Zunächst einmal ergibt sich natürlich eine Beschränkung der Lösungsmannigfaltigkeit dieses Differentialgleichungssystem durch die Anwendung auf das physikalische System „Kosmos". Die Beschränkungen sind allerdings nicht so einschneidend, daß sich eine einzige Lösung angeben ließe. Wegen unserer terrestrischen, eingeschränkten Beobachtungsperspektive lassen sich charakteristische Eigenschaften des Kosmos nur unzureichend bestimmen. Erst seit dem Ende der sechziger Jahre liegen ausreichend empirische Daten vor, um entscheiden zu können, in welchem unterschiedlichen Ausmaß die verschiedenen kosmologischen Modelle ein adäquates Bild der durch die Beobachtung erfaßten Wirklichkeit liefern.[49]

Um die Zahl der möglichen Modellklassen einzuschränken, werden in der Kosmologie deshalb grundsätzlich Vereinfachungen vorgenommen. Die wichtigste Vereinfachung besteht darin, die kleinräumige Struktur der Materie – d. h. Sonnensysteme und Galaxien, auch Galaxienhaufen – zu ignorieren und die Materie im Universum als homogen verteilt anzusehen. Unter dieser Voraussetzung kann man eine kosmische Materiedichte angeben, die räumlich konstant ist – analog der Dichte einer Flüssigkeit oder eines Gases im thermodynamischen Gleichgewicht.[50] Eine weitere Einschränkung der möglichen Lösungen der Feldgleichungen erhält man dadurch, daß der Kosmos als isotrop angesehen wird; damit werden nur solche Lösungen betrachtet, in denen die Eigenschaften des Universums in jeder räumlichen Rich-

[48] Vergleiche auch das Unterkapitel *Das Problem der Randbedingungen in der Kosmologie* in Kapitel 2.

[49] Vergleiche dazu beispielsweise Rees 1993, S. 33. 42.

[50] Zu dieser Idealisierung siehe Misner 1973, § 27.2.

tung dieselben sind. Diese in der Kosmologie gängigen Voraussetzungen der Homogenität und Isotropie[51] sind bedeutende Einschränkungen aller möglichen Eigenschaften des Universums und haben die folgende Konsequenz: Die in der Kosmologie relevanten Größen müssen räumlich konstant sein; es dürfen also keine gerichteten Größen auftreten – wie bespielsweise Drehungen, Ströme etc. Kosmologische Modelle, die die Uniformität des Universums voraussetzen, nennt man Friedmann-Universen bzw. Friedmann-Modelle.[52]

Diese Idee eines homogenen und isotropen Kosmos als Grundelement eines neuzeitlichen Weltbildes geht zurück auf Nicolaus Cusanus, der nur einen unendlich großen und mit unendlich vielen Sternsystemen besetzten Kosmos als eines dem allmächtigen Schöpfer gemäßes Werk ansehen kann. Weitere Stationen auf dem Weg zur Überzeugung eines uniformen Universums sind die Arbeiten von Nicolaus Copernicus und Giordano Bruno. Daß es keinen ausgezeichneten Ort im Universum gibt, wird auch in den theoretischen Ansätzen von Johann Heinrich Lambert, Immanuel Kant und Franz Selety betont.[53] Im Falle der hierarchischen Kosmologien führt die Frage nach einem ausgezeichneten Punkt im Universum in einen infiniten Regreß, weil jeder Punkt A, dem man eine besondere Eigenschaft zuschreiben könnte – beispielsweise dem Gravitationszentrum im Sonnensystem oder dem Mittelpunkt eines Sternensystems – diese hervorgehobene Position im Rahmen einer Beschreibung auf der nächsthöheren Hierarchieebene verliert.

Die Uniformität des Kosmos, die mathematisch in der Robertson-Walker-Metrik zum Ausdruck kommt, bedeutet für die Beschreibung der Materieverteilung, daß der zugehörige Energie-Impuls-Tensor der einer idealen Flüssigkeit ist:

$$T^{\mu\nu} = (\varrho + p)\, u^{\mu} u^{\nu} + p g^{\mu\nu},$$

mit $u(\alpha)$: Vierergeschwindigkeit, ϱ: Energiedichte, p: Druck.

Aufgrund dieses Ansatzes und infolge dieses derart gewählten Energie-Impuls-Tensors entspricht die Kosmologische Konstante in den Feldgleichun-

---

[51] Die Eigenschaften „Homogenität" und „Isotropie" werden auch zusammenfassend als „Uniformität" des Universums bezeichnet.

[52] Eine andere Bezeichnung für die so charakterisierten Universen lautet „Robertson-Walker-Friedmann-Modelle". Howard Percy Robertson und A.G. Walker führten in den Jahren 1935 und 1936 als erste den Beweis, daß die nach ihnen benannte Metrik die allgemeinste Form zur Beschreibung einer homogenen und isotropen Raumzeit ist. Als Grundlage von kosmologischen Modellen wurde die Robertson-Walker-Metrik aber bereits im Jahre 1929 verwendet.

[53] Vergleiche die entsprechenden Abschnitte im Unterkapitel *Klassische kosmologische Modelle als Lösungen des Gravitationsparadoxons* in Kapitel 1.

gen der Gravitation einem konstanten Druck einer idealen Flüssigkeit mit der Zustandsgleichung: $p = -\varrho$.[54]

Unter dem Begriff „Standardmodell“[55] faßt man alle diejenigen kosmologischen Modelle zusammen, die auf homogen-isotropen (d.h. uniformen) Lösungen der Einsteinschen Feldgleichungen der Gravitation beruhen. Damit stellt sich die Frage, inwieweit die Voraussetzung der Uniformität vom terrestrischen Standpunkt aus gerechtfertigterweise auf den gesamten Kosmos ausgedehnt werden kann. Mit der in der kosmologischen Wissenschaft vorherrschenden Annahme, daß die Welt homogen und isotrop beschaffen ist, befinden wir uns beispielsweise nach der Auffassung von Hubert Goenner in einer ähnlichen Situation wie die alten Griechen:[56] sie sahen die Planeten notwendig in vollendeter Bewegung und betrachteten deren Bahnen entsprechend als Kreisbahnen. Analog scheint Goenner die heutige Annahme eines uniformen Kosmos zu beurteilen. Rudolf Kippenhahn geht soweit, die Überzeugung von der Uniformität des Universums – kurz meist Kosmologisches Prinzip[57] genannt – als Glaube zu bezeichnen; die Auffassung, daß es im Universum keine ausgezeichnete Position gibt, sei eine beruhigende und philosophisch befriedigende Position.[58] In der kinematischen Kosmologie von Edward Milne nimmt das Kosmologische Prinzip sogar eine fundamentale Rolle in der Physik ein. Ihm wird der Status eines apriorischen Prinzips zugeschrieben, vom dem aus – neben basalen Eigenschaften von Raum, Zeit und Lichtausbreitung – auch die Naturgesetze deduziert werden. Hier tritt die Traditionslinie der sogenannten „reinen Naturwissenschaft“ (Descartes, Spinoza) wieder hervor, die im Gegensatz zur empirischen Naturwissenschaft ihren Ausgangspunkt nicht in (terrestrisch) bewährten Theorien oder Naturgesetzen nimmt. Letztgenannte wählt im allgemeinen einen bescheideneren, besser prüfbaren Ansatz: „We shall take the local physical laws that bave been experimentally determined, and shall see what these laws imply about the large scale structure of the universe.“[59] Gegenüber der Position von Milne ist außerdem zu betonen, daß mit der Voraussetzung des Kosmologischen

---

[54] Diese physikalische Bedeutung der Kosmologischen Konstante geht eben nicht, wie man Goenner 1994, S. 85, mißverstehen könnte, der mathematischen Charakterisierung der kosmischen Materieverteilung voran.

[55] Statt „Standardmodell“ verwendet man oft den präziseren Begriff „Standardmodell der Kosmologie“, um eine Verwechslung mit dem Standardmodell der Elementarteilchenphysik zu vermeiden.

[56] Vergleiche Goenner 1994, S. 6.

[57] Der Begriff „Kosmologisches Prinzip“ wurde von Edward Milne im Jahre 1933 in die moderne Kosmologie eingeführt.

[58] Kippenhahn 1987, S. 178–180

[59] Hawking, Ellis 1973, S. 1

Prinzips stets ein weiterer kennzeichnender Zug moderner Kosmologie (und naturwissenschaftlicher Erkenntnis allgemein) verbunden wird: sie ist fallibel. Für die Annahme der Uniformität des Kosmos existieren viele Gründe, die heute als gut und tragend angesehen werden,[60] aber gerade hinsichtlich der Probleme bei der Beschreibung der Entstehung der (uniformen) kosmischen Strukturen besteht prinzipiell die Möglichkeit, daß spätere kosmologische Modelle und Teiltheorien befriedigendere Erkenntnisse über den Kosmos werden formulieren können.

Einen gewichtigen Anhaltspunkt für die Uniformität des Universums bietet beispielsweise der Zusammenhang zwischen der Homogenität der Materieverteilung und der Linearität der Expansion. Im Rahmen der Friedmann-Modelle, die im allgemeinen eine Expansion des Universums beinhalten, kann die Form der Expansion nur linear sein, d.h. es muß gelten $v(t) = H(t)\, r$, weil ein nicht-lineares Expansionsgesetz einen Widerspruch zur Voraussetzung der Homogenität in den Friedmann-Modellen darstellte.[61] Nur ein Universum, das sich aus einem homogenen Zustand heraus unter der Gesetzmäßigkeit einer linearen Expansion entwickelt, wird immer homogen bleiben. Die beobachtete Linearität der Expansion zeigt, daß wir in einem homogenen Universum leben. Damit liefert die beobachtete Expansionsbewegung einen Hinweis für die Richtigkeit der Annahme der Homogenität und somit auch des Kosmologischen Prinzips (weil die Homogenität global gilt).

In den vergangenen gut zehn Jahren mehren sich die Hinweise, daß die Materie im Universum nicht so homogen verteilt ist, wie zuvor angenommen wurde; Galaxiencluster mit einer Masse von bis zu 10^{15} Sonnenmassen führen zu hohen lokalen Materiedichten und sind durch riesige Entfernungen voneinander getrennt.[62] Beobachtungen zeigen, daß sich die Galaxien und Galaxienhaufen im Universum auf der Oberfläche von kosmischen Blasen

---

[60] Siehe auch die Diskussion über die Universalität der Naturgesetze in dem Abschnitt *Die Bedeutung der kosmologischen Widersprüche* in Kapitel 1. Die verschiedenen inflationären Szenarien liefern sogar eine Erklärung der Uniformität des Universums (Linde 1990, Kap. 1.7; Guth 1986), so daß die Annahme der Uniformität nicht als voraussetzungsloser Glaube dargestellt zu werden braucht.

[61] Dies wird anschaulich leicht deutlich, wenn man sich beispielsweise eine quadratische Abhängigkeit zwischen Geschwindigkeit und Entfernung vorstellt: dann wäre nicht mehr jeder Punkt im Universum gleichberechtigt, weil man immer je zwei Punkte mit sich unterschiedlich ändernder Materiedichte finden kann. Die Eigenschaft der Isotropie impliziert die der Homogenität; die Umkehrung gilt hingegen nicht.

[62] Zur großräumigen Struktur des Universums vergleiche z.B. Geller, Huchra 1989. Obwohl diese Materiestrukturen ungeheuer groß sind, erfüllen sie nur etwa ein Prozent der Ausdehnung des Kosmos. Die Abweichung der tatsächlichen Metrik von einer flachen Metrik, bewirkt von der riesigen Masse der Galaxiencluster, beträgt lediglich 10^{-5}.

zu befinden scheinen, so daß man zur Charakterisierung der Materieverteilung von einem „kosmischen Schaum" sprechen kann. Trotz dieser jüngsten Entdeckungen einer geklumpten Materieverteilung „scheint das Universum auf sehr großen Skalen wirklich einfacher und gleichmäßiger strukturiert zu sein"[63].

Uniforme Modelle

Unter der Voraussetzung, daß im Universum das Kosmologische Prinzip Gültigkeit hat, daß also für jeden Raumpunkt die Eigenschaften der Isotropie und der Homogenität gelten, hat das vierdimensionale Linienelement die Form der Robertson-Walker-Metrik:

$$ds^2 = c^2 t^2 - R(t) \left[\frac{dr^2}{1 - kr^2} + r^2 \left(d\theta^2 + \sin^2 \theta \; d\phi^2 \right) \right].$$

Wenn man diese spezielle Metrik, für deren Vorliegen in unserem Universum es – wie oben ausgeführt – überzeugende Argumente gibt, in die Einsteinschen Feldgleichungen einsetzt, dann erhält man statt der zehn gekoppelten nichtlinearen Differentialgleichungen nur noch zwei Differentialgleichungen für den Skalenfaktor $R(t)$. $R(t)$ gibt den Krümmungsradius des Universums zum Zeitpunkt t an und kann demnach als Maß für die Größe des Universums zu einer Zeit t angesehen werden. Weil Alexander Friedmann diese Lösungen der Einsteinschen Feldgleichungen mit zeitabhängiger Raumkrümmung fand[64] und dieser Ansatz in der zweiten Hälfte der zwanziger Jahre unabhängig von Friedmann von Georges Lemaître weiter ausgearbeitet wurde, nennt man diese Differentialgleichungen für den Skalenfaktor $R(t)$ Friedmann-Lemaître-Gleichungen – oft auch nach dem ursprünglichen Ideengeber einfach Friedmann-Gleichungen. Sie lauten

$$\left(\frac{\dot{R}(t)}{R(t)} \right)^2 = -\frac{k}{R^2} + \frac{8\pi G \varrho}{3} + \frac{\lambda}{3} \quad \text{mit} \quad c = 1 \qquad (3.1)$$

$$\frac{\ddot{R}(t)}{R(t)} = -\frac{4\pi G \varrho}{3} - \frac{\lambda}{3} \quad \text{mit} \quad c = 1 \qquad (3.2).$$

---

63 Rees 1993, S. 38. Der Inhalt kosmischer Würfel mit einer Kantenlänge von ein paar Millionen Lichtjahren sieht immer gleich aus, so daß das Universum „in einem wohldefinierten Sinne als im Mittel homogen angesehen werden" kann. (Rees 1993, S. 39, zum Thema allgemein vergleiche ebd. Kap. 3)

64 Siehe Friedmann 1922 und Friedmann 1924.

Wenn man (3.2) mit $\frac{d^2R(t)}{dt^2} = -\frac{GM}{R^2(t)}$ vergleicht, der Bewegungsgleichung für einen Massenpunkt außerhalb einer Materieverteilung mit der Masse M, dann sieht man, daß ein positiv gewähltes Lambda einer der Gravitation entgegengesetzte, ein negativ gewähltes Lambda eine der Gravitation gleichgerichtete Beschleunigung bewirkt.

Hilfreich ist es, in den Friedmann-Gleichungen den Skalenfaktor $R(t)$ und dessen Ableitungen durch beobachtbare Größen zu ersetzen. Sinnvolle Terme sind die Krümmung K: $K = \frac{k}{R^2}$, der Hubble-Parameter H: $H(t) = \frac{\dot{R}(t)}{R(t)}$ und der Verzögerungsparameter q: $q = -\frac{\ddot{R}(t)}{R(t)H(t)}$. Damit erhält man durch leichtes Umformen folgende wichtige Beziehungen:

$$H^2(q+1) = 4\pi G\varrho - K \qquad (3.3)$$

$$\lambda = 4\pi G\varrho - 3H^2 q \qquad (3.4).$$

Betrachten wir im folgenden die verschiedenen auf den Friedmann-Gleichungen beruhenden kosmologischen Modelle: Wenn wir von den Friedmann-Gleichungen (3.1) und (3.2) ausgehen, dann sieht man, daß in ihnen zwei Parameter unterschiedliche Werte annehmen können:

1. die Krümmungskonstante k. Je nach Wert von k besitzt das Universum positive ($k = 1$), keine ($k = 0$) oder eine hyperbolische ($k = -1$) Krümmung.[65]
2. die Kosmologische Konstante λ. Die einzelnen kosmologischen Modelle unterscheiden sich grundsätzlich darin, ob $\lambda < 0$, $\lambda > 0$ oder $\lambda = 0$ ist oder ob Lambda einen bestimmten positiven bzw. negativen Wert annimmt.

Einzelne Modelle mit bestimmten Werten der Krümmungskonstante k oder der Kosmologischen Konstante λ tragen oft den Namen eines einzelnen Theoretikers, wenn dieser die Entwicklung dieses bestimmten Modelles explizit geprägt hat. Dabei sind neben Einstein vor allem de Sitter, Friedmann, Lemaître und Eddington zu nennen, die grundlegende Arbeiten auf dem Gebiet der Kosmologie geleistet haben.[66]

---

[65] Diese drei Werte besitzt die Krümmungskonstante auch in der Newtonschen Physik. Dort entsprechen ihr elliptische, parabolische und hyperbolische Bahnkurven. Damit unterscheiden die verschiedenen Werte von k im newtonschen Bild zwischen Bahnkurven, im relativistischen Bild zwischen Raumzeit-Geometrien.

[66] Vergleiche auch Bonner 1960, S. 3.

Im folgenden werde ich eine kurze Klassifikation verschiedener kosmologischer Modelle vorstellen.[67] In der üblichen Darstellung bezeichnet der Begriff „Friedmann-Universum“ alle Universen, in denen die Materie homogen und isotrop und die Kosmologische Konstante $\lambda = 0$ gesetzt ist.[68] Diese besitzen demnach die Robertson-Walker-Metrik, d.h. sie entsprechen dem Kosmologischen Prinzip. Die Modelle der Universen, in denen die Kosmologische Konstante $\lambda \neq 0$ ist, nennt man gewöhnlich „Lemaître-Universen“. Sinnvollerweise kann man auch den Begriff „Friedmann-Lemaître-Universen“ verwenden, wenn man alle uniformen kosmologischen Modelle bezeichnen möchte, ohne den Wert der Kosmologischen Konstante festzulegen.

Wenden wir uns zunächst kurz den Friedmann-Universen zu. Weil hier $\lambda = 0$ gilt, kann man eine einfache Beziehung zwischen dem Materieinhalt des Universums und dessen Krümmungseigenschaft angeben. In allgemein-relativistischen Raumzeiten bestimmt grundsätzlich der Energie-Impuls-Tensor die Geometrie der Raumzeit, und so steht im Falle eines materiedominierten[69] Universums die Materiedichte in direkter Beziehung zur Raumkrümmung. Wenn die Materiedichte der sogenannten „kritischen Dichte“ entspricht

$$\varrho = \varrho_{\text{krit.}} = \frac{3H^2}{8\pi G},$$

dann hat der Raum eine euklidische Metrik ($k = 0$), und das Universum ist offen; ebenso im Falle von $\varrho < \varrho_{\text{krit.}}$ mit einer hyperbolischen Metrik. Für $\varrho > \varrho_{\text{krit.}}$ liegt eine sphärische Metrik mit einem räumlich geschlossenen Universum vor. Aus (3.4) folgt mit $\lambda = 0$: $q > 0$, d.h. daß die kontingente Expansionsbewegung in allen Friedmann-Universen eine Abbremsung erfährt.

Je nach Krümmungskonstante unterscheidet man bei den Friedmann-Universen drei Fälle:

Das Friedmann-Universum mit einer euklidischen Metrik, also $k = 0$, nennt man auch Einstein-de Sitter-Universum.[70] Für die zeitliche Entwick-

---

[67] Gute übersichtsartige Zusammenstellungen verschiedener kosmologischer Modelle finden sich in: Harrison 1981, Kap. 15; Berry 1976, Kap. 7.2; ausführlich Misner 1973, § 27.10., § 27.11., insb. S. 747.

[68] In dieser Weise werden die Friedmann-Universen beispielsweise in den Standardwerken von Harrison und Weinberg bezeichnet; siehe Harrison 1981, S. 297, bzw. Weinberg 1977, S. 159.

[69] Je nachdem, ob der Hauptteil der Energie im Universum in Form von Materie oder von Strahlung vorliegt, spricht man von einem materiedominierten bzw. von einem strahlungsdominierten Universum.

[70] Diese Bezeichnung entbehrt nicht einer gewissen Komik, weil gerade für das Einsteinsche Zylinder-Universum die Existenz einer von Null verschiedenen Kosmologischen Konstante konstitutiv ist und der Raum im de Sitter-Universum aufgrund eines positiven Wertes von λ expandiert. Zudem ist der Raum im Einsteinschen Modell sphärisch gekrümmt.

lung des Skalenfaktors gilt: $R(t) = R_0(t)\left(\frac{t}{t_0}\right)^{2/3}$. Für den Verzögerungsparameter ergibt sich $q = \frac{1}{2}$, und das Alter des Universums beträgt $T = \frac{2}{3H}$.

Im Falle einer hyperbolischen Metrik, $k = -1$, ist der Verzögerungsparameter $q < \frac{1}{2}$ und das Alter des Universums $T > \frac{2}{3H}$. Die der Expansion entgegengesetzte gravitative Kraft der Materie vermag die Expansionsgeschwindigkeit nicht auf den Wert Null abzubremsen; das Universum expandiert für alle Zeiten. Die große Mehrzahl der Kosmologen stimmt heutzutage darin überein, daß dieses Friedmann-Modell des Universums die Dynamik unseres Kosmos am besten repräsentiert.

Im dritten Fall, dem geschlossenen Universum, $k = 1$, ist die Materiedichte größer als die kritische Dichte, so daß die Expansionsbewegung zum Stillstand kommt und das Universum in einer endlichen Zeit (in einem „big bang" bzw. „big crunch") kollabiert. Der Verzögerungsparameter ist $q < \frac{1}{2}$ und dementsprechend das Alter des Universums geringer: $T < \frac{2}{3H}$. Ein Universum, das aus einem sogenannten „Urknall"[71] heraus expan-

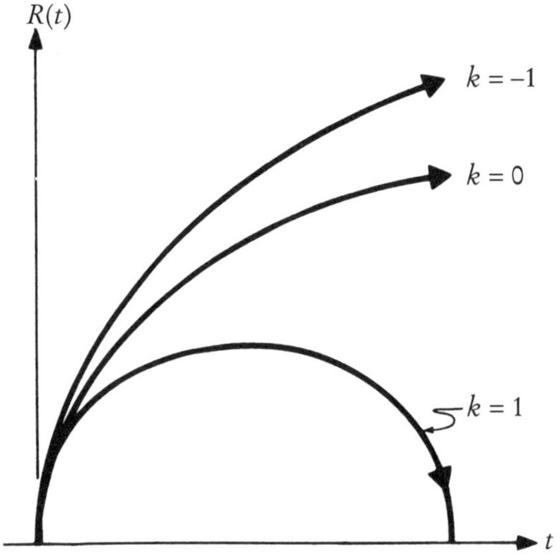

Abbildung 2: Friedmann-Modelle mit unterschiedlichem Krümmungsparameter

[71] Zur Bedeutung und Verwendung dieser Metapher und zu dem Problem, daß eine Singularität kein Element der Raumzeit-Mannigfaltigkeit ist, siehe Kanitscheider 1984, S. 235f. bzw. S. 261f.

diert und in einem „Endknall“ kollabiert, nennt man „oszillierendes Universum“.[72]

Abbildung 2 zeigt die zeitliche Entwicklung des Skalenfaktors in den drei genannten Friedmann-Universen, die sich hinsichtlich der oben angeführten, jeweils typischen Parameter voneinander unterscheiden.

Wir wenden uns nun den für unsere Fragestellung interessanteren Friedmann-Lemaître-Universen mit $\lambda \neq 0$ zu. Das Schaubild auf der folgenden Seite veranschaulicht die zeitliche Entwicklung des Skalenfaktors $R(t)$, je nachdem welche Werte die Krümmungskonstante und die Kosmologische Konstante annehmen. Zusätzlich zu den neun Kombinationsmöglichkeiten der beiden Konstanten muß man noch zwei weitere Szenarien betrachten: Für ein geschlossenes Universum, $k = 1$, unterscheidet sich die Dynamik für den Fall $\lambda > 0$, je nachdem ob gilt: $0 < \lambda < \lambda_E$, $\lambda = \lambda_E$ oder $\lambda > \lambda_E$. Die soeben gemachte Unterscheidung für positive Werte von λ ist für die Modelle mit den Krümmungskonstanten $k = 0$ bzw. $k = -1$ unwichtig, weil sich zwar die zeitliche Entwicklung des Skalenfaktors quantitativ ändert,[73] die Dynamik der betrachteten Modelle aber grundsätzlich gleichbleibt.

Von den kosmologischen Modellen mit einer von Null verschiedenen Kosmologischen Konstante werden in den folgenden Abschnitten drei Szenarien näher betrachtet: das Lemaître-Universum[74], das Eddington-Universum und das Priester-Universum.

[72] Zur Charakterisierung des oszillierenden Universums und den damit verbundenen thermodynamischen Problemen siehe beispielsweise Harrison 1981, S. 299 f., und das klassische Werk Tolman 1934.

[73] Der konkrete Zahlenwert ist für die Entwicklung des jeweiligen Universums selbstredend wichtig.

[74] In diesem Abschnitt wird der Begriff des Lemaître-Universums in einer anderen, historischen Weise verwendet, wobei die charakteristischen Parameter hier genauer bestimmt sind als in den Lemaître-Universen, wie sie weiter oben eingeführt wurden.

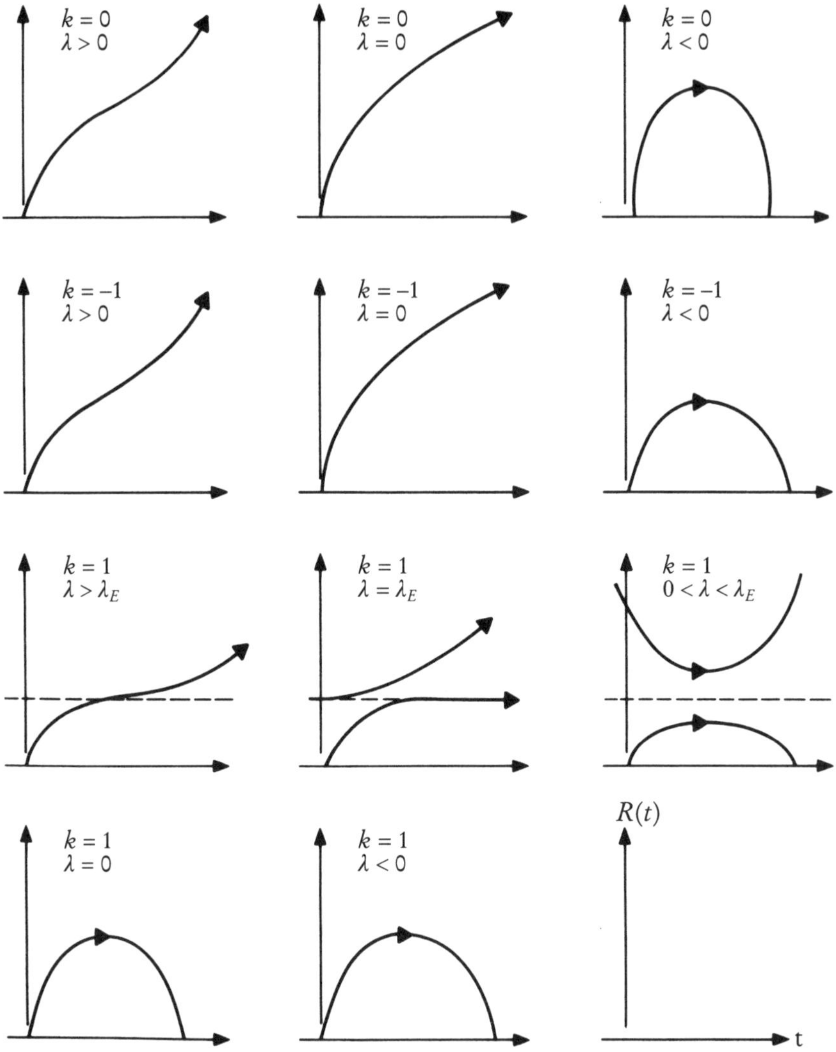

Abbildung 3: Klassifikation kosmologischer Modelle nach deren Parametern „Krümmung“ und „Kosmologische Konstante“

Das Lemaître-Universum

Zur adäquaten Beschreibung der kosmischen Dynamik wählt Lemaître von den oben im Schaubild dargestellten Modellen dasjenige mit positiver Krümmung und positiver Kosmologischer Konstante, für das gilt $\lambda > \lambda_E$.

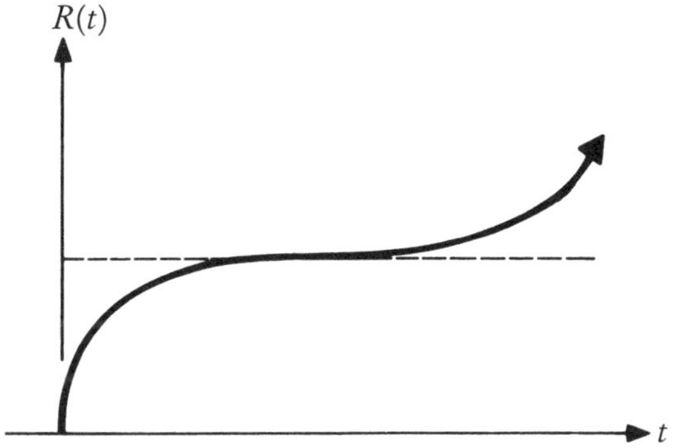

Abbildung 4: Das Lemaître-Universum

Die zeitliche Entwicklung des Skalenfaktors ist durch zwei Expansionsphasen und eine Stagnationsphase gekennzeichnet.[75] Die Expansion, die sich in der Entwicklung des Universums direkt an den Urknall anschließt, wird zunehmend abgebremst, weil die gravitative Kraft aufgrund der hohen Materiedichte größer ist als die auf das kosmologische Glied zurückgehende repulsive Kraft.[76]

Es folgt eine Phase der Stagnation, in der der Skalenfaktor des Universums dem des Einstein-Kosmos entspricht.[77] Je nach Wahl des Zahlenwertes für λ dauert diese Phase unterschiedlich lange.[78] Innerhalb eines vergleichsweise langen Zeitraumes ändert sich also die Größe des Universums kaum. Deshalb verweist auch Drieschner völlig zu Recht darauf, daß grundsätzlich die Möglichkeit besteht, „praktisch jedes Alter der Welt in einem Friedmann-Universum ‚einzubauen', wenn man Λ richtig wählt"[79]. Deshalb greift man in der aktuellen Diskussion oft auf einen entsprechend gewählten positiven Wert für die Kosmologische Konstante zurück:[80] Denn dadurch verlängert

---

[75] Wegen dieser Stagnationsphase hat sich für das Lemaître-Modell auch der Begriff „hesitation universe" eingebürgert.

[76] Die Rede von „Kräften" wird hier lediglich der Anschaulichkeit wegen verwendet, obwohl in allgemein-relativistischen Raumzeiten Krümmungen die Dynamik bestimmen.

[77] Vergleiche den Abschnitt *Das Einstein-Universum.*

[78] Diese Eigenschaft des Lemaître-Universums spielte bereits bei dessen Konzeption eine bedeutende Rolle für die Diskussion um das Alter des Universums. Zum Problem der Instabilität während dieser Phase, die auch mit der Phase der Galaxienbildung identifiziert wird, siehe Harrison 1981, S. 302.

[79] Drieschner 1981, S. 50. Drieschner verwendet den Oberbegriff „Friedmann-Universum" für alle Friedmann-Lemaître-Modelle.

[80] Für eine gute Übersicht zu diesem Problem siehe Kippenhahn 1987, S. 200ff., und Parker 1989, S. 34–35. Hier werden vor allem die Arbeiten von Allan Sandage und Gustav Tammann (Alter des Universums 18–20 Mrd. Jahre) denen der Schule von Gerard de Vaucouleurs gegenübergestellt (10 Mrd. Jahre).

sich die Laufzeit des Universums, und der Widerspruch zwischen dem Alter des Kosmos in den Modellen mit $\lambda = 0$ und dem Alter der Quasare wird aufgehoben.[81]

Wegen der abnehmenden Materiedichte und der Konstanz der repulsiven Kraft, die durch eine Kosmologische Konstante mit $\lambda > \lambda_E$ hervorgerufen wird, bestimmt letztere in der dritten Phase die Expansionsbewegung. Damit sind im Lemaître-Modell drei verschiedene kosmologische Szenarien vereinigt, wobei jedes Szenarium für sich auch ein anderes kosmologisches Modell charakterisiert: In seiner ersten Phase gleicht das Lemaître-Universum einem Friedmann-Universum, in der Stagnationsphase kann man es nicht vom statischen Einstein-Kosmos unterscheiden, bevor dann die Entwicklung schließlich in einen de Sitter-Kosmos übergeht.

Das Eddington-Universum

Das Eddington-Universum unterscheidet sich von dem oben vorgestellten Lemaître-Universum darin, daß sich in ihm kein Urknall ereignet und damit die erste Expansionsphase entfällt.

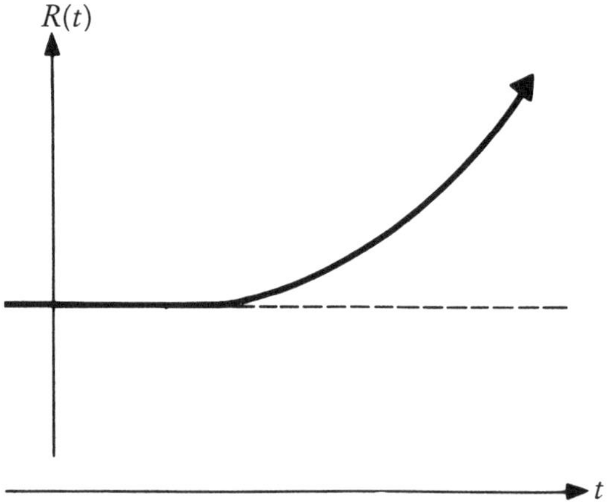

Abbildung 5: Das Eddington-Universum

Das Eddington-Universum existiert unendlich lange Zeit als statischer Einstein-Kosmos, bis dieser durch eine zufällige Störung instabil wird und in eine Expansionsphase übergeht – analog dem de Sitter-Modell und der letzten Phase im Lemaître-Modell. Grundsätzlich kann eine solche Störung auch eine Kontraktionsbewegung des Universums einleiten. Dieses mögliche kos-

[81] Die Quasare als älteste bekannte Objekte im Universum können nicht älter sein als das Universum selbst.

mologische Modell gibt allerdings sicher nicht die Eigenschaften unseres Universums wieder, in dem sich die Galaxien in einer Fluchtbewegung befinden[82] und hochkomplexe Organismen leben[83]. Damit verbindet Eddington die beiden Modelle von Einstein und de Sitter. Unverständlich an dem Modell Eddingtons ist die ewige Existenz des Universums in einem statischen Zustand, zumal Eddington die Instabilität des Einstein-Kosmos nachgewiesen hatte.[84]

Das Priester-Universum

In dem von der Bonner Gruppe um Wolfgang Priester in den achtziger Jahren entwickelten kosmologischen Modell, auch Big Bounce-Modell[85] genannt, spielt die Kosmologische Konstante eine entscheidende Rolle. Sie wird hier bereits in ihrer modernen Bedeutung als Energiedichte des Vakuums verstanden.[86] In dieser Vorstellung vom Kosmos geht man zunächst von einem unendlich alten, materiefreien de Sitter-Universum mit sphärischer Metrik aus und vermeidet somit das Singularitäten-Problem der Friedmann-Modelle. Die konstante Energiedichte des Vakuums, repräsentiert durch die Kosmologische Konstante, bewirkt nun eine Kontraktion des Universums in einen Zustand maximaler Raumkrümmung, auf den eine Expansionsphase folgt. Direkt an den genannten Zustand schließt sich ein Phasenübergang an, bei dem sich die Energiedichte des Vakuums vollständig (bzw. bis auf einen kleinen Rest) in die primordiale Materie umwandelt. Die weitere Entwicklung des Universums wird in einem Friedmann-Lemaître-Modell beschrieben.

Das Priester-Modell zeichnet sich dadurch aus, daß die Dynamik des Universums vor dem Big Bounce allein durch die Kosmologische Konstante bestimmt wird. Der Zerfall des Quantenvakuums – als Folge der extremen Krümmung – leitet den Phasenübergang und damit die Materie-Entstehung ein. Der Vorteil dieses Modells besteht darin, daß es sowohl das positive Vor-

---

82 Eddington entwickelte sein kosmologisches Modell auf Anregung der Arbeiten von Lemaître im Jahre 1930, als die Position der Galaxien im Universum, deren Struktur und Fluchtbewegung allgemein bekannt waren.

83 Aufgrund der aktuell beobachteten Größe des Universums und der Zeitdauer, die die Evolution von Materiestrukturen zu komplexen Organismen benötigt, müßte im kontrahierenden Szenarium der Radius des Einstein-Kosmos extrem groß gewesen sein. Diese Überlegung stellt kein strenges Gegenargument gegen dieses Szenarium dar, sondern zeigt nur eine Konsequenz auf.

84 Eddington 1930

85 Blome, Priester 1991

86 Siehe dazu das Unterkapitel *Die Kosmologische Konstante als Energiedichte des Vakuums* in Kapitel 4 und Priester 1989.

zeichen der Kosmologischen Konstante[87] (wegen der Kontraktion) als auch die Kleinheit ihres Zahlenwertes (wegen der fast vollständigen Umwandlung der Energie des Vakuums in Materie) erklärt.[88]

Der Vollständigkeit halber werden in diesem Kapitel noch einmal kurz die kosmologischen Modelle von Einstein und de Sitter skizziert, die sich ebenfalls als Lösungen der Friedmann-Lemaître-Gleichungen ergeben:

Das Einstein-Universum

Zu jeder Materiedichte in einem Lemaître-Universum gibt es genau eine Lösung der Einsteinschen Feldgleichungen, die einem statischen Universum entspricht. Dazu setzt man in der Friedmann-Gleichung (3.1) $\dot{R}(t) = 0$. Weil die Einsteinsche Vorstellung eines statischen Kosmos als erstes relativistisches Modell den Beginn der modernen Kosmologie markiert, wird das dieser Lösung entsprechende Modell „Einstein-Kosmos" genannt. Außerdem bezeichnet man den im Schaubild dargestellten Einstein-Kosmos auch als „Zylinder-Universum": Wenn man nur eine Raumdimension betrachtet, dann ist jede Geodäte wegen des konstanten Skalenfaktors R und der konstanten Krümmung K eine geschlossene Kurve, d.h. ein Kreis mit dem Umfang $2\pi R$; weil die kosmische Zeit unabhängig von den Raumkoordinaten fließt, bilden sämtliche Weltlinien einen Zylinder.

Im Einstein-Kosmos hat die Krümmungskonstante den Wert $k = 1$, für die Kosmologische Konstante ergibt sich

$$\lambda_E = \frac{4\pi G}{\varrho} \quad \text{mit} \quad c = 1 \,.$$

Besitzt das Universum genau diesen Wert für Lambda, dann ist es statisch und befindet sich in einer labilen Gleichgewichtslage. Eine Störung des Gleichgewichts führt allerdings unmittelbar dazu, daß der Kosmos in die kontrahierende oder expandierende Phase übergeht.[89]

---

[87] Zur Übereinstimmung der Modell-Parameter mit der großräumigen Struktur des frühen Universums siehe Hoell, Priester 1991.

[88] Ein weiterer wichtiger Aspekt dieses Modells liegt in der Entkoppelung der Entstehung der Raumzeit von der Entstehung der Materie, verbunden mit einer zutiefst anti-machischen Vorstellung.

[89] Zum Problem der Instabilität des Einstein-Kosmos vergleiche die Analyse von Arthur Eddington in Eddington 1930.

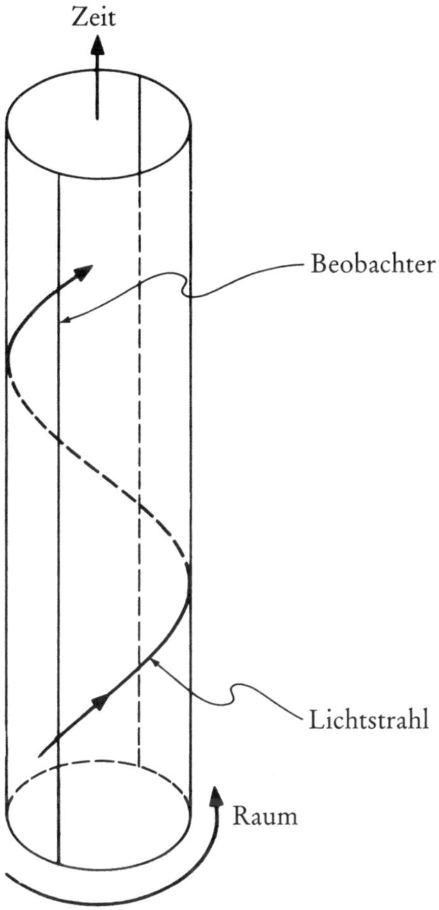

Abbildung 6: Das Einsteinsche Zylinder-Universum

Das de Sitter-Universum

Das de Sitter-Universum ist gekennzeichnet durch eine flache Metrik, $k = 0$, eine verschwindende Materiedichte, $\varrho = 0$, und eine positive Kosmologische Konstante. Mit diesen Werten ergeben die Friedmann-Lemaître-Gleichungen eine zeitlich konstante Hubble-Konstante $H = \sqrt{\lambda/3}$, d.h. der Raum expandiert. Weil die Dynamik des Universums nur durch die Kosmologische Konstante (und nicht durch die Materie) bestimmt ist, expandiert der Raum mit einer konstanten Beschleunigung, ausgedrückt durch einen negativen Verzögerungsparameter $q = -1$.

Die Kosmologische Konstante – historische Positionen

Mit dem Beginn der modernen Kosmologie und der Diskussion über die Feldgleichungen der Gravitation werden auch unterschiedliche Einschätzungen zu Funktion und Bedeutung der Kosmologischen Konstante formuliert. Die nachfolgenden Positionen illustrieren exemplarisch die damaligen Auffassungen und münden in der Frage, ob diese physikalische Größe im Rahmen der Kosmologie aus Gründen der Allgemeinheit berücksichtigt werden müsse oder ob man aufgrund einer Sparsamkeitsüberlegung davon Abstand nehmen sollte.

Alexander Friedmann

In seiner berühmten Arbeit von 1922 leitet Alexander Friedmann die bis dato bekannten kosmologischen Modelle von Einstein und de Sitter als Spezialfälle aus allgemeineren Annahmen ab, als Einstein und de Sitter sie machen. Die sich ergebende Fallunterscheidung zwischen stationären und nicht-stationären Welten kommt zu dem Ergebnis, daß im stationären Fall die Welt „entweder die Einsteinsche Zylinderwelt oder die de Sittersche Kugelwelt“[90] ist.

Die Annahmen, die den Ausgangspunkt von Friedmanns Untersuchungen bilden, sind folgende: erstens die Gültigkeit der Einsteinschen Feldgleichungen als Gleichungen für die Gravitationspotentiale; zweitens geht in den Materietensor nur die Materiedichte ein, er hat somit dieselbe Form wie bei Einstein;[91] zum dritten setzt Friedmann eine bestimmte Metrik der Raumzeit voraus, in der die Zeit orthogonal zum Raum steht. Aufgrund dieses allgemeinen Ansatzes und der Wahl seiner Metrik demonstriert Friedmann die Möglichkeit einer Welt, in der die Raumkrümmung konstant bezüglich der drei Raumkoordinaten, aber abhängig von der Zeitkoordinate ist.[92] „Dieser neue Typus ist, was seine übrigen Eigenschaften anbetrifft, ein Analogon der Einsteinschen Zylinderwelt.“[93] Neu gegenüber den Überlegungen von Einstein und de Sitter ist die Zeitabhängigkeit des Skalenfaktors $R(t)$, der proportional dem Krümmungsradius des Raumes ist; d.h. die Raumkrümmung ist an allen Orten konstant, aber eine Funktion der Zeit. Dadurch erhält Friedmann verschiedene Weltmodelle, die je nach ihrer Funktion für die Zeit in die zwei Klassen der monotonen und der periodischen Welten zerfal-

90 Friedmann 1922, S. 381 – alle Wörter des Zitates sind im Original gesperrt gedruckt.
91 „Die Materie ist inkohärent und in relativer Ruhe“ (Friedmann 1922, S. 378).
92 Friedmann 1922
93 Friedmann 1922, S. 377

len.[94] Welche der von Friedmann skizzierten Welten unserem vorhandenen Universum am ehesten entspricht, hängt u. a. vom Wert der Kosmologischen Konstante ab. Weil Friedmann für eine empirisch gestützte Auswahl der Weltmodelle keinerlei Anhaltspunkt hat, schreibt er: „Es ist noch zu bemerken, daß die ‚kosmologische' Größe Λ in unseren Formeln unbestimmt bleibt, da sie eine überzählige Konstante in der Aufgabe ist [...].“[95] Er unternimmt also gar nicht den Versuch, der Kosmologischen Konstante eine physikalische Bedeutung zuzuschreiben. Seine Untersuchung dient lediglich einem mathematischen Interesse, bei dem er seine theoretischen Überlegungen nicht mit deren möglichen Folgen für direkte astronomische Beobachtungen verbindet.[96]

Willem de Sitter

Direkt nach dem berühmten Aufsatz von Einstein[97] beweist der holländische Astronom Willem de Sitter, daß die Feldgleichungen der Gravitation auch für ein Universum mit der Materiedichte $\varrho = 0$ statische Lösungen besitzen.[98] Damit werden für Einstein alle Überlegungen hinfällig, die ihn zum Mach-Prinzip geführt haben, bzw. die dieses als Voraussetzung beinhalten. Dies gilt explizit für Einsteins kosmologische Betrachtungen, die damit von de Sitter einer fundamentalen Kritik unterzogen werden: Es existiert ein Modell des Universums, das keine Materie enthält und sich dennoch als Lösung der allgemein-relativistischen Feldgleichungen ergibt – kurz gesagt, Vakuumlösungen sind möglich. Wenn man das kosmologische Modell Einsteins anschaulich als Zylinder-Universum bezeichnet (konstante, von der Zeit unabhängige Raumkrümmung), so stellt sich der de Sitter-Kosmos als Kugel-Universum dar, weil in ihm alle Koordinaten der Raumzeit eine konstante Krümmung aufweisen.

Das kosmologische Modell von de Sitter widerspricht aber in noch stärkerem Maße den grundlegenden Einsteinschen Überzeugungen, weil seine Stabilität *nur* dann gewährleistet ist, wenn im Kosmos keine Materie existiert. Dieses offensichtliche Manko des Modells von de Sitter wird zu einem gewissen Grade kompensiert, als es eine Erklärung für die Beobachtung der Rotverschiebung der galaktischen Spektrallinien bietet: Die Rotverschiebung

[94] Vergleiche dazu Friedmann 1922, S. 381–385, vor allem S. 384 f.
[95] Friedmann 1922, S. 386
[96] Siehe dazu auch die Einschätzung von Hetherington 1983, S. 44.
[97] Einstein 1917
[98] Vergleiche de Sitter 1916, vor allem S. 1221 f.

resultiert nicht als Doppler-Effekt von sich entfernenden Nebeln,[99] sondern wird verstanden als eine Frequenzverminderung der elektromagnetischen Strahlung aufgrund der Struktur der Raumzeit. Trotz dieser Möglichkeit einer Erklärung bleiben die meisten Astronomen skeptisch gegenüber den Argumenten der theoretischen Kosmologie. Sie halten die kosmische Rotverschiebung eher für ein Problem der Beobachtung.[100] Zudem wird das de Sitter-Modell auch von Theoretikern einer Kritik unterzogen,[101] weil in ihm ein kosmisches Zentrum – das Linienelement enthält eine Singularität – existiert und dieses Modell mit dem Kosmologischen Prinzip somit unvereinbar ist.

Ein Charakteristikum des de Sitter-Modells betrifft die Funktion der Kosmologischen Konstante. Weil der de Sitter-Kosmos keine Materie enthält, besteht in diesem Modell nicht die Gefahr des Gravitationsparadoxons, so daß auch die Einführung einer Kosmologischen Konstante zunächst überflüssig erscheint. Dennoch taucht sie im kosmologischen Modell von de Sitter auf. Wie oben ausgeführt, ist der de Sitter-Kosmos genau dann statisch, wenn er keine Materie enthält. Aber die Raumzeit weist aufgrund der Kosmologischen Konstante eine innere Dynamik auf: sobald man ein beliebig kleines Testpartikel an einem Punkt außerhalb des Ursprungs in die Raumzeit einfügt, erfährt es eine Beschleunigung, die proportional seiner Entfernung zum Ursprung ist:

$$\frac{d^2r(t)}{dt^2} = \frac{\lambda}{3}r(t).$$

Eddington macht darauf aufmerksam, daß damit in diesem Modell der Energieerhaltungssatz praktisch durchbrochen werde, weil die Galaxien Energie aus einer Quelle schöpfen könnten, die man allgemein nicht berücksichtige.[102]

Hermann Weyl

Bei seiner Herleitung der Einsteinschen Feldgleichungen der Gravitation übergeht Hermann Weyl zunächst die Existenz der Kosmologischen Konstante.[103] Im Rahmen des Kapitels über Kosmologie trägt er dann allerdings der Tatsache Rechnung, daß der Krümmungsskalar R nicht die einzige Inva-

---

[99] In diesem Sinne wurde die kosmische Rotverschiebung in den zwanziger Jahren interpretiert.
[100] Vergleiche dazu auch Kragh 1987, S. 116.
[101] So beispielsweise von Lemaître in Lemaître 1925 oder von Lanczos in Lanczos 1922.
[102] Eddington 1925, S. 239
[103] Weyl 1923, § 30

riante ist, die man aus den $g_{\mu\nu}$ und deren ersten und zweiten Ableitungen[104] bilden kann, sondern daß sich auch das kosmologische Glied zwanglos aus dem allgemein-relativistischen Formalismus herleiten läßt. Die Motivation zur Darstellung der vollständigen Feldgleichungen (2.2) liegt bei Weyl wie bei Einstein in den Schwierigkeiten der Newtonschen Kosmologie mit der Stabilität des Universums, also im kosmologischen Problem begründet. Für Weyl besteht kein Zweifel, daß die Feldgleichungen das kosmologische Glied enthalten und zunächst über dessen Zahlenwert nichts entschieden ist: „[...] aber es war ungerechtfertigt, daß wir der Konstanten Λ von vornherein den Wert 0 erteilten.“[105]

Seine kosmologischen Vorstellungen,[106] denen das sogenannte Weyl-Prinzip[107] zugrunde liegt, äußert Hermann Weyl im Jahre 1923. Er favorisiert darin das de Sitter-Modell und setzt es in Beziehung zu unserem existierenden Universum, in dem er die Eigenschaften dieses theoretischen Modells offensichtlich realisiert sieht. Seine Einschätzung stützt sich auf die Annahme, daß die Welt ein de Sitterscher Hyperboloid ist, und auf die Überzeugung, „daß die Massenverteilung so dünn ist, daß wir im großen von der gravitierenden Wirkung der einzelnen Sterne absehen können“[108]. Weyl diskutiert die jüngst durch die Slipherschen Beobachtungen bedeutsam gewordene Rotverschiebung der Spektrallinien der Spiralnebel[109], die im Rahmen der de Sitterschen Kosmologie eine Erklärung finden.[110] Für die Funktion der Kosmologischen Konstante bedeutet dies, daß Weyl in dieser eine universelle abstoßende Kraft manifestiert sieht. Das Divergieren der Weltlinien der einzelnen Sterne „legt Zeugnis ab von einer universellen auseinanderstrebenden Tendenz der Mate-

---

[104] Zwischen den zweiten Ableitungen der $g_{\mu\nu}$ und der Riemannschen Krümmung R muß natürlich eine lineare Abhängigkeit gefordert werden.

[105] Weyl 1923, S. 290

[106] Weyl 1923, S. 322 f.; es handelt sich bei diesen Ausführungen um den Anhang III von *Raum – Zeit – Materie*, der erstmalig in die vorliegende 5. Auflage eingefügt wurde und somit inhaltlich aus dem Jahre 1922 stammen dürfte.

[107] Das Weyl-Prinzip besagt, daß die Weltlinien der Teilchen im Universum zu einem einzigen divergenten Bündel von Geodäten gehören, die sich genau einmal in einem (Ursprungs-)Punkt in der Vergangenheit schneiden.

[108] Weyl 1923, S. 322. Die Position Weyls entspricht hier der Überzeugung von de Sitter, wie sie in der Einleitung dieses Kapitels skizziert wurde.

[109] Bemerkenswert ist die Tatsache, daß Hermann Weyl wohl bereits im Jahre 1922 die Spiralnebel als eigenständige Sternsysteme betrachtet: „[...] sie sind wahrscheinlich die einzigen sichtbaren Himmelsobjekte, welche nicht mehr unter dem Einfluß der Milchstraße stehen [...].“ (Weyl 1923, S. 323)

[110] Wie bereits im vorangehenden Abschnitt ausgeführt, geht der Versuch einer kosmologischen Deutung der Rotverschiebung auf de Sitter zurück. – Weyl betont im Rahmen seiner Präferierung des de Sitter-Modells, „daß weder die elementare noch die Einsteinsche Kosmologie zu einer derartigen Rotverschiebung führt“ (Weyl 1923, S. 323).

rie, welche im kosmologischen Glied ihren Ausdruck findet“[111]. Bezüglich dieser Funktion macht Weyl jedoch keinen Unterschied zwischen einem de Sitter- und einem Einstein-Kosmos. Denn in seiner Skizzierung des Einsteinschen Weltmodells spricht Weyl völlig richtig von „einer gleichförmigen Massenverteilung von solcher Dichte, daß ihre gravitierende Wirkung die universelle Flieh-Tendenz kompensiert, die auf dem kosmologischen Glied beruht“[112].

Wenn auch zwischen Einstein und Weyl hinsichtlich der Funktion des kosmologischen Termes als abstoßender Kraft Einigkeit besteht, so macht das oben angeführte Zitat einen Unterschied in den kosmologischen Überzeugungen beider deutlich: Bei Einstein steht das empirische Faktum einer homogenen Materieverteilung im Vordergrund, deren drohender Gravitationskollaps durch die Einführung einer abstoßenden Kraft vermieden wird. Bei Weyl hingegen hat die Existenz der universellen Flieh-Tendenz Priorität, die Massenverteilung wird zweitrangig behandelt, und erst eine empirische Untersuchung der existierenden Materiedichte würde eine Entscheidung über die Expansionsform des Universums liefern. Damit hängt die Stärke der abstoßenden Kraft bei Einstein von der kosmischen Materiedichte ab, wohingegen man gemäß den Vorstellungen von Weyl keine Beziehung zwischen der Kosmologischen Konstante und der Materiedichte ableiten kann.

Paul A.M. Dirac

In dem kurzen Beitrag,[113] in dem Paul A.M. Dirac unter der Überschrift *The cosmological constants* ein allgemeines Gesetz der großen Zahlen vorstellt,[114] erwähnt er die Kosmologische Konstante bemerkenswerterweise nicht. Ein halbes Jahr später, bei der ausführlicheren Darstellung[115] seines „fundamental principle“[116], wird deutlich, welche Probleme sich für Dirac mit der Annahme einer von Null verschiedenen Kosmologischen Konstante ergeben würden: „[...] we are taking the cosmological constant λ occurring in Einstein's law

---

111 Weyl 1923, S. 322

112 Weyl 1923, S. 322

113 Dirac 1937

114 „We may take it as a general principle that all large numbers of the order 10^{39}, 10^{78} ... turning up in general physical theory are [...] just equal to t, t^2 ..., where t is the present epoch expressed in atomic units.“ (Dirac 137, S. 323)

115 Dirac 1938

116 Später ging das Diracsche Prinzip (fundamental principle) unter dem Namen „Large-Number-Hypothesis“ in die Literatur ein. Es lautet: „Any two of the very large dimensionless numbers occurring in Nature are connected by a simple mathematical relation, in which the coefficients are of the order of magnitude unity.“ (Dirac 1938, S. 201)

of gravitation to be zero, since if it were not zero it would have to be very small not to be in disagreement with observation and its reciprocal would then provide us with a very large constant number, in contradiction to our fundamental principle.“[117]

Dirac möchte die theoretische Kosmologie auf einige neue Voraussetzungen gründen: Neben dem Kosmologischen Prinzip, das die Uniformität des Universums impliziert, besteht die wesentliche neue Annahme bei Dirac in der Gültigkeit seines fundamental principle.[118] Zusammen mit den bekannten Erhaltungssätzen und den Beobachtungsdaten bilden diese beiden Prinzipien die entscheidenden Auswahlkriterien angesichts der Vielzahl der möglichen kosmologischen Modelle. Als weitere Konsequenz dieses Ansatzes – neben $\lambda = 0$ – ergibt sich, daß zu jeder Epoche die Krümmung des dreidimensionalen Raumes verschwindet, d.h. für die Hyperfläche gilt $k = 0$.[119]

Allgemeinheit versus Sparsamkeit

An dem Beispiel von Paul A.M. Dirac wird deutlich, daß es eine Vielzahl von Möglichkeiten gibt, die mit der Allgemeinen Relativitätstheorie kompatiblen kosmologischen Modelle zahlenmäßig bzw. klassenmäßig zu reduzieren. Bei Dirac stehen als Auswahlkriterien zwei fundamentale Prinzipien im Vordergrund, für die zur damaligen Zeit keine empirische Stützung vorlag. Während sein fundamental principle heute oft als obskure Numerologie angesehen wird und in der Kosmologie keine Rolle spielt, bildet die Annahme der Uniformität den Grundpfeiler der aktuell diskutierten kosmologischen Modelle. Abgesehen von einer gewissen – oftmals nur ästhetisch gerechtfertigten – Vorentscheidung darüber, ob die Kosmologische Konstante in unserem Universum den Wert Null annimmt oder nicht, sucht man innerhalb der Kosmologie entweder nach Auswahlkriterien, die sich aus einer (empirisch bestätigten) Theorie[120] ergeben, oder nach empirischen Befunden, die man meist effektiver als Ausschlußinstanz denn als Bestätigungsinstanz für kosmologische Modelle verwendet.[121] Gerade wegen der Möglichkeit, die Kosmologische Konstante als freien Parameter anzusehen, der die Zahl der

---

[117] Dirac 1938. S. 207

[118] Mit dieser Forderung grenzt sich Dirac explizit gegen eine andere mögliche Annahme ab: Edward Arthur Milne hatte in seiner „Dimensional Hypothesis“ gefordert, daß nur dimensionslose Konstanten in einer kosmologischen Theorie auftreten dürfen.

[119] Vergleiche Dirac 1938, S. 204f.

[120] Beispielsweise folgt aus den inflationären Szenarien für die Krümmungskonstante der Wert $k = 0$.

[121] Wenn zum Beispiel das empirische Datum der aktuell beobachteten Materiedichte im Universum zutrifft, wird unser Kosmos ewig expandieren.

kosmologischen Modellklassen vermehrt, läßt sich für eine Vielzahl empirischer Datensätze[122] ein kosmologisches Modell finden, in dem diese ein konsistentes Bild der kosmischen Entwicklung beschreiben. Treffend formuliert Bernulf Kanitscheider die Situation, welche Rolle die Kosmologische Konstante im Wechselspiel zwischen theoretischen Modellen und astronomischen Daten einnimmt: „Sollte es die Empirie jedoch fordern, ist λ jederzeit reaktivierbar."[123]

Auf der anderen Seite wird die Vielzahl der kosmologischen Modelle als Lösungen der erweiterten Feldgleichungen der Gravitation (2.2) auch als ein Problem der Allgemeinen Relativitätstheorie angesehen. Zur Lösung dieses Problems verweist W.B. Bonner darauf, daß sich die Zahl der Modelle viel deutlicher verringert als allgemein gedacht, wenn man die Kosmologische Konstante aus den Feldgleichungen streicht.[124] Als Auswahlkriterien für die Streichung kann man – analog der Position Einsteins – auf die Prinzipien der Einfachheit und Sparsamkeit verweisen, die die Konstruktion von Theorien leiten sollen. Die von Bonner geforderte Nicht-Berücksichtigung eines kosmologischen Termes in den Feldgleichungen setzt die genannten Prinzipien sogar in zweifacher Weise um: Nicht nur die Feldgleichungen werden vereinfacht, sondern das Fallenlassen der Kosmologischen Konstante führt zudem auf einfachere kosmologische Modelle: „This is the best course on grounds of simplicity and economy of hypothesis [...]."[125]

Die Ausführungen des folgenden Kapitels werden jedoch zeigen, daß der Bedeutungswandel der Kosmologischen Konstante – diese wird heute als Energiedichte des Vakuums verstanden – das entscheidende Argument dafür liefert, sie als Ausdruck der inneren Dynamik der Raumzeit weiterhin als Term in den Feldgleichungen der Gravitation beizubehalten.

---

[122] Ein Datensatz besteht beispielsweise aus Werten für die Hubble-Konstante $H(t)$, den Verzögerungsparameter $q(t)$, die Krümmung $K(t)$ und die Materiedichte $\varrho(t)$.

[123] Kanitscheider 1984, S. 191

[124] Vergleiche Bonner 1960, S. 3, wo Bonner „this plethora of world-models" als „an embarrassment to the relativistic theory" kritisiert.

[125] Bonner 1960, S. 4

4
Das „Rätsel" der Kosmologischen Konstante

Weil sie sowohl zwanglos aus dem Formalismus der Allgemeinen Relativitätstheorie hergeleitet werden kann als auch im Laufe der Jahrzehnte einen Bedeutungswandel erfahren hat, muß die Kosmologische Konstante in den Feldgleichungen der Gravitation – unabhängig von ihrem Zahlenwert – berücksichtigt werden. Im vorliegenden Kapitel wird sie in ihrer (neuen) Bedeutung als Energiedichte des Vakuums untersucht, die im allgemein-relativistischen Kontext eine Eigenschaft der Raumzeit repräsentiert. Zudem kommen Vakuum-Energiedichten als wesentliches Element in den Quantenfeldtheorien und in den verschiedenen Variationen von vereinheitlichten Theorien vor, wie im folgenden an einigen neueren Ansätzen der theoretischen Physik illustriert wird. Wegen ihres Auftretens in den Theorien aller bekannten physikalischen Wechselwirkungen kann die Kosmologische Konstante eine entscheidende Rolle bei den vielfältigen Bemühungen um eine einheitliche Beschreibung der physikalischen Realität spielen.

Die Kosmologische Konstante als Energiedichte des Vakuums

Aufgrund der Tatsache, daß sonst das Unbestimmtheitsprinzip verletzt wäre, besitzt ein quantenmechanisches System in seinem Grundzustand Nullpunkt-Schwankungen und damit verbunden eine Nullpunkt-Energie; dies gilt im besonderen für Quantenfelder. In diesem Zusammenhang tauchen sofort zwei bekannte theoretische Probleme auf: Erstens ist die Nullpunkt-Energie eines Quantenfeldes in der Minkowski-Raumzeit unendlich, und zweitens liefert die Nullpunkt-Energie bei einer angenommenen Minkowski-Raumzeit als Hintergrundmetrik kein Gravitationsfeld.

Für die beiden genannten Probleme bieten sich die folgenden Lösungen an:[1]

ad 1.: Sieht man von der Gravitation ab, kann man den Nullpunkt der Energie in der theoretischen Beschreibung frei wählen, ohne die physikalischen Eigenschaften des entsprechenden Systems zu ändern. Für den vorliegenden Fall heißt das, daß man die Nullpunkt-Energie eines Quantenfeldes in der Minkowski-Raumzeit einfach subtrahiert; damit wird sie gleich Null gesetzt.

---

[1] Vergleiche dazu auch Sciama 1991, S. 137f.

ad 2.: Dieses Problem bleibt letztlich ungelöst. Ein interessanter Vorschlag besteht in dem Ansatz der Supersymmetrie. Dabei wird einem Fermionen-Feld grundsätzlich eine negative, einem Bosonen-Feld eine positive Nullpunkt-Energie zugeschrieben. Wenn die Supersymmetrie als exakte Symmetrie in der Natur realisiert wäre, würden sich die Nullpunkt-Energie der Fermionen- und die der Bosonen-Felder gerade aufheben. Beobachtungen zeigen aber, daß die Supersymmetrie, wenn dieser Ansatz überhaupt für eine adäquate Beschreibung der Natur geeignet ist, nur gebrochen vorkommt. Daß aber bei einer Brechung der Supersymmetrie gerade die wechselseitige Annihilierung der Nullpunkt-Energien der Fermionen- und Bosonen-Felder beibehalten bleibt, erscheint höchst unwahrscheinlich und konnte bislang durch keinerlei Anhaltspunkte gestützt werden.

Ein weiteres Problem bei der Untersuchung von Nullpunkt-Schwankungen eines Feldes liegt in dem physikalischen Verständnis der Effekte, die von ihnen erzeugt werden. Man kann diese Effekte genausogut anderen Komponenten des physikalischen Systems zuschreiben – als Folge der verschiedenen Möglichkeiten der Kopplung zwischen den jeweiligen Komponenten. Dennis Sciama gibt für diesen Fall ein anschauliches Beispiel:[2] die elektrostatische Wechselwirkung zwischen zwei Ladungen kann man verstehen als langreichweitige Coulombkraft direkt zwischen den Ladungen oder aber als Lorentzkraft, die das Feld der einen Ladung am jeweiligen Ort der zweiten Ladung auf diese ausübt.

Der Gedanke der Nullpunkt-Energie geht auf Max Planck im Jahre 1911 zurück. Die mittlere Energie eines quantenmechanischen harmonischen Oszillators mit der Temperatur T ist gegeben durch

$$E = \frac{1}{2}h\nu + \frac{h\nu}{e^{\frac{h\nu}{kT}} - 1}$$

Die Nullpunkt-Energie beträgt damit $E_N = \frac{1}{2}h$; ein Ergebnis, das Fokker 1914 widerlegte (klassische Wechselwirkung von rotierenden Dipolen mit elektromagnetischem Feld) und Planck zu der Überzeugung brachte, daß kein klassischer Ansatz zu seinem Gesetz der Schwarzkörperstrahlung führt. Die Nullpunkt-Bewegung für einen harmonischen Oszillator ergab sich dann zwingend erst 1925 als Konsequenz der Unbestimmtheitsrelation.[3]

Für die Bestimmung der Größenordnung der Energiedichte des Vakuums ist vor allem die Frage nach der Beziehung zwischen Nullpunkt-Schwankun-

---

[2] Vgl. Sciama 1991, S. 138f.

[3] Für eine Übersicht zur Geschichte der Untersuchungen der Nullpunkt-Energie siehe Sciama 1991, S. 139–156.

gen und Gravitation wichtig. Trüge jeder Schwingungs-Mode des Vakuums die Energie $E_N = \frac{1}{2}h\nu$ zu dessen Gesamtenergie bei, dann wäre die Vakuum-Energie unendlich groß.[4] Wenn die so quantifizierte Vakuum-Energie als Quelle für die Gravitation aufträte, könnte man, entsprechend den Feldgleichungen der Allgemeinen Relativitätstheorie, natürlich nicht mehr von der Voraussetzung einer (flachen) Minkowski-Metrik ausgehen. Andererseits nun liefert die Minkowski-Raumzeit als Hintergrund-Metrik keine gravitativen Effekte. Offensichtlich liegt aber im Universum eine Metrik vor, die der Minkowski-Metrik sehr nahe kommt. Man müßte also versuchen, in einer systematischen Weise die Nullpunkt-Energie des Vakuums zu regulieren, und könnte dann erwarten, daß die Gravitationseffekte auf entsprechende Differenzen der Nullpunkt-Energien zurückführbar sind. Das Problem der bestehenden Theorien besteht nun aber darin, daß diese keine Vorschrift dafür geben, welcher physikalische Zustand mit dem Energie-Nullniveau identifiziert werden soll.

Einen anderen Zugang für das kurz skizzierte Problem der Verbindung zwischen Nullpunkt-Schwankungen des Vakuums und der Gravitation liefert die Auffassung der Kosmologischen Konstante als Energiedichte des Vakuums. Diese physikalische Bedeutung ist deswegen sinnvoll, weil sich die Vakuum-Energiedichte nur in der gravitativen Wechselwirkung bemerkbar macht und sie die Geometrie der Raumzeit auch ohne die Anwesenheit von Materie beeinflußt.[5] Wie die beiden vorhergehenden Kapitel gezeigt haben, wird aber genau diese Eigenschaft der Raumzeit durch die Kosmologische Konstante in den Feldgleichungen der Gravitation zum Ausdruck gebracht. Aus diesen Gründen identifiziert man üblicherweise die Vakuum-Energiedichte mit der Kosmologischen Konstante und schreibt aus Dimensionsgründen:

$$\lambda_{\mathrm{vac}} = 8\pi G \varrho_{\mathrm{vac}} \tag{4.1}$$

Es stellt sich im weiteren die Frage, wie man die Vakuum-Energiedichte in den Feldgleichungen der Gravitation faßt. Die oben genannten Gründe, die die Identifikation der Vakuum-Energiedichte mit der Kosmologischen Konstante nahelegen, sprechen für die Form der Gleichungen

$$R_{\mu\nu} - \frac{1}{2}g_{\mu\nu}R + g_{\mu\nu}\lambda_{\mathrm{vac}} = 8\pi G T_{\mu\nu};$$

---

[4] Dieses Problem ist analog der oben angesprochenen Schwierigkeit zur Bestimmung der Nullpunkt-Energie der Quantenfelder.

[5] Deshalb bezeichnet man die Vakuum-Energiedichte auch als die gravitative „Ladung" des Vakuums, so auch Okun 1991, S. 117.

andererseits erscheint es ebenso vernünftig, eine Energiedichte auf die Seite des Energie-Impuls-Tensors zu schreiben.[6] Viele Autoren bevorzugen deshalb die Form

$$R_{\mu\nu} - \frac{1}{2} g_{\mu\nu} R = 8\pi G \left(T_{\mu\nu} + \varrho_{\text{vac}} \right),$$

wobei hier $T_{\mu\nu}$ den Energie-Impuls-Tensor der Materie (und nicht den des Vakuums) repräsentiert.[7] Damit wird allerdings eine wesentliche Eigenschaft des Raumes – das Vakuum besitzt einen Energieinhalt – in den Feldgleichungen auf die Seite der materiellen Größen gesetzt. Wenn man aber die Kosmologische Konstante und mit ihr die Energiedichte des Vakuums als Ausdruck der inhärenten Dynamik des Raumes auffaßt, muß man die Vakuum-Energiedichte auf die linke Seite der Gleichungen setzen, die die gravitativen Erscheinungen als Krümmung der Raumzeit beschreibt.

Mit der Identifikation von Vakuum-Energiedichte und Kosmologischer Konstante stellt sich sofort das folgende Problem: In den bekannten Quantenfeldtheorien divergiert der Ausdruck für die Vakuum-Energie. Denn man erhält für die Vakuum-Energiedichte den Ausdruck $\varrho_{\text{vac}} = \frac{E^4}{16\pi^2}$ mit $h = c = 1$. Die Integration über alle Wellenzahlen k führt dann auf divergierende Werte. Um dies zu vermeiden, macht man einen Cut im Raum der Wellenzahlen bei der Planck-Skala von $E = 10^{19}$ GeV, so daß sich für die Vakuum-Energie $\varrho_{\text{vac}} \approx 10^{74}$ GeV^4 ergibt. Wenn man nun die beobachtete Energiedichte im Kosmos mit etwa $\varrho_{\text{beob.}} \approx 10^{-46}$ GeV^4 annimmt, dann ergibt sich eine Diskrepanz beider Werte von 120 Größenordnungen. Das ist die größte Differenz, die je in der Physik zwischen beobachteten und theoretischen Werten konstatiert wurde und auf deren physikalischen Hintergrund gerne metaphorisch mit der Wendung „Das Rätsel der Kosmologischen Konstante" hingewiesen wird.[8]. Angesichts dieser Differenz ist es erstaunlich, daß Goenner bei ihrer kurzen Erwähnung darauf hinweist, daß sie von „manchen Physikern als ein grundlegendes Problem angesehen wird"[9]. Denn diese Aussage läßt darauf schließen, daß die Mehrzahl der Physiker in diesem unvorstell-

[6] Diese Auffassung steht auch hinter der Sprechweise, daß die Vakuum-Energiedichte einen Beitrag zum Energie-Impuls-Tensor liefere.

[7] Selbstverständlich ist die hier vorgestellte Schreibweise unnatürlich in der Hinsicht, daß man die Vakuum-Energiedichte in den Energie-Impuls-Tensor hineinziehen sollte. Zur Verdeutlichung der einzelnen Beiträge des Energie-Impuls-Tensors empfiehlt sich aber oft eine getrennte Schreibweise.

[8] Statt vom Rätsel sprechen manche Autoren auch von dem „Geheimnis der Kosmologischen Konstante".

[9] Goenner 1994, S. 128

bar großen, unerklärten Unterschied kein explizit zu verfolgendes Problem sieht.[10]

Welche Auswirkungen hat nun eine nicht-verschwindende Energiedichte des Vakuums auf die kosmische Entwicklung? Wenn man die Energiedichte des Vakuums als konstant annimmt und

$$\lambda_{\text{vac}} = 8\pi G \varrho_{\text{vac}}$$

setzt, dann führt unter der gängigen Annahme eines Friedmann-Universums mit verschwindender Krümmung (homogen, isotrop, expandierend) die Kosmologische Konstante zu folgendem Effekt: Der Skalenfaktor wächst exponentiell gemäß

$$R(t) = R_0 e^{\sqrt{\lambda} t}$$

Die Beobachtungen jedoch zeigen, daß unser Universum ein materie-dominierter Kosmos ist und der Skalenfaktor in dem zugrundeliegenden Friedmann-Modell somit mit $R \approx t^{2/3}$ wächst. Damit ergibt sich für die Kosmologische Konstante ein Wert kleiner als 10^{-84} GeV. Dagegen sagen verschiedene Varianten der später noch zu erläuternden vereinheitlichten Theorien eine Größe für Lambda von 10^{22} GeV voraus, und selbst wenn man nur die elektroschwache Theorie betrachtet, wird immerhin ein Wert für Lambda von 10^{-28} GeV prognostiziert. Zunächst mag man sich eine Lösung von der Überlegung versprechen, daß die Energiedichte des Vakuums eine Konstante ist und somit ein konstanter Wert der potentiellen Energie einfach subtrahiert werden kann. Aber auch dies wäre ein Problem der Feinabstimmung, die zunächst keine physikalische Rechtfertigung besitzt.

Um den horrend großen Wert für die Kosmologische Konstante, der sich in den vereinheitlichten Theorien und in den Theorien der Supergravitation ergibt, so anzupassen, daß eine Übereinstimmung mit der Beobachtung erreicht wird, dazu bedarf es einer höchst genauen Feinabstimmung. Obwohl einige Typen von Superstring-Theorien eine verschwindende Kosmologische Konstante vorhersagen und auch eine Berücksichtigung der sogenannten „Wurmlöcher" im Rahmen der Quantengravitation dies zu bestätigen scheint,[11] so herrscht in der theoretischen Diskussion über diese Ergebnisse noch sehr große Uneinigkeit. Das Problem, daß die beobachtete Größe der Kosmologischen Konstante um viele Größenordnungen von dem Zahlenwert abweicht, der sich aus den verschiedenen teilchentheoretischen Ansätzen

---

[10] Diesen Umstand beschreibt Gary Steigman treffend: „In many field theories the energy density of the vacuum is infinite and, is ignored." (Steigman 1986, 25f.)

[11] Vergleiche den Abschnitt *Wurmlöcher* in diesem Kapitel.

ergibt, und daß kein physikalischer Grund für die offensichtlich vorhandene Feinabstimmung angegeben werden kann, wird als „Problem der Kosmologischen Konstante“ oder als Problem der Vakuum-Energiedichte bezeichnet.

Selbst wenn es durch bestimmte Regularisierungsverfahren gelingen sollte, für die Energiedichte des „normalen“ Vakuums und die Energiedichten aller Quantenfelder den Mittelwert Null zu erhalten, besteht als Problem, daß die vorhandenen Higgs- oder auch Goldstone-Vakua eine nicht verschwindende Energiedichte tragen. In ihnen kommen Felder mit konstantem Restwert vor, die einen Beitrag zur potentiellen Energie des Vakuums leisten. Aitchison meint zwar, die Kosmologie mit dem Higgs-Mechanismus versöhnen zu können,[12] allerdings bleibt dann immer noch das Problem der QCD-(Goldstone)-Vakuum-Energiedichte ungelöst, wofür es überhaupt keine Ansätze gibt, wie diese den Wert nahe Null annehmen soll, den die astronomische Beobachtung vorgibt. Angesichts des Problems der Kosmologischen Konstante resümiert Dennis Sciama: „We here face a fundamental problem of outstanding importance. Its solution may still require a radical change in our theories beyond our present imagining.“[13]

Die Möglichkeit einer radikalen Änderung der genannten theoretischen Ansätze wird auch von Aitchison erwogen. Er parallelisiert die problematische Situation in der Diskussion über die Kosmologische Konstante mit den Auseinandersetzungen über die Äther-Theorie im 19. Jahrhundert. Denn die angesprochenen Higgs- und Goldstone-Felder scheinen moderne Erscheinungen des Äthers zu sein, und Aitchison zieht den Vergleich zu der damaligen Geschichte: „As in those days, we must push forward with such concepts as we have, until perhaps some new Einstein appears to explain why it is really not necessary to look at things this way at all.“[14]

Die enge Verknüpfung des Problems der Kosmologischen Konstante mit der Struktur des Vakuums arbeiten Johann Rafelski und Berndt Müller heraus:[15] Wenn es gelänge, die Naturkonstanten mit der Struktur des Vakuums in Beziehung zu setzen, könnte man die Parameter in den Theorien der Wechselwirkungen auf dimensionslose Konstanten reduzieren, die sich theoretisch berechnen ließen. Bei der gravitativen Wechselwirkung ergeben sich hinsichtlich dieses Vorhabens zwei Probleme: Zum einen stellt diese eine langreichweitige Kraft dar, so daß sich keine finite Masse mit ihrer Reichweite verbinden läßt; dies ist auch bei der elektromagnetischen Wechselwirkung der Fall. Zum anderen aber hat die Gravitationskonstante eine charakte-

---

[12] Aitchison 1991, S. 184

[13] Sciama 1991, S. 157

[14] Aitchison 1991, S. 185

[15] Rafelski, Müller 1985, Kapitel 8

ristische Dimension, nämlich die einer Länge, und man kann keine Fundamentalgröße finden, so daß durch Division eine dimensionslose Größe gebildet werden könnte, die dann die Stärke der gravitativen Wechselwirkung angäbe.[16] Wählte man als Länge den Radius des Universums, dann sähe man sich dem Problem gegenüber, die physikalischen Prozesse während der kosmischen Evolution mit einer von t abhängigen Gravitationskonstante zu beschreiben. Außerdem hat es wenig Sinn, als Längenskala die Größe $R(t)$ zu wählen, weil bekanntermaßen die Gravitationskonstante mit der Planckskala verbunden wird, d.h. der Kopplung der Schwerkraft an die Materie also eine extrem feine (Vakuum-)Strukturierung zu Grunde liegt. Bislang wurde zudem keine Zeitabhängigkeit der Gravitationskonstante festgestellt, so daß man davon ausgehen kann, daß die Struktur des Vakuums stabil ist.

Rafelski und Müller verknüpfen also die Vakuumstruktur mit den Kopplungskonstanten, und im Falle der gravitativen Wechselwirkung wird die gravitative Energiedichte des Vakuums durch die Kosmologische Konstante beschrieben, die entweder extrem klein ist oder sich zusammen mit den Energiedichten der anderen Vakuumstrukturen auf den bekannten extrem kleinen Wert feinabstimmt. Im Effekt übt das Vakuum also fast keine Schwerkraft aus. Rafelski und Müller diskutieren auch eine Lösung des Rätsels der Kosmologischen Konstante, die darin besteht, die schwere Kraft des Vakuums im sehr frühen Universum wegzurenormieren.[17] Dieser Ansatz wird jedoch von ihnen verworfen; denn eine Kosmologische Konstante, die man zu sehr frühen Zeiten wegrenormiert, hätte die nachfolgenden Symmetriebrechungen kaum mit konstantem Wert $\lambda = 0$ überstanden. Das Rätsel der Kosmologischen Konstante scheint nach Rafelski und Müller auf ein tieferes Verständnis der Gravitation deuten zu können, weil sie seine Lösung mit dem Zusammenhang zwischen träger und schwerer Masse in Beziehung setzen: „Mein Gefühl ist es, daß der gleiche Mechanismus, mit dessen Hilfe wir irgendwann einmal den Zusammenhang zwischen schwerer und träger Masse kontrollieren können, auch erklären wird, warum die kosmologische Konstante augenblicklich einen so kleinen Wert hat.“[18]

[16] Im Falle der elektromagnetischen Wechselwirkung ergibt sich das analoge Problem nicht, weil deren Kopplungskonstante die Dimension einer Wirkung aufweist und $\hbar$ eine Fundamentalkonstante mit der Dimension einer Wirkung ist. Bekannterweise ist die Feinstrukturkonstante $\alpha = \frac{e^2}{\hbar c}$ dimensionslos.

[17] Rafelski, Müller 1985, S. 178–179

[18] Rafelski, Müller 1985, S. 179

Vereinheitlichte Theorien und inflationäres Universum

Die theoretische Elementarteilchenphysik ist seit den siebziger Jahren gekennzeichnet durch die Entwicklung vereinheitlichter Eichtheorien mit spontaner Symmetriebrechung. Diese ermöglichen eine konsistente, vereinheitlichte Beschreibung der starken, schwachen und elektromagnetischen Wechselwirkung bei hohen Energien. Ohne die in der Natur realisierte Symmetriebrechung bestände zwischen den genannten Wechselwirkungen kein Unterschied; es gäbe also neben der gravitativen nur eine weitere physikalische Kraft. Durch das spontane Auftreten von konstanten Skalarfeldern ϕ bei unterschiedlichen Energien wird die Symmetrie zwischen den Wechselwirkungen gebrochen, es „kristallisieren“ sich die bekannten physikalischen Wechselwirkungen heraus, und die entsprechenden Austauschteilchen erhalten ihre Masse. In bestimmten, sehr hohen Energiebereichen verschwinden jedoch die Skalarfelder. Ein Abnehmen der Energie (beispielsweise während der kosmischen Evolution) bewirkt demnach das Auftreten der ϕ-Felder und induziert einen Phasenübergang, mit dem man die Symmetriebrechung beschreiben kann.[19]

Vereinheitlichte Eichtheorien mit einer einfachen Symmetriegruppe nennt man GUT (Grand Unified Theories). Die einfachste Eichtheorie operiert mit einer SU(5)-Symmetriegruppe und wurde im Jahre 1974 von Howard Georgi und S.L. Glashow vorgeschlagen.[20] Die Temperatur bzw. die Energie, bei der im Rahmen der GUT die Symmetrie zwischen der starken, schwachen und elektromagnetischen Wechselwirkung hergestellt ist, beträgt $T \approx 10^{28}$ K $= 10^{15}$ GeV.[21] Bei dieser Energie sind alle Austauschteilchen masselos, Leptonen und Quarks wandeln sich ständig ineinander um. Unterhalb dieser Energie jedoch wird die Symmetrie der Wechselwirkungen gebrochen: In den GUT geht die ursprüngliche SU(5)-Symmetrie über in eine SU(3) × SU(2) × U(1)-Symmetrie, d.h. die durch die SU(3)-Symmetrie beschriebene starke Wechselwirkung trennt sich von der elektroschwachen Wechselwirkung mit SU(2) × U(1)-Symmetrie. Als Folge dieser Symmetriebrechung ist die Wahrscheinlichkeit der wechselseitigen Umwandlung von

---

[19] Die Auffassung von Phasenübergängen als spontanen Symmetriebrechungen wurde beispielsweise bereits erfolgreich zur Beschreibung der Phänomene des Ferromagnetismus oder der Supraleitung angewandt.

[20] Georgi, Glashow 1974

[21] Zum Vergleich: Abschätzungen über die Größe der Energien, die in terrestrischen Teilchenbeschleunigern je erreicht werden könnten, ergeben eine maximale Wechselwirkungsenergie von etwa 10^7 GeV. Wollte man Energien bereitstellen, um Strukturen im Bereich der Planck-Länge zu untersuchen, müßte die Dimension der Beschleuniger von der Größenordnung der Milchstraße sein.

Leptonen und Quarks extrem unwahrscheinlich, wodurch sich beispielsweise als Konsequenz die Stabilität des Protons ergibt. Bei noch geringerer Energie, bei $T \approx 10^{15}$ K $= 10^2$ GeV, bricht auch die Symmetrie zwischen der schwachen und der elektromagnetischen Wechselwirkung. Als Folge wird die ursprüngliche, elektroschwache Wechselwirkung nicht mehr durch masselose Vektorbosonen vermittelt, sondern ein Teil der Bosonen erhält eine Masse: $W^{\mp}$ und Z^0 mit einer Masse $M \approx 10^2$ GeV. Damit entstehen die kurzreichweitige schwache Wechselwirkung und die langreichweitige elektromagnetische Wechselwirkung mit dem masselosen Photon als Austauschteilchen.

In der einfachsten Form einer vereinheitlichten Theorie kommen, wie oben ausgeführt, somit zwei spontane Symmetriebrechungen vor, d.h. es treten zwei verschiedene Skalarfelder ϕ auf. Diese sogenannten „Higgs-Felder" erklären im theoretischen Rahmen der GUT sowohl die einzelnen Phasenübergänge als auch die Massen der Austauschteilchen in den einzelnen Wechselwirkungen. Die skalaren ϕ-Felder beeinflussen nun das Vakuum und stehen somit in direkter Beziehung zur Größe der Kosmologischen Konstante. Wenn ein konstantes homogenes Skalarfeld ϕ den gesamten Raum erfüllt, dann bleibt das Vakuum zunächst leer in dem Sinne, daß das ϕ-Feld nicht als absolutes Bezugssystem gilt oder daß es die Bewegungen der Massenpunkte stört.[22] Mit dem spontanen Auftreten der ϕ-Felder geht aber eine Umstrukturierung des Vakuums einher.[23] Damit ändert sich durch das Skalarfeld die Vakuum-Energiedichte $V(\phi)$. Diese Energiedichte liefert einen Beitrag zum Energie-Impuls-Tensor in den Feldgleichungen der Allgemeinen Relativitätstheorie und beeinflußt somit die Geometrie der Raumzeit. Sähe man von gravitativen Effekten ab, wäre die Existenz eines Skalarfeldes ϕ nicht feststellbar.

Aus kosmologischen Daten ergibt sich, daß die heutige Vakuum-Energiedichte etwa der kritischen Materiedichte im Universum entspricht, d.h. es gilt $\varrho_{\mathrm{vac}} = V(\phi) \approx \varrho_c = 10^{-29} \frac{\mathrm{g}}{\mathrm{cm}^3}$. Auf der anderen Seite sank im Laufe der einzelnen Symmetriebrechungsschritte, die das Universum gemäß den vereinheitlichten Theorien durchlaufen hat, die Vakuum-Energiedichte um den

[22] Diese Formulierung ist nicht ganz unproblematisch: Wie im weiteren ausgeführt wird, liefert die mit dem Skalarfeld ϕ verbundene Vakuum-Energiedichte einen Beitrag zum Energie-Impuls-Tensor. Dieser wiederum bestimmt die Krümmung der Raumzeit und damit die Geodäten physikalischer Objekte. Insofern bleibt die Existenz des ϕ-Feldes physikalisch letztlich nicht wirkungslos, übt allerdings keine Kraftwirkungen auf bewegte Körper aus, d.h. stört deren Bewegungen nicht. Aufgrund dieser Überlegung muß man die deutsche Ausgabe von Linde 1990 als fehlerhaft kritisieren, in der davon die Rede ist, daß das ϕ-Feld die Bewegung von Körpern nicht beeinflußt. (Linde 1993, S. 38)

[23] In der Konsequenz erhalten mit dem Auftreten der Higgs-Felder die Eichfelder ihre Masse.

Faktor 10^{120}. Daß die Vakuum-Energiedichte nach diesen Phasenübergängen schließlich bis auf den Rest von $\varrho_{\mathrm{vac}} = 10^{-29} \frac{\mathrm{g}}{\mathrm{cm}^3}$ den Wert Null angenommen hat, ist höchst verblüffend: „It seems unlikely that the complete (or almost complete) cancellation of the vacuum energy should occur merely by chance, without some deep physical reason."[24] Solange keine physikalischen Gründe für diese Feinabstimmung angegeben werden können, bleibt das Problem der Vakuum-Energiedichte eines der brennendsten Probleme in den Theorien mit spontaner Symmetriebrechung.

Supersymmetrie und Supergravitation

Wenn man als Ausgangspunkt die Theorie einer globalen Supersymmetrie (Wess, Zumino) wählt und zu deren lokaler Verallgemeinerung übergeht, dann gelangt man zur Theorie der Supergravitation, die als Verallgemeinerung der Allgemeinen Relativitätstheorie aufzufassen ist (Deser, Zumino, Ferrara, Freedman, Nieuvenhuizen). Diese lokale Verallgemeinerung der Theorie der Supersymmetrie ist dadurch charakterisiert, daß die Parameter der supersymmetrischen Transformationen ihrerseits Funktionen der Koordinaten der Raumzeit sind.

Welche Bedeutung haben nun die Theorien der Supersymmetrie und der Supergravitation für das Problem der Kosmologischen Konstante? Die verschiedenen möglichen Multipletts der Supersymmetrie und der Supergravitation enthalten stets eine gerade Anzahl von Teilchen, und zwar gleich viele Fermionen wie Bosonen. Weil damit in einem Multiplett auch gleich viele fermionische wie bosonische Freiheitsgrade existieren, besteht grundsätzlich die Möglichkeit, daß sich die in der Theorie auftretenden störenden Divergenzen gerade aufheben. Beispielsweise nimmt in den Theorien der Supersymmetrie das Potential in seinem Minimum gerade den Wert Null an. Der Grund dafür liegt in den unterschiedlichen Vorzeichen der Beiträge, die die fermionischen und die bosonischen Schleifen tragen, die in den jeweiligen Feynman-Diagrammen eines physikalischen Prozesses auftreten. Diese Möglichkeit der Kompensation könnte nun entscheidend zur Lösung des Rätsels der Kosmologischen Konstante beitragen: Innerhalb des theoretischen Rahmens der Supersymmetrie können die Beiträge zur Energiedichte des Vakuums durchaus relativ groß sein; wenn sie jedoch in jeweils gleicher Anzahl und mit entgegengesetztem Vorzeichen auftauchen, dann könnte die Summe der zu den fermionischen und bosonischen Freiheitsgraden gehörenden Einzel-Energien prinzipiell beliebig klein werden. Dies erforderte natürlich eine sehr genaue

---

[24] Linde 1990, S. 32

Feinabstimmung der einzelnen Beiträge, für deren Existenz es bis heute keine Hinweise gibt.

Als weiteres Hindernis, dieser Lösung viel Vertrauen entgegenzubringen, erweist sich die Tatsache, daß bislang kein Multiplett der Supersymmetrie experimentell gefunden werden konnte; ein Umstand, der seinen Grund in den großen Massen der jeweiligen Superpartner haben könnte. Zudem taucht das Problem auf, daß diese unglaublich exakte Kompensation der einzelnen Beiträge nicht nur in der ungebrochenen, sondern auch in der gebrochenen Supersymmetrie eintreten müßte, wie sie im Falle der Gültigkeit dieser Theorie in unserem Universum vorläge. Wegen all dieser Schwierigkeiten zieht Gary Steigman ein bissig ironisches Fazit der Bemühungen, die Kleinheit der Kosmologischen Konstante im Rahmen dieses theoretischen Konzeptes zu erklären: „To be sure, there have been explanations which appeal [...] to supersymmetry/supergravity. At present, these seem equivalent to appeals to the ‚Tooth Fairy' or to ‚Asparagus'."[25]

Inflationäre Szenarien

Das inflationäre Szenarium ist eine Weiterentwicklung der Anwendung der vereinheitlichten Theorien auf die physikalische Entwicklung des Universums in dessen Frühzustand. Deshalb gehen zwei Voraussetzungen in die Beschreibungen im Rahmen der inflationären Szenarien ein: Zum einen bildet das Standard-Urknall-Modell den theoretischen Hintergrund, zum anderen basieren diese Szenarien auf dem Standardmodell der Elementarteilchenphysik.

Der Erfolg der inflationären Szenarien besteht in der Lösung vieler gravierender Probleme des Standardmodells der Kosmologie.[26] So finden Eigenschaften des Universums wie etwa seine Flachheit oder seine Uniformität, die zuvor als kontingent angesehen wurden, in den Versionen des inflationären Modells eine Erklärung[27] und erscheinen nicht mehr „in einem fast metaphysischen Licht"[28].

Die Physik dieses Modells geht von der Annahme aus, daß sich das Universum in seiner Frühzeit (etwa in der Zeit von 10^{-35} bis 10^{-33} Sekunden nach dem „Urknall") innerhalb von 10^{-33} Sekunden exponentiell um den Fak-

---

[25] Steigman 1986, S. 31. Inhaltlich zu demselben Urteil gelangt Weinberg 1989, S. 4–6.

[26] Eine gute, knappe Übersicht über die wichtigsten Probleme des kosmologischen Standardmodells bietet Linde 1993, Kap. 1.5.

[27] So beispielsweise in Guth 1981.

[28] Linde 1993, S. 36. „Over the course of time, these problems have taken on an almost metaphysical flavor." (Linde 1990, S. 27)

tor 10^{50} aufgebläht hat. Die Energie, die damals die dynamische Entwicklung des Kosmos entscheidend bestimmte, war die Energie eines skalaren Feldes ϕ, das sich im Zustand eines sogenannten „falschen Vakuums“ befand. Wenn wir nun die Kosmologische Konstante als Vakuum-Energiedichte interpretieren, so bedeutet dies, daß im frühen Universum die mit der Kosmologischen Konstante verbundene Energiedichte die inflationäre kosmische Entwicklung dominierte.

Im folgenden werden die Grundgedanken des inflationären Modells kurz skizziert. Unter dem inflationären Szenarium versteht man die physikalischen Phänomene, die mit einem Phasenübergang erster Ordnung[29] des Kosmos in dessen sehr früher Phase verbunden sind.

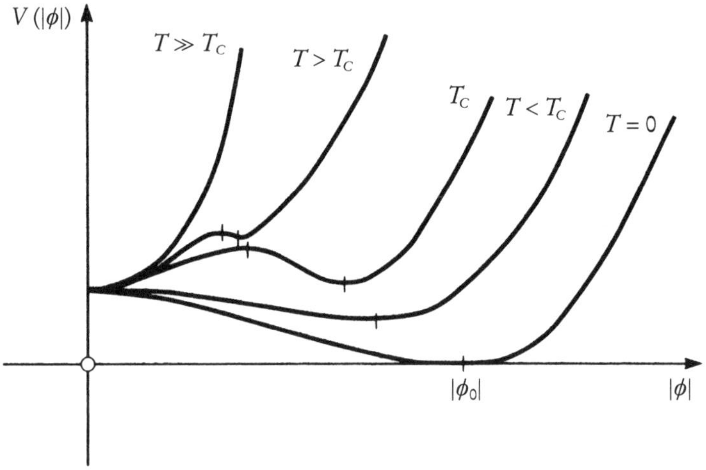

Abbildung 7: Potentialfunktion in Abhängigkeit von der Temperatur

Der Phasenübergang erster Ordnung besteht im Überwinden einer Potentialbarriere zwischen zwei Minima in der Potentialfunktion eines skalaren Feldes ϕ. Diese zwei Minima in der Potentialfunktion treten in Abhängigkeit von der Temperatur auf: Wenn die Temperatur des Universums größer als die kritische Temperatur T_c ist, $T > T_c$, dann erhalten wir zwei Minima, ein globales bei $\phi = 0$ und ein lokales bei $\phi \neq 0$. Wenn nun diese Temperatur sukzessive unter die kritische Temperatur fällt, kann sich derjenige Verlauf des Potentials ergeben, der charakteristisch für alle Inflationsmodelle ist: Es bildet sich ein lokales Mininum bei $\phi = 0$ und ein globales Minimum bei $\phi \neq 0$ aus, die durch einen Potentialwall voneinander getrennt sind. Solange

[29] Statt von einem Phasenübergang erster *Ordnung* wird synonym oft von einem Phasenübergang erster *Art* gesprochen.

die Temperatur über der kritischen Temperatur liegt, kann dementsprechend kein Phasenübergang stattfinden, weil zur Überwindung der Potentialbarriere zusätzliche Energie aufgewendet werden müßte; dagegen besteht in dem Fall, daß die Temperatur des Universums kleiner als die kritische Temperatur ist, $T < T_c$, die Möglichkeit eines spontanen Phasenüberganges. Existiert bei dieser Temperatur zudem ein lokales Maximum bei $\phi = 0$, dann haben wir einen kontinuierlichen Phasenübergang, d.h. einen Phasenübergang zweiter Ordnung vorliegen; in unserem oben geschilderten Fall mit Potentialbarriere dagegen einen Phasenübergang erster Ordnung.

Der Phasenübergang erfolgt zwischen einem Vakuumzustand des Universums, d.h. Energiegrundzustand, in einen anderen; genauer: von einem Zustand des sogenannten „falschen Vakuums" mit hoher Energie und Eichsymmetrie in einen Zustand des sogenannten „echten Vakuums" mit niedriger Energie und gebrochener Eichsymmetrie. Physikalisch bedeutet dies, daß der hochsymmetrische Zustand, in dem sich die drei fundamentalen Wechselwirkungen in Vereinheitlichung befinden, während dieses Überganges gebrochen wird in den Zustand der starken und der elektroschwachen Wechselwirkung. Dies geschieht im Prozeß der spontanen Symmetriebrechung. Der Phasenübergang verläuft dabei analog dem langsamen Abkühlen einer Flüssigkeit: Auch nach Unterschreitung der kritischen Temperatur verbleibt das Universum zunächst in der symmetrischen Phase.[30] Erst wenn das Potentialminimum des echten Vakuums erreicht wird, wird die hohe Energie des Vakuums (diejenige des falschen Vakuums) frei und in Form von Quantenfluktuationen (Paarerzeugungsprozessen u. s. w.) abgegeben.

Wenn man das Potential $V(\phi)$ als Funktion des skalaren Feldes ϕ betrachtet, dann entspricht der inflationären Phase der Übergang vom Zustand des falschen Vakuums mit $\phi = 0$ und $V(\phi) \neq 0$ zum richtigen Vakuum mit $\phi \neq 0$ und z.B. $V(\phi) = 0$. Der Übergang erster Ordnung vollzieht sich in einzelnen Phasen (Abbildung 8).

Zunächst tunnelt der Kosmos aus dem symmetrischen Zustand bei $\phi = 0$ durch den Potentialwall in einen Zustand mit $\phi \neq 0$ und $V(\phi) \neq 0$. Das Potential $V(\phi)$ nimmt nun in einem relativ lang andauernden Prozeß kontinuierlich ab (slow rollover), während ϕ größer wird und eine enorme Vakuum-Energiedichte besitzt. Dabei befindet sich das Universum bereits in der Entwicklung des de Sitter-Universums, also in der Phase der exponentiellen Expansion. Im dritten Abschnitt kommt das skalare ϕ-Feld dann in den Zustand des echten Vakuums bei $\phi \neq 0$ und $V(\phi) = 0$. Das Potential oszil-

[30] Wie auch eine Flüssigkeit trotz Unterschreiten des Gefrierpunktes flüssig bleiben kann.

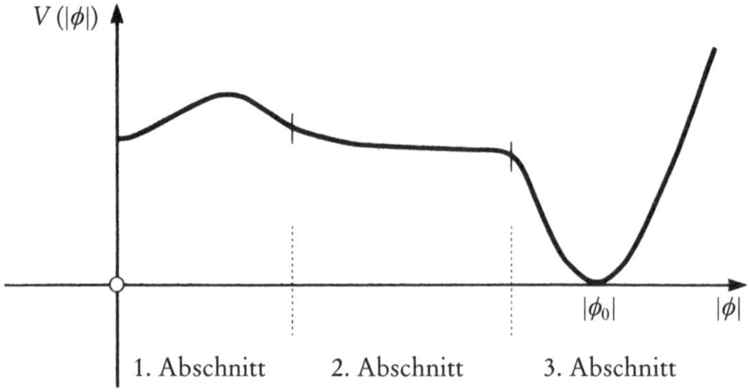

Abbildung 8: Drei Abschnitte in der Dynamik des inflationären Szenariums

liert im folgenden um den Punkt $\phi \neq 0$ herum, und die Vakuum-Energie liegt, wie oben bereits beschrieben, in Form von Oszillationen des ϕ-Feldes vor.

Die Freisetzung von Energie heizt den Kosmos enorm auf und bewirkt diese immense Ausdehnung des Universums, die auch als Inflation bezeichnet wird. Weil die Dynamik der Expansion während dieser inflationären Phase allein durch die in der Kosmologischen Konstante repräsentierte Energiedichte bestimmt wird, lauten die Einsteinschen Feldgleichungen:

$$R_{\mu\nu} = -\frac{1}{2} g_{\mu\nu} R + \lambda g_{\mu\nu} = 0$$

Betrachten wir nun die erste Friedmann-Gleichung

$$\left(\frac{\dot{R}(t)}{R(t)}\right)^2 = -\frac{k}{R^2} + \frac{8\pi G \varrho}{3} + \frac{\lambda}{3} \quad \text{mit} \quad c = 1$$

und setzen für den frühen Kosmos $\varrho = 0$, dann erhalten wir

$$\left(\frac{\dot{R}(t)}{R(t)}\right)^2 = -\frac{k}{R^2(t)} + \frac{1}{3}\lambda \quad \text{mit} \quad c = 1,$$

$$\text{wobei hier:} \quad \frac{\lambda}{3} \gg \frac{k}{R^2(t)} \quad \text{gilt.}$$[31]

Für die zeitliche Entwicklung des Skalenfaktors im sehr frühen Universum ergibt sich als Lösung dieser Differentialgleichung die bekannte de Sitter-Lösung

[31] Vergleiche dazu auch Goenner 1994, S. 215.

$$R(t) = R(t_0)e^{\sqrt{\frac{\lambda}{3}}t} \quad \text{mit} \quad c = 1 \qquad (4.3),$$

d.h. der Kosmos expandiert exponentiell. Für den Zeitraum von 10^{-35} bis 10^{-30} Sekunden wird gewissermaßen das Standardmodell modifiziert: Statt einer adiabatischen Expansion wie im Standardmodell findet im Inflationsmodell eine nicht-adiabatische Expansion statt, der Skalenfaktor nimmt also gemäß (4.3) zu. Neben der Existenz des skalaren Feldes ϕ besteht eine weitere Voraussetzung darin, daß die Energiedichte für den Zeitraum der Inflation konstant ist.

Die dabei freiwerdende Energie in Form der genannten Quantenfluktuationen ist bzw. sind formal gesprochen kohärente Oszillationen des skalaren ϕ-Feldes, die durch Teilchenerzeugungsprozesse und Wechselwirkungen des ϕ-Feldes mit anderen Feldern gedämpft werden. Insgesamt wird fast die gesamte ursprünglich vorhandene Vakuum-Energie abgegeben, es bleibt lediglich eine kleine Energiedichte übrig, d.h. eine verschwindend kleine Kosmologische Konstante. Insofern vermögen die inflationären Modelle die Brücke zu bauen zwischen der hohen Energiedichte des Vakuums im frühen Universum, verursacht durch die Quantenfelder aus den vereinheitlichten Theorien, und der heute beobachteten geringen effektiven Energiedichte des Universums in Form der Kosmologischen Konstante. Andererseits bleibt das Problem bestehen, warum und auf welche Weise sich trotz der *heute* existierenden Vakuum-Energiedichten, die durch die Quantenfelder in unterschiedlichen Wechselwirkungen verursacht werden, der Wert von nahezu Null für die Kosmologische Konstante ergibt.

Ein Problem des Inflationsmodells besteht sicherlich darin, daß es zwar viele Schwierigkeiten des Standardmodells zu lösen vermag, mit dem Skalarfeld ϕ aber eine neue physikalische Entität postuliert wird, deren Bedeutung und Herkunft noch unbestimmt ist. Schlicht bemerkt dazu beispielsweise Hubert Goenner: „Der physikalische Ursprung des Skalarfeldes bleibt im Dunkeln.“[32] Ferner bleibt die theoretische Schwierigkeit, die Eigenschaften einer Eichtheorie der drei vereinheitlichten Wechselwirkungen zu bestimmen, die den Ausgangspunkt des inflationären Szenariums bildet.

Auch hinsichtlich der Theorie des inflationären Szenariums und des Mechanismus des Phasenüberganges gibt es verschiedene Ansätze und Überlegungen. Hier sei nur ganz kurz eine wesentliche Unterscheidung erwähnt, die zwischen dem alten und dem neuen inflationären Modell. Gemäß dem alten Modell findet zuerst der Phasenübergang statt, und daran schließt sich

[32] Goenner 1994, S. 203

die enorme Expansion des Universums an; im neuen Modell ist die Abfolge umgekehrt.

In jedem Fall existiert am Ende der inflationären Phase ein heißer Kosmos, der die notwendigen Voraussetzungen für die Prozesse der Nukleosynthese bietet. Damit ist der Anschluß an die Entwicklung des Universums gemäß dem Standardmodell hergestellt (Friedmann-Lemaître-Modell), d.h. ab 10^{-30} Sekunden weisen das Standardmodell und das Inflationsmodell keine physikalischen Unterschiede mehr auf.

Wenn im inflationären Szenarium die Symmetriebrechung der fundamentalen Wechselwirkungen in Verbindung mit der durch die Kosmologische Konstante generierten exponentiellen Ausdehnung des Universums steht, dann sind sowohl die Kosmologische Konstante als auch das „Rätsel“ der Kosmologischen Konstante untrennbar mit den fundamentalen Wechselwirkungen der Physik verknüpft – sowohl in der Theorie als auch in deren Realisation im Kosmos.

Quantengravitation, Quantenkosmologie und Wurmlöcher

Die Quantentheorie bestimmt das aktuelle physikalische Weltbild, weil sie den theoretischen Rahmen für fast alle physikalischen Phänomene bildet. So werden die starke und die elektroschwache Wechselwirkung durch renormierbare Quantenfeldtheorien beschrieben. Einer quantentheoretischen Beschreibung ist bislang allein die gravitative Wechselwirkung entzogen; deren theoretische Grundlage, die Allgemeine Relativitätstheorie, ist eine klassische Feldtheorie, die überaus erfolgreich bestätigt ist. Will man diese Dualität der Konzeptionen, die dem physikalischen Weltverständnis zugrunde liegen, überwinden, muß eine quantentheoretische Fassung der Gravitation das erstrebenswerte Ziel sein.

Für unsere Frage nach der Kosmologischen Konstante gibt es zwei Gründe, sich der Theorie der Quantengravitation zuzuwenden. Zunächst erscheint eine Beschäftigung mit der Quantengravitation interessant, weil in allen Ansätzen dieser Theorie die Kosmologische Konstante auftritt und weil verschiedene Autoren für ganz unterschiedliche Werte von λ plädieren.[33] Als Fortschritt gegenüber den in Kapitel 3 diskutierten kosmologischen Modellen besteht hier die grundsätzliche Möglichkeit der „Erklärung“ der Kosmologi-

[33] Einen kleinen Einblick in die kontroverse Diskussion bietet beispielsweise Schwarzschild 1989.

schen Konstante in dem Sinne, daß aufgrund einer theoretischen Grundlage Zahlenwerte für die Kosmologische Konstante berechnet werden können. Einige Autoren meinen deswegen sogar, daß damit das Problem der Kosmologischen Konstante „verstanden" wäre.[34] Aufgrund dieses Forschungsstandes nimmt die Darstellung der Quantengravitation in dieser Untersuchung einen größeren Teil ein als die Behandlung anderer neuer Theorien.

Der quantengravitative Ansatz verspricht also, auf einer „fundamentaleren" Ebene das Rätsel der Kosmologischen Konstante zu lösen. Die physikalische Forschung der vergangenen Jahrzehnte ist davon geprägt, einheitliche Beschreibungen der vier physikalischen Wechselwirkungen auszuarbeiten. Wege zu dieser Vereinheitlichung werden auf zwei unterschiedlichen Ebenen beschritten: Einerseits strebt man eine Vereinheitlichung der Kräfte an, indem man beispielsweise die Langrangedichte für alle bekannten Wechselwirkungen formuliert. Auf der anderen Seite bemühen sich die Theoretiker um eine Vereinheitlichung der Konzepte. Dabei ist nach Ansicht der meisten Physiker das quantentheoretische Konzept als das grundlegendere zur Beschreibung der physikalischen Wirklichkeit besser geeignet als andere, und deshalb gelten quantentheoretische Vereinheitlichungsbestrebungen als erfolgversprechender.[35]

Gemäß den drei unterschiedlichen Weisen, die gravitative Wechselwirkung theoretisch zu beschreiben, kann man zwischen drei verschiedenen Ebenen der Quantengravitation unterscheiden: Die ersten beiden Ebenen sind charakterisiert durch die Beziehung der Quantentheorie zu den klassischen Gravitationstheorien (Newton, Einstein), auf der dritten Ebene wird das Gravitationsfeld quantisiert. Das grundsätzliche Problem der Bewertung all der verschiedenen Ansätze besteht darin, quantengravitative Effekte experimentell nachzuweisen und damit eine verifizierende oder falsifizierende Instanz der jeweiligen Vorschläge der Quantengravitation zu erhalten.

Auf einer ersten Ebene betrachtet man das Verhältnis von Quantenmechanik und Newtonscher Gravitationstheorie. Als Beispiel für eine experimentelle Realisierung gilt die Zusammenführung von Neutronenstrahlen aus unterschiedlichen Höhen im Erdfeld. Gemäß der entsprechenden Schrödinger-Gleichung zeigen sie Interferenzerscheinungen. Für das Problem der Kosmologischen Konstante spielt diese gemeinsame Betrachtung von Quantentheorie und Gravitation keine Rolle.

Eine zweite Ebene der Quantengravitation kann man in dem Verhalten von Quantenfeldern in klassischen, gekrümmten Raumzeiten untersuchen.

[34] So in Kiefer 1994, S. 317.

[35] Auf diesen Aspekt hat in jüngster Zeit vor allem Claus Kiefer hingewiesen (Kiefer 1994, S. 309 f.).

Auch wenn hier keine experimentellen Ergebnisse vorliegen, können auf dieser Ebene der Quantengravitation zwei interessante Voraussagen gemacht werden, die prinzipiell überprüfbar sind:

1. Die Hawking-Strahlung: Aufgrund von Quanteneffekten strahlen schwarze Löcher mit einer Temperatur, die umgekehrt proportional zu ihrer Masse ist. Deshalb besteht die Hoffnung weniger darin, die Hawking-Strahlung bei schwarzen Löchern zu messen, die durch den Kollaps massereicher Sterne entstanden sind, als vielmehr bei der Explosion sogenannter Minilöcher, die als Relikte des Urknalls im Universum vermutet werden.[36] Bislang gibt es keinen Nachweis der Hawking-Strahlung,[37] aber aufgrund dieses Faktums kann man eine Obergrenze von 10^{-5} Explosionen pro Jahr und Kubikparsec angeben.[38]
2. Wegen des Äquivalenzprinzips kann derselbe Effekt nachgewiesen werden, wenn man statt massiver Objekte beschleunigte Objekte betrachtet. W.G. Unruh diskutiert diesen Effekt und berechnet die zu erwartende thermische Strahlung, die ein im Vakuum beschleunigter Detektor messen würde.[39] Ebenso wie im ersten Fall ist auch dieser Effekt zu gering, als daß er bisher nachgewiesen werden konnte.

Interessante Voraussagen für die Kosmologische Konstante ergeben sich erst auf einer dritten Ebene, auf der man die vollständige Quantisierung des Gravitationsfeldes anstrebt, das sich in Wechselwirkung mit allen Formen von Energie befindet. Experimente auf dieser Ebene haben noch nicht einmal als Projekte Gestalt angenommen. Von der theoretischen Seite her kann man grundsätzlich zwei unterschiedliche Ansatzpunkte wählen, von denen aus man eine Theorie der Quantengravitation entwickelt. Gemäß den beiden Vorgehensweisen spricht man von primären und sekundären Theorien der Quantengravitation.

Beim ersten Ansatzpunkt geht man von einer klassischen Theorie aus, wobei man in der vorliegenden Problemstellung sinnvollerweise die Allge-

---

[36] Zur Unterscheidung gegenüber den schwarzen Löchern, die als Endstadium der Sternentwicklung entstehen, nennt man diese Minilöcher auch primordiale schwarze Löcher (primordial black holes). Grundsätzlich sind alle Minilöcher, für deren Masse $m < 10^{15}$g gilt, bereits verdampft (Hawking 1975).

[37] Gemäß einem Vorschlag von Martin Rees (Rees 1977) wird zum Nachweis von Explosionen schwarzer Löcher nach sekundären Radio-Pulsen gesucht, anstatt die direkte Röntgen-Strahlung zu messen.

[38] Für eine Übersicht zu vorgeschlagenen Obergrenzen, die tendenziell eine noch geringere Explosionsrate als die im Text genannte nahelegen, siehe Meikle 1977.

[39] Unruh 1976, siehe vor allem S. 883–888.

meine Relativitätstheorie wählt.[40] Auf diese klassischen Theorien werden dann Quantisierungsrezepte angewandt. Als erfolgreiches Beispiel für diese Art der Quantisierung gilt die Entwicklung der Quantenelektrodynamik. Im zweiten Fall, dem der sogenannten sekundären Theorie der Quantengravitation, wählt man gerade den „entgegengesetzten" Ausgangspunkt und versucht, aus einer fundamentalen Quantentheorie aller Wechselwirkungen andere physikalische Theorien als niederenergetischen oder semiklassischen Grenzfall abzuleiten – so beispielsweise die Allgemeine Relativitätstheorie. Beispielhaft für diese sekundäre Vorgehensweise ist die Ausarbeitung der Superstring-Theorien.

Wenden wir uns näher den primären Theorien der Quantengravitation zu, so kann man unter diesen wiederum zwischen zwei weiteren Ansätzen differenzieren, einem kovarianten und einem kanonischen.

Beim kovarianten Ansatz legt man eine vierdimensionale Mannigfaltigkeit zugrunde, die ihre physikalische Bedeutung auch in einem quantengravitativen Kontext nicht verliert. Beispielsweise entwickelt man – analog zu einem störungstheoretischen Ansatz – um eine Hintergrundmetrik mit Quantenfluktuationen als Störungen; d.h. man teilt die Metrik in einen festen Hintergrundteil und einen kleinen Quantenanteil, der dann störungstheoretisch zu behandeln ist. Dieses Vorgehen ist vor allem für die Behandlung der bekannten Streuphänomene geeignet und wird deshalb in der Elementarteilchenphysik bevorzugt.

Das kanonische Vorgehen hingegen verwendet nicht mehr eine allgemeine Hintergrundmetrik, sondern zerlegt die klassische Raumzeit in dreidimensionale Hyperräume. Die Metrik auf einem dieser Hyperräume und dessen äußere Krümmung[41] sind dann die kanonischen Variablen – analog den aus der Quantenmechanik vertrauten Konfigurationsraumvariablen p und q. Die Vorschrift für die Quantisierung fordert im kanonischen Formalismus die Überführung der kanonischen Variablen in nicht-vertauschbare Operatoren. Nach der Quantisierung ergeben sich demnach als kanonische Variablen erstens die Metrik des dreidimensionalen Raumes (innere Geometrie) und zweitens dessen äußere Krümmung. Im quantenmechanischen Kontext erfüllen diese Operatoren Vertauschungsrelationen, so daß der Begriff der Raumzeit seinen Sinn verliert: „Der Begriff der Raum-Zeit ist ein klassisches Artefakt und genauso sinnlos wie der Begriff der Teilchenbahn in

---

[40] Dieser Ansatzpunkt entspricht einem eher konservativ bzw. klassisch zu nennenden Vorgehen.

[41] Die äußere Krümmung gibt an, wie der dreidimensionale Hyperraum in die vierdimensionale Mannigfaltigkeit eingebettet ist.

der Quantenmechanik."[42] Der Konfigurationenraum, der sogenannte Superraum, besteht dann in dem Raum der durch Zerlegung erzeugten Dreiergeometrien. Auf diesem Konfigurationenraum definiert man nun ein Wellenfunktional Ψ, das wegen der Invarianz der Allgemeinen Relativitätstheorie unter beliebigen Koordinatentransformationen die Gleichung $H\Psi = 0$ (mit H: Hamilton-Operator) erfüllt.[43] Hier haben wir es also mit einem explizit nicht-störungstheoretischen Ansatz zu tun.

Wie eben kurz angedeutet, spielt im Rahmen des kanonischen Zugangs der Quantengravitation die sogenannte „Wellenfunktion des Universums" $\Psi(h_{ij}, \phi)$ eine konstitutive Rolle, wobei die h_{ij} eine dreidimensionale räumliche Metrik und ϕ ein Materiefeld repräsentieren. Diese Wellenfunktion genügt der Wheeler-DeWitt-Gleichung. Bei dieser Wheeler-DeWitt-Gleichung handelt es sich um eine verallgemeinerte Schrödinger-Gleichung für eine Wellenfunktion im Falle der quantisierten Gravitation. Hat man die Gravitation in der kanonischen Weise quantisiert, dann wirkt sich eine wesentliche Eigenschaft der Allgemeinen Relativitätstheorie, ihre allgemeine Kovarianz, auf die Wheeler-DeWitt-Gleichung folgendermaßen aus: Die Invarianz unter Koordinatentransformationen impliziert die Formulierung von Zwangsbedingungen, die die Bewegungen des physikalischen Systems auf einen Unterraum des Phasenraumes beschränken. Im Falle von geschlossenen dreidimensionalen Räumen hat diese Einschränkung zur Folge, daß $H = 0$ gilt, also die Hamiltonfunktion verschwindet. Bekanntlich ist dieses Ergebnis typisch für Theorien, die invariant unter beliebigen Umparametrisierungen sind.

Mit der Zwangsbedingung $H = 0$ wird auch die Anzahl der erlaubten Wellenfunktionen Ψ beschränkt. Die Wheeler-DeWitt-Gleichung $H\Psi = 0$ ist invariant unter Koordinatentransformationen und hängt nur von der Metrik der dreidimensionalen Räume als verallgemeinertem Ort ab. Im Unterschied zur Schrödinger-Gleichung weist sie jedoch von vornherein keine Zeitabhängigkeit auf: $\frac{\partial\Psi}{\partial t} = 0$.[44] Auf der anderen Seite ist sie eine hyperbolische Differentialgleichung, „d. h. sie zeichnet wie eine Schwingungsgleichung eine Variable durch das Vorzeichen im kinematischen Term als zeitartige Variable vor den anderen aus. Man kann deshalb ein wohldefiniertes Anfangswertproblem bezüglich dieser dynamischen *inneren* Zeit formulieren."[45] Als

[42] Kiefer 1990, S. 51

[43] Dies gilt nur, wenn die dreidimensionalen Räume geschlossen sind.

[44] Der Grund für den fehlenden Zeitparameter liegt in der Invarianz der Allgemeinen Relativitätstheorie unter Zeit-Transformationen.

[45] Kiefer 1990, S. 50. In bestimmten Fällen, beispielsweise in friedmannartigen Kosmologien, nimmt die Wheeler-DeWitt-Gleichung sogar explizit die Form einer Schwingungsgleichung an (siehe Kiefer 1994, S. 323).

Variable für diese innere Zeit nimmt man geeignetermaßen die lokale Größe der Dreiergeometrie.[46]

Im Rahmen der kanonischen Quantisierung in der Quantengravitation spielt die Wheeler-DeWitt-Gleichung also eine entscheidende Rolle. Weil in ihre allgemeine Form die Kosmologische Konstante eingeht, liefern Lösungen bzw. Lösungsansätze der Wheeler-DeWitt-Gleichung auch direkte Hinweise auf Funktion und Zahlenwert der Kosmologischen Konstante im Kontext dieser Theorie. Wenn sich zudem das Konzept der Quantengravitation als probates Mittel zu einem tieferen Verständnis der Realität erweisen sollte, könnte in ihrem Rahmen das Geheimnis der Kosmologischen Konstante gelüftet werden.

Für die Wheeler-DeWitt-Gleichung lassen sich allerdings nur sehr schwer Lösungen angeben, weil es sich dabei um eine komplizierte Funktionalgleichung handelt. Eine Möglichkeit zu ihrer Lösung besteht darin, geeignete mathematische Regularisierungsverfahren anzuwenden, „um bestimmten Produkten von Distributionen einen Sinn zu verleihen“[47]. Wenn man nun in der Gleichung die Gravitation als alleinige Wechselwirkung berücksichtigt, dann erhält man durch bestimmte Rechenoperationen eine exakte Lösung für das Wellenfunktional in der Wheeler-DeWitt-Gleichung und damit für die Kosmologische Konstante.[48]

Somit ergibt sich nicht nur im Rahmen der vereinheitlichten Theorien, sondern auch in einem quantengravitativen Zugang grundsätzlich die Möglichkeit, den Wert der Kosmologischen Konstante aus einer einheitlichen Theorie physikalischer Wechselwirkungen zu berechnen und damit die theoretischen Voraussetzungen zu verbessern, um die Bedeutung dieser Größe im Naturgeschehen zu verstehen.

Quantenkosmologie

Die Bedeutung der Quantengravitation für die Kosmologie und insbesondere für die Frage der Kosmogonie ist in den achtziger Jahren von J. Hartle und Stephen Hawking diskutiert worden. Sie haben einen Vorschlag für die quantenmechanische Wellenfunktion und damit verbunden für die Wheeler-DeWitt-Gleichung eines geschlossenen Universums unterbreitet.[49] Wenn man – entsprechend dem Vorgehen von Hartle und Hawking – davon ausgeht, daß das Universum nur im theoretischen Rahmen einer Quantenkosmologie ver-

---

46 Vergleiche dazu DeWitt 1967, vor allem die Seiten 1134–1137.
47 Kiefer 1994, S. 324
48 Zu Ergebnis und weiterführender Literatur siehe Kiefer 1994, S. 321–324.
49 Hartle, Hawking 1983

standen werden kann, dann erhält man auch ein weiteres Argument für die Entwicklung einer Theorie der Quantengravitation,[50] weil die Gravitation diejenige Wechselwirkung ist, die die kosmischen Vorgänge bestimmt.[51]

Grundsätzlich erscheint der Ansatz, eine Wellenfunktion des Universums anzugeben, sinnvoll. Denn wie u.a. die Arbeiten von J.S. Bell[52] und Alain Aspect et al. zeigen, handelt es sich bei der Quantenmechanik um eine im wesentlichen nicht-lokale Theorie.[53] Demnach ist es nicht möglich, einem physikalischen System einen eindeutigen Zustandsvektor im Hilbert-Raum zuzuordnen, ohne seine Umgebung zu berücksichtigen; d.h. es gibt keine isolierten Systeme. Die konsequente Fortführung des Gedankens, die jeweilige Umgebung eines physikalischen Systems in die quantenmechanische Beschreibung einzubeziehen, führt notwendigerweise zu einer Wellenfunktion des Universums, das als einziges bekanntes abgeschlossenes System gilt. Grundsätzlich wird die Wellenfunktion des Universums durch ein Pfadintegral über alle möglichen Konfigurationen der Materiefelder und der Metrik bestimmt – im Unterschied zu einer nicht-relativistischen Feldtheorie, in der man die Metrik nicht als eine dynamische Variable behandelt. Der Integrand des Pfadintegrals besteht im allgemeinen aus einer Exponentialfunktion mit einer Wirkung im Exponenten; im Falle der Wellenfunktion des Universums ist die Wirkung das Integral über die Lagrange-Funktion über die gesamte Geschichte des Universums. Bei dem von Hartle und Hawking gewählten euklidischen Pfadintegral wird die Metrik der Raumzeit mit einer euklidischen Signatur versehen – im Gegensatz zur Metrik der üblichen Minkowski-Raumzeit. Der Grund für dieses Vorgehen liegt darin, daß bei der Behandlung von quantenmechnischen Tunneleffekten das Impulsquadrat in klassisch verbotenen Bereichen negativ ist; somit wird in dem euklidischen Zugang die Zeitkoordinate naheliegend imaginär angenommen. Zugleich enthält dieser euklidische Zugang eindeutige Annahmen über die Randbedingungen der Wellenfunktion des Universums.

Auch zur Lösung der Wheeler-DeWitt-Gleichung für das Universum ist es notwendig, Anfangsbedingungen anzugeben. Geht man vom Standardmodell der Kosmologie mit einem „heißem Urknall" aus, dann bedeutet dies, daß man einen Wert für die Wellenfunktion angeben muß, wenn als Randbedingung die Dreiergeometrien bzw. die Metrik verschwinden. Hartle und

[50] Weitere Argumente, die die Entwicklung einer Theorie der Quantengravitation motivieren, findet man in Kiefer 1994, S. 310–314.

[51] Vergleiche auch den Beginn von Kapitel 1.

[52] Bell 1964

[53] „Quantum mechanics cannot be completed by an underlying structure such as ‚realistic local theories'." (Aspect, Grangier, Roger 1982, S. 91)

Hawking haben nun ein Prinzip aufgestellt, mithilfe dessen es ihnen möglich ist, eine eindeutige Lösung der Wheeler-DeWitt-Gleichung und damit die Größe der Kosmologischen Konstante zu bestimmen. Ihr Ansatz besteht darin, für die Amplitude des Grundzustandes der Wellenfunktion für eine dreidimensionale Geometrie ein Pfadintegral anzugeben, das über alle kompakten[54], positiv-definiten Vierer-Geometrien geht, die eine dreidimensionale Geometrie als Rand besitzen.[55] Bei der von ihnen verwendeten Methode der euklidischen Pfadintegration summiert man über alle Möglichkeiten, die für ein quantenmechanisches (hier: quantengravitatives) System bestehen, von einem Zustand 1 in einen Zustand 2 überzugehen. Das Prinzip von Hartle und Hawking besagt nun, daß man nur über diejenigen Geometrien summieren soll, die keinen zweiten Rand aufweisen, d.h. die Randbedingungen eines Zustandes 2 werden nicht vorgegeben: „There ought to be something very special about the boundary conditions of the universe and what can be more special than the condition that there is no boundary.“[56]

Zur Lösung von Hartle und Hawking zwei Anmerkungen:

1. Die Tatsache, daß hier das Pfadintegral euklidisch ist, hat in diesem Zusammenhang die keinesfalls zu unterschätzende Bedeutung, daß sich bereits in dem von Hartle und Hawking vorgeschlagenen Ansatz die Zeitkoordinate in keiner Weise von den räumlichen Koordinaten unterscheidet. Weil Hartle und Hawking diesen Ansatz nicht nur als Rechentrick verwenden, sondern durchaus realistisch verstehen, muß folgendes konstatiert werden: Die scheinbare Konsequenz der hier vorgestellten Überlegungen, daß beim Rückwärtsgehen in der Zeit die Zeitachse ihre klassische Bedeutung verliert und sich die Zeit in einer räumlichen Dimension auflöst, ist bereits im Ansatz enthalten ist und nicht als Folge einer anderen Voraussetzung abgeleitet.
2. Wenn man die Methode des euklidischen Pfadintegrals in einer für die Kosmologie relevanten Weise in der Quantengravitation anwendet, dann muß man alle vierdimensionalen und hier natürlicherweise euklidischen Geometrien berücksichtigen, die als Randbedingung einen dreidimensio-

---

[54] Die Kompaktheit der Geometrien bedeutet, daß das Universum keine Grenzen besitzt, weder räumlich noch zeitlich.

[55] An dem Vorschlag von Hartle und Hawking ist besonders bemerkenswert, daß der genannte Grundzustand mit der Wahrscheinlichkeit für die Entstehung des Universums ex nihilo verknüpft werden kann: „One can interpret the functional integral over all compact four-geometries bounded by a given three-geometry as giving the amplitude for that three-geometry to arise from a zero three-geometry, i. e., a single point.“ (Hartle, Hawking 1983, S. 2961)

[56] Hawking 1982, S. 571

nalen Rand haben (Zustand 1). Auch hinsichtlich dieser Tatsache muß zum Vorgehen von Hartle und Hawking Ähnliches festgehalten werden wie oben: Ihre Aussage, daß die Randbedingung des Universums die sei, daß es keine Raundbedingung habe, ist eine Voraussetzung ihres Ansatzes und kein Ergebnis ihrer Vorgehensweise.

Es ist offensichtlich, daß die Aussagen, die scheinbar als Ergebnisse aus dem Hartle-Hawking-Vorschlag entwickelt werden, in Wirklichkeit bereits im Ansatz enthalten sind. Hartle und Hawking formulieren also ein Prinzip, dem die Methode des euklidischen Pfadintegrals zugrunde liegt, um die Wheeler-DeWitt-Gleichung eindeutig lösen zu können. Mit diesem Prinzip sind untrennbar erstens die Auflösung der Zeitkoordinate in eine räumliche Dimension und zweitens die Annahme verbunden, daß das Universum keinen Rand besitze. Das Prinzip und die damit verbundenen, höchst bedeutsamen Annahmen lassen sich also nicht aus einer Theorie der Quantengravitation ableiten, sondern dienen als Voraussetzungen innerhalb eines Lösungsweges der Wheeler-DeWitt-Gleichung. Damit erscheinen die beiden bekannten und oben genannten Aussagen von Hartle und Hawking in einem ganz anderen Licht. Erst wenn das von ihnen vorgeschlagene Prinzip dazu führt, die Vorgänge im frühen Universum erfolgreich zu beschreiben, können diese Aussagen Gegenstand einer realistischen Interpretation werden. Deswegen ist Claus Kiefer zuzustimmen: „Dieses Prinzip läßt sich nicht ableiten, sondern nur durch seinen (eventuellen) Erfolg rechtfertigen."[57] Kiefer selber steht einer möglichen Rechtfertigung dieses Prinzips durchaus skeptisch gegenüber: „Die in der Literatur diskutierten Modelle konnten allerdings bisher diesem Vorschlag als grundlegendem Prinzip nicht zum Durchbruch verhelfen."[58]

Wurmlöcher

In den Diskussionen über die Quantengravitation ist in den vergangenen Jahren die Frage aufgeworfen worden, ob eine Quantisierung der Gravitation notwendigerweise die Existenz von Wurmlöchern erforderlich macht. Eine Antwort darauf kann zur Zeit nicht gegeben werden, weil noch keine endgültige oder einheitliche Theorie der Quantengravitation zur Verfügung steht. Allerdings treten in vielen vorgeschlagenen Modellen der Quantengravitation Wurmloch-Lösungen auf.[59] Wenn man alle Entwicklungsmöglich-

[57] Kiefer 1990, S. 51

[58] Kiefer 1990, S. 52

[59] Zu Wurmlöchern als Lösungen der Einsteinschen Feldgleichungen siehe Misner 1973, §§ 31.6, 32.1.

keiten des Universums betrachtet, über die in den einzelnen mathematischen Ansätzen der Quantengravitation summiert wird, dann würde durch die Existenz der Wurmlöcher eine ganz neue Klasse von Entwicklungen für die Pfadintegrale relevant. Bei Wurmlöchern handelt es sich um topologische Instabilitäten der Raumzeit, die als (Verbindungs-)Röhren bzw. Schläuche in der Größenordnung der Planck-Länge weit voneinander entfernte Bereiche der Raumzeit miteinander verbinden.

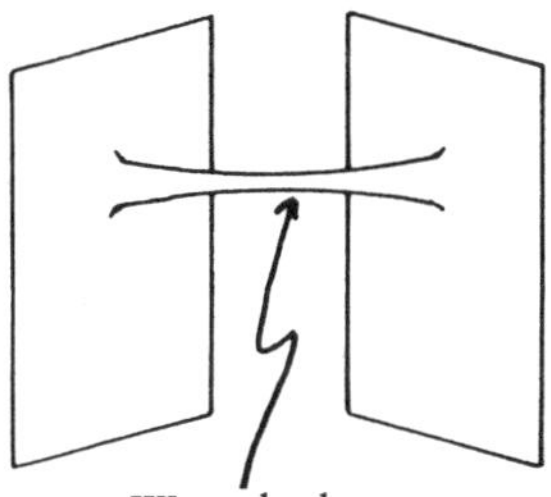

Abbildung 9: Wurmloch

Mit den Wurmlöchern würde eine neue Art der Nicht-Lokalität in der Raumzeit auftauchen. Masse bzw. Energie könnten ex nihilo entstehen, und somit wären durch die Existenz von Wurmlöchern grundlegende Erhaltungssätze verletzt: „Conservation laws would appear to be violated at one place although in the fuller reality encompassing all the connected universes they could be upheld.“ [60] Andrew Strominger formuliert die Forschungssituation lakonisch: „In quantum mechanics almost everything is uncertain. So why should the topology of space-time be fixed?“ [61]

Seit 1987 werden Wurmlöcher in den Ansätzen der Quantengravitation berücksichtigt: Unabhängig voneinander stellen Stephen Hawking, Steven Giddings und Andrew Strominger die Vermutung auf, daß die Wurmlöcher die großräumige Quanten-Kohärenz des Universums zerstören können, d. h. daß durch ihre Existenz reine Quantenzustände in ein Zustandsgemisch zerfallen. Diese Möglichkeit liegt darin begründet, daß in einer nicht einfach zusammenhängenden Raumzeit nicht angegeben werden kann, wie viele Henkel die Mannigfaltigkeit besitzt. [62] Im Frühjahr 1988 (März) entwickeln Sidney Coleman [63] und Giddings/Strominger in zwei Aufsätzen ein neues Wurmloch-Modell, das die obige Vorstellung widerlegt und zeigt, daß trotz

---

[60] Barrow 1990, S. 107

[61] Zitiert nach Schwarzschild 1989, S. 22.

[62] Für eine Darstellung des Problems siehe Hawking 1987.

[63] Coleman 1988a

der Existenz von Wurmlöchern die Quanten-Kohärenz des Universums aufrechterhalten bleibt. Wichtig für eine Erklärung der Kosmologischen Konstante ist dabei das Ergebnis Colemans, daß die Naturkonstanten von durch Wurmlöcher hergestellte Verbindungen zwischen Universen beeinflußt werden. Die Zahlenwerte der Naturkonstanten können dabei aber nur mit einer Wahrscheinlichkeitsverteilung bestimmt werden; die Form dieser Verteilung gibt Coleman in diesem Aufsatz nicht an – ebensowenig wie eine Erklärung für ein von ihm behauptetes verschwindendes λ. Nur einen Monat später allerdings leitet Thomas Banks aus einem ähnlichen Argument wie Sidney Coleman ab, daß die Kosmologische Konstante endlich und sehr klein sein muß.[64]

Im Mai 1988 veröffentlicht Coleman dann seine Rechnungen, nach denen Tunneleffekte zwischen verschiedenen Universen durch winzige Wurmlöcher hindurch zu einer verschwindenden Kosmologischen Konstante führen.[65] Als einzige Näherung in seinem Ansatz wählt er das Modell eines verdünnten Gases für die Verteilung der Wurmlöcher, in dem die Abmessungen der dominierenden Wurmlöcher gerade eine Größenordnung über der der Planck-Länge liegen. Coleman gelingt es,[66] die Wahrscheinlichkeitsverteilung für die Amplituden der Wellenfunktion des Universums anzugeben. Aus einem Peak dieser Wellenfunktion versucht man nun niederenergetische Kopplungskonstanten auszurechnen, indem man die topologisch nicht-trivialen Strukturen, die Wurmlöcher, im euklidischen Pfadintegral der Quantengravitation berücksichtigt. Dieser Versuch ist bislang nur im Hinblick auf die Kosmologische Konstante gelungen. Es ergibt sich eine Wellenfunktion der Form

$$\Psi \sim \exp\left[\exp\left(\frac{3\pi}{G\lambda}\right)\right] \qquad (4.2),$$

die extrem scharf um den Wert $\lambda = 0$ konzentriert ist. Dieses Ergebnis bedeutet, daß in dem hier vorgestellten Ansatz nicht eine Kosmologische Konstante verschwindet, die in einer metastabilen Phase im inflationären Szenarium auftritt,[67] sondern „the real thing, the bottom-line cosmological constant, the absolute ground-state energy density, including all interactions to all orders"[68].

---

64 Banks 1988

65 Coleman 1988b

66 Im Gegensatz zu seinem Aufsatz vom März 1988.

67 Zur Kosmologischen Konstante in den inflationären Modellen siehe den Abschnitt *Inflationäre Szenarien* in diesem Kapitel.

68 Coleman 1988b, S. 644

Wie am Beginn dieses Kapitels ausgeführt, entspricht das Hinzufügen der Kosmologischen Konstante in die Einsteinschen Feldgleichungen der Tatsache, dem Vakuum selbst eine Energiedichte von

$$\varrho_\lambda = \frac{\lambda}{8\pi G} \quad \text{mit} \quad c = 1$$

zuzuschreiben. Wenn man nun aufgrund von kosmischen Beobachtungen für diese Energiedichte einen Wert bestimmt, so liegt dieser bei $10^{-4} \frac{\text{GeV}}{\text{cm}^3}$. Im Rahmen der Quantenfeldtheorien hatten wir die Vakuum-Energiedichte, die sich als Summe der Nullpunkt-Energien aller Teilchenfelder ergibt, mit $10^{144} \frac{\text{GeV}}{\text{cm}^3}$ angegeben.[69] Diese Beiträge der Teilchenfelder zur Vakuum-Energiedichte sind mit Sicherheit kein Artefakt des quantentheoretischen Ansatzes. Man muß also zu der Annahme gelangen, daß dieser enorm große Anteil der Kosmologischen Konstante durch einen fast ebenso großen Anteil mit entgegengesetztem Vorzeichen wieder aufgehoben wird, so daß sich letztlich eine effektive Kosmologische Konstante mit gerade dem im Kosmos beobachteten Zahlenwert ergibt. Es gibt also offensichtlich einen weiteren fundamentalen Anteil der Kosmologischen Konstante in der Größenordnung von $10^{144} \frac{\text{GeV}}{\text{cm}^3}$. Und – das ist die ungeheuerliche Forderung – die Feinabstimmung dieser beiden Anteile muß bis auf 148 Stellen exakt sein.

Für den Fall, daß das sehr frühe Universum eine sogenannte inflationäre Phase mit extremer Expansion durchlaufen hat, könnten die Naturkonstanten während dieses Zeitraumes ihre Zahlenwerte noch verändert haben. Andererseits liefern die Modelle der Quantenfeldtheorien bereits für die Vorgänge im Universum unmittelbar nach der Planck-Zeit die korrekte Beschreibung. Wenn man also vom inflationären Szenario ausgeht, dann können die Werte der Naturkonstanten sowohl während der inflationären Phase als auch danach bestimmt werden. Es stellt sich demnach die Frage, wie sich die Parameter während der Inflation so genau abstimmen sollten, daß sich am Ende der inflationären Phase gerade $\lambda = 0$ ergibt? Eine denkbare Antwort ist, daß die metastabile inflationäre Phase mit ihren ungeheuren Energiedichten und Krümmungen der Raumzeit den Zahlenwert Null für die Kosmologische Konstante verschleiert hat. In dem von Coleman vorgeschlagenen Wurmloch-Szenario nun wird dieses in höchstem Maße „unplausible prearrangement“, wie er es nennt, abgelöst durch den Begriff „precognition“. Coleman führt diesen Begriff ein, um das teleologische und wahrsagerische Moment zu vermeiden, das in dem Begriff „prearrangement“ im Sinne eines Vorherwissens über zukünftige Ereignisse immer mitschwingt.

---

[69] Vergleiche dazu das Unterkapitel *Die Kosmologische Konstante als Energiedichte des Vakuums.*

Als eine mögliche Lösung der Einsteinschen Feldgleichungen nimmt Coleman die Existenz vieler Universen an. Die Rede von der Existenz einer Vielzahl von Universen, die dann per se unbeobachtbar wären, erhält nur dann einen physikalisch relevanten Sinn, wenn die Möglichkeit der gegenseitigen Beeinflussung gegeben ist, die Universen also miteinander in einer noch näher zu bestimmenden physikalischen Wechselwirkung stehen. Bei diesen Formulierungen erhebt sich natürlich die Frage, ob man anstelle von mehreren Universen[70] besser von *einem* Universum sprechen sollte, das in viele verschiedene, in bestimmter Weise miteinander verbundene Bereiche aufgespaltet ist.[71] Trotz dieses Einwandes erscheint es aus einigen Gründen sinnvoll, im folgenden von Universen zu sprechen. Denn durch Wurmlöcher verbundene Universen gehören nicht notwendigerweise zu derselben Raumzeit; weder darf man sich diese topologische Struktur als in einen höherdimensionalen Raum eingebettet vorstellen, noch können Aussagen darüber gemacht werden, in welchem Verhältnis die Raumzeiten der einzelnen Universen zueinander stehen und auf welche Weise Informationen unter ihnen ausgetauscht werden können. Zudem treten in den verschiedenen Universen unterschiedliche Werte der Naturkonstanten und kosmologischen Parameter auf, so daß sich die physikalischen Eigenschaften und Phänomene in den einzelnen Universen derart voneinander unterscheiden, daß die Rede von einem einzigen Universum ohne Sinn bleibt.[72] Darüber hinaus erhöbe sich die Frage, welcher spezifizierende Satz von Eigenschaften diesem einen Universum eigentlich zugeschrieben werden sollte. Denn spräche man statt von Universen weiterhin von Bereichen eines Universums, könnte man im allgemeinen nicht angegeben, um welchen Bereich mit bestimmten Eigenschaften *wovon* es sich handelte.

Wie eingangs des Abschnitts ausgeführt, werden Universen vermittels des Tunneleffekts durch Wurmlöcher miteinander verbunden, die man sich als winzige Verbindungen zwischen zwei ansonsten glatten Bereichen der Raumzeit vorstellen kann.[73] Dabei können Wurmlöcher sowohl entfernte Bereiche derselben Raumzeit-Mannigfaltigkeit verknüpfen, als auch – und das ist die

---

[70] Grundsätzlich können sogar unendlich viele Universen existieren.

[71] Analog der Verwendung des Begriffs des Horizontes in der Kosmologie. Im Universum können unendlich viele Bereiche existieren, die in einem raumzeitlichen Zusammenhang stehen, aber kausal entkoppelt sind.

[72] Auch die Verwendung des Terminus „Universum" bei Hermann Bondi rechtfertigt es, hier von „Universen" zu sprechen; dazu und zum Begriff „Universum" siehe auch Kanitscheider 1971, S. 263f.

[73] Sie dürfen nicht mit den von John Wheeler 1957 diskutierten dreidimensionalen Wurmlöchern verwechselt werden, die verschiedene Bereiche desselben Raumes verbinden; diese sind in einer Art rückwärtsgerichteter Zeitreise erreichbar.

interessante Folge der Quantisierung der Raumzeit – Raumzeit-Bereiche, die zu verschiedenen Universen gehören – also zu Raumzeit-Mannigfaltigkeiten, die sonst keinerlei Verbindung aufweisen. Somit kann jede Raumzeit wegen der Existenz von Wurmlöchern Henkel und Schläuche aufweisen, die ein Universum mit sich selbst oder mit anderen, sogenannten „Baby-Universen" verbinden. Diese Baby-Universen sind raumzeitlich vollständig getrennt vom „Mutter-Universum", in diesem nicht lokalisierbar,[74] und sie bilden jeweils ein geschlossenes Universum mit verschwindender Gesamtenergie und verschwindendem Gesamtimpuls.

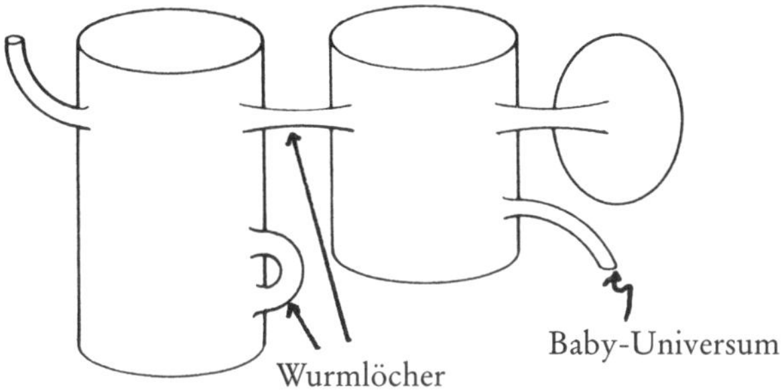

Abbildung 10: Raumzeit-Mannigfaltigkeit mit Wurmlöchern und Baby-Universen

Coleman geht in seinem Ansatz von jeder beliebigen Größe der Wurmlöcher aus, behauptet jedoch, daß der Beitrag derjenigen Wurmlöcher zur Wellenfunktion des Universums exponentiell unterdrückt sei, deren Größe die Planck-Länge bei weitem überschreite. Weil die Ortsbestimmung eines Wurmloches auf einer Mannigfaltigkeit im quantenmechanischen Sinn unbestimmt ist, liefert dieses nur Informationen über Durchschnittswerte bezüglich des Ausmaßes und der Geschichte des Universums. Genau dadurch können Wurmlöcher Informationen über die Zahlenwerte von Konstanten im allgemeinen und den Zahlenwert der Kosmologischen Konstante im speziellen bieten. Somit wird auch die Verwendung des Begriffes „precognition" bei Coleman verständlicher: „A young universe in its inflationary phase can ‚know about' the physics of older, colder universes [sic!] that see the cosmological constant directly, because an average over the entire history of the other universe is heavily weighted toward its cool, mature phase."[75] Diese Überzeugung setzt voraus, daß durch Wurmlöcher ein Universum im quantenmechanischen Sinn einen Einfluß nehmen kann auf die Physik anderer Universen.

---

[74] „Like Boethius's God, they are not in time but in eternity." (Coleman 1988a, S. 871)
[75] Schwarzschild 1989, S. 22

Coleman macht seinen Vorschlag durch die folgende Analogiebetrachtung plausibel: Stellen wir uns in der Quantenmechanik einen Potentialtopf vor, in dem sich ein Boson befindet. Wenn sich in einem benachbarten Potentialtopf ebenfalls ein Boson aufhält, wird seine Existenz die Wellenfunktion des ersten Bosons beeinflussen. Somit werden sich die Naturkonstanten, die dieses Boson erfährt, je nachdem unterscheiden, welcher physikalische Zustand im zweiten Potentialtopf herrscht, zu dem es klassisch keine Verbindung hat. Denn wegen des quantenmechanischen Tunneleffektes kann eine Wellenfunktion Auswirkungen in einem klassisch verbotenen Bereich haben. In dem Modell von Coleman ist dies der Mechanismus, durch den die von uns beobachteten Naturkonstanten in ihren Zahlenwerten von Universen beeinflußt werden, zu denen wir niemals Kontakt haben werden. Gemäß diesem Modell verwandelt die Existenz der Wurmlöcher – und darin besteht das Erstaunliche dieses quantengravitativen Ansatzes – die Naturkonstanten in dynamische Variablen, deren Zahlenwerte von einer apriorischen Wahrscheinlichkeitsverteilung bestimmt werden. Rechentechnisch müßte man zur Bestimmung der Wellenfunktion das euklidische Pfadintegral über alle Zeiten und alle Universen bilden, die durch Wurmlöcher untereinander Kontakt haben bzw. hatten. Sowohl Giddings/Strominger als auch Coleman umgehen dieses mathematische Problem, indem sie den Einfluß aller Wurmlöcher ersetzen durch die Wahrscheinlichkeitsverteilungen der Naturkonstanten (einschließlich der effektiven Kosmologischen Konstante) in der Lagrange-Funktion.

Die Auffassung von Naturkonstanten als dynamischen Variablen bedeutet nicht, daß sich die Naturkonstanten mit der Zeit oder von einem Universum zum anderen verändern; vielmehr stellen sie Eigenwerte dar, die für alle Zeiten und für alle diejenigen Universen dieselben sind, die durch Wurmlöcher miteinander verbunden werden. Dies kann man sich veranschaulichen anhand der Analogie zu einer quantenmechanischen Messung einer Superposition von Eigenzuständen, bei der das Ergebnis ebenfalls von einer Wahrscheinlichkeitsverteilung bestimmt ist. So sind auch in unserem Fall die Werte der einzelnen Naturkonstanten nur durch diese Wahrscheinlichkeitsverteilung zu beschreiben bzw. vorherzusagen.

Damit erhebt sich sogleich die Frage, inwiefern es gerechtfertigt sei, den quantenmechanischen Formalismus auch auf die Wellenfunktion des Universums anzuwenden. Denn normalerweise werden die Wahrscheinlichkeitsverteilungen verstanden als die Verteilung von Meßergebnissen bei wiederholter Messung an einem quantenmechanischen System unter gleichen Bedingungen. Weil Messungen des quantenmechanischen Systems „Universum" bzw. an dessen Wellenfunktion nicht vorgenommen werden können, kann man die angesprochene Wahrscheinlichkeitsverteilung nicht experimentell bestimmen und natürlich auf keinen Fall konkrete Werte der Naturkonstanten angeben. Nach Thomas Banks läßt sich die Tatsache, daß die Zahlenwerte der Naturkonstanten nur in einer Wahrscheinlichkeitsverteilung angegeben werden können, so vorstellen, als habe Gott mit dem Beginn der Welt die Messung einmal durchgeführt. Mit den zufälligen Zahlenwerten für die Naturkonstanten, die diese Messung hervorgebracht habe, werde nun die Physik für alle Zeiten in allen durch Wurmlöcher verbundenen Universen bestimmt.[76] Wenn man nun die Auswirkung der Wurmlöcher auf die Wellenfunktion des Universums und somit (4.2) betrachtet,[77] dann muß man feststellen, daß bei der „göttlichen Messung", die die Werte der Naturkonstanten festgelegt hat, offensichtlich jedes andere Ergebnis als $\lambda = 0$ extrem unwahrscheinlich war.

Für die anderen Naturkonstanten als die Kosmologische Konstante wurde eine derartige Delta-Funktion[78] in deren jeweiligen apriorischen Wahrscheinlichkeitsverteilungen bislang nicht gefunden, so daß unklar bleibt, ob ihr jeweiliger Zahlenwert grundsätzlich unvorhersagbar ist.[79]

Abschließend sei kurz auf den Unterschied der Vorgehensweise bzw. der Modelle von Banks und Coleman hingewiesen: Coleman nimmt den Ansatz des euklidischen Pfadintegrals aus der Quantenkosmologie von Hartle und Hawking zum Ausgangspunkt seiner Rechnung, wohingegen Banks mit der Minkowski-Metrik arbeitet. Dabei wird bei Banks die normale Evolution des Universums als Beitrag zum Pfadintegral betrachtet, während Coleman die Tunneleffekte im frühen Universum berücksichtigt, bei denen eine klassische Expansion verboten ist. Entsprechend seinem Rückgriff auf den Ansatz von Hartle und Hawking übernimmt Coleman deren Keine-Grenzen-Bedingung für die Wellenfunktion des Universums und erhält die genannte Wahrscheinlichkeitsverteilung mit dem unendlichen Peak bei $\lambda = 0$.

Vor dem Hintergrund dieser „Randbedingung" besteht das entscheidende Argument für den Vorschlag Colemans in der folgenden Überlegung: Es ist durchaus möglich, den unendlichen Peak in der Wellenfunktion bei $\lambda = 0$ zum Verschwinden zu bringen, wenn man die Randbedingungen entsprechend einstellt. Aber genau dies ist eine bestimmte Form der Feinabstimmung. Wenn wir dagegen keine Wurmlöcher annehmen – wie einige andere Physiker als Coleman – dann braucht man auch eine Feinabstimmung – in diesem Fall allerdings, um $\lambda = 0$ zu erhalten (schlechthin das Problem der Kosmologischen Konstante). Mit anderen Worten: Unter der Voraussetzung der Existenz von Wurmlöchern muß nur dann auf eine Feinabstimmung zurückgegriffen werden, wenn man ein von Null verschiedenes Lambda

[76] Vergleiche Schwarzschild 1989, S. 22.
[77] Coleman 1988b, S. 657–662, insbesondere S. 661
[78] Wie diejenige der Kosmologischen Konstante, vergleiche (4.2).
[79] Vergleiche Kiefer 1994, S. 317; Schwarzschild 1989, S. 23

erhalten möchte. Und genau dieser Wunsch ist natürlich nicht im Sinne des Vorschlages von Coleman, in dessen Rahmen der Wert Null für die Kosmologische Konstante immerhin erklärt wäre.

Die Einheit der Welt

Am Ende dieses Kapitels wird ein Gedanke verfolgt, der in den oben beschriebenen modernen Theorien und Modellen zur Vereinheitlichung aller Wechselwirkungen explizit auftaucht: Die Kosmologische Konstante ist ein zentraler Term bei der Beschreibung der physikalischen Realität, weil er sowohl im Bereich der makrophysikalischen als auch der mikrophysikalischen Phänomene eine gewichtige Rolle spielt. Dieser Gedanke hat jedoch – ebenso wie die Vereinheitlichungsidee – eine lange Tradition, die weit vor der Entstehung der genannten modernen Entwürfe beginnt. Exemplarisch für diese Sicht der Kosmologischen Konstante als Schlüsselterm im Rahmen der Vereinheitlichung der physikalischen Wechselwirkungen seien zunächst die Ideen von Albert Einstein und Arthur Eddington kurz skizziert.

Albert Einstein

In seinen ersten Ansätzen zu einer einheitlichen Theorie[80] verwendet Albert Einstein die Kosmologische Konstante in einer anderen Funktion als in seinen kosmologischen Arbeiten[81] und untersucht ihre Rolle im Rahmen einer möglichen Vereinheitlichung von Gravitation und Elektromagnetismus: Für Gebiete, in denen lediglich elektrische und gravitative Felder vorhanden sind, ist die Raumkrümmung konstant. Dort nun wird die Konstante Λ[82] mit dem Krümmungsskalar R gleichgesetzt. Gegenüber den ursprünglichen Feldgleichungen ist auch das hier von Einstein verwendete Gleichungssystem modifiziert; es tritt ein zusätzlicher Term

$$\frac{1}{4} g_{ik} R_0 \quad \text{mit} \quad \lambda = \frac{R_0}{4}$$

auf, der einen konstanten Beitrag zur Raumkrümmung liefert. Diese Modifikation der Feldgleichungen um einen konstanten Beitrag zur Krümmung soll

---

[80] Einstein 1919

[81] Vergleiche dazu die Ausführungen des Kapitels 2.

[82] Wegen der unterschiedlichen Bedeutung wird hier die Einsteinsche Schreibweise des griechischen Großbuchstabens übernommen.

nun sowohl das Problem der Materie[83] als auch das kosmologische Problem lösen. In diesen Überlegungen zu einer einheitlichen Feldtheorie benötigt man keine Zusatzhypothese mehr, um sicherzustellen, daß bei einer konstanten Materiedichte eine räumlich geschlossene Welt mit den Gleichungen vereinbar ist.[84] Bei dieser Zusatzhypothese handelt es sich zweifellos um die Einfügung des Lambda-Termes als einer den Grundgleichungen inhärenten universellen Konstante.

Durch diese neuere Modifikation wird die Konstante Λ nicht mehr mit einer abstoßenden kosmischen Kraft verbunden. Aufgrund des Nachweises von de Sitter, daß als Lösungen der im Jahre 1917 modifizierten Feldgleichungen doch Vakuumlösungen existieren können, fällt ein gewichtiger Grund für die Einfügung des kosmologischen Termes weg. Deshalb betont Einstein den Vorteil der neuen Modifikation: „Die neue Formulierung hat aber den großen Vorzug vor der früheren, daß die Größe Λ als Integrationskonstante, nicht mehr als dem Grundgesetz eigene universelle Konstante, in den Grundgleichungen der Theorie auftritt."[85]

Das Bemerkenswerte an Einsteins Aufsatz besteht in folgendem: Mit dem Ansatz für eine einheitliche Feldtheorie wird zugleich eine Lösung des kosmologischen Problems angestrebt. Der konkrete Ausgangspunkt liegt bei Einstein zunächst in dem Problem der Materie. Er verknüpft jedoch dieses mikrophysikalische Problem mit dem makrophysikalischen kosmologischen Problem. Es zeigt sich sowohl der Vorteil des Vereinheitlichungsgedankens als auch die weiterreichende Erklärungskraft von einheitlichen Theorien vorrangig darin, daß über das konkrete Problem hinaus Fragestellungen aus anderen Bereichen der physikalischen Phänomenwelt berührt werden. Bei dem Ansatz zu einer einheitlichen Theorie fällt ein Lösungsansatz für das kosmologische Problem nicht nebenher ab, sondern Einstein bezieht dieses Problem aus seiner Arbeit von 1917 direkt in seine Überlegungen zur Gleichgewichtsproblematik in elektrisch geladenen Teilchen ein. Dieses Vorgehen kann man so interpretieren, daß auch Einstein selbst seinen Ansatz zur Lösung des Materieaufbaus deswegen favorisiert hat, weil dieser auch eine Antwort auf das kosmologische Problem liefert. In seinen Schlußbe-

---

[83] Bei dem Problem der Materie, das Einstein in Einstein 1919 behandelt, geht es um die Frage, wie sich in elektrisch geladenen Teilchen (vor allem in einem Elektron) die elektrischen Abstoßungskräfte im Gleichgewicht halten. In dem Einsteinschen Modell besteht innerhalb des geladenen Teilchens ein negativer Druck, dessen Gefälle mit der elektrodynamischen Kraft im Gleichgewicht steht. Einstein sieht sein Modell vor allem als Fortschritt gegenüber der Theorie von Mie, bei der hypothetische Zusatzglieder in den Energie-Impuls-Tensor eingeführt werden.

[84] Vergleiche dazu das Kapitel *Zur kosmologischen Frage* in Einstein 1919, S. 353–355.

[85] Einstein 1919, S. 353

merkungen[86] hebt Einstein als den Vorzug seiner Arbeit hervor, daß damit die Möglichkeit der theoretischen Materiekonstruktion aus Gravitationsfeld und elektromagnetischem Feld aufgewiesen werde – ohne die Hinzufügung von Zusatzgliedern wie in der Theorie von Mie. Und weiter schreibt Einstein: „Besonders aussichtsvoll erscheint die ins Auge gefaßte Möglichkeit insofern, als sie uns von der Notwendigkeit der Einführung einer besonderen Konstante Λ für die Lösung des kosmologischen Problems befreit.“[87]

Wenn eine Theorie oder ein Ansatz die Aussicht bietet, daß dadurch neben der ursprünglichen Fragestellung auch andere physikalische Probleme auf eine befriedigerende Weise gelöst werden können, wird dieser Umstand zu Recht als Argument für ein weiteres, erfolgversprechendes Verfolgen dieses Ansatzes angesehen. Ohne daß Einstein selbst auf diesen Aspekt eingeht und ihn als zusätzliches Argument für seine theoretische Materiekonstruktion anführt, wächst das Vertrauen in die Gültigkeit einer Theorie, wenn sie Erklärungen für Phänomene in verschiedenen Bereichen der physikalischen Realität liefert. Im vorliegenden Fall der Einsteinschen Arbeit über die Vereinheitlichung von elektromagnetischer und gravitativer Wechselwirkung gilt dies im besonderen, weil in den Disziplinen der Atomphysik einerseits und der Kosmologie andererseits physikalische Objekte ganz unterschiedlicher Größenordnungen behandelt werden.

Arthur Eddington

Für das physikalische bzw. naturphilosophische Weltbild Arthur Eddingtons spielt die Kosmologische Konstante als Maß der Krümmung des leeren Raumes eine entscheidende Rolle. Sie gibt nach Eddington eine Norm für alle physikalischen Längen an, und deshalb muß an jedem Ort des Universums $R = \sqrt{\frac{3}{\lambda}}$ gelten. Weil aber eine Länge keine absolute Größe ist, „so kann dieses Resultat nur die Bedeutung haben, daß der Krümmungsradius *konstant in bezug auf die materiellen Längenmaßstäbe* ist“[88]. Präziser formuliert heißt dies, „daß der Krümmungsradius in jedem Punkt und in jeder Richtung in konstantem Verhältnis zur Länge einer bestimmten materiellen Einheit steht“[89]. Bei dieser materiellen Einheit denkt Eddington an den Elektronenradius, der demnach proportional zum Krümmungsradius des raumzeitlichen Kontinuums ist. Eddingtons Argument besteht in der Annahme eines Gleichgewichtszustandes zwischen der materiellen Struktur und den diese

---

[86] Einstein 1919, S. 355f.
[87] Einstein 1919, S. 355f.
[88] Eddington 1925, S. 225f.
[89] Eddington 1925, S. 226

umgebenden Weltbedingungen, also zwischen Materie und Raumzeit. So müsse beispielsweise in einer Welt mit anisotropem Krümmungsradius auch ein in diese Welt versetztes Elektron dieselbe Anisotropie besitzen, damit es sämtlichen Gleichgewichtsbedingungen genügen könne.[90] Eddington postuliert also einen Zusammenhang zwischen einer kosmischen Größe (dem Krümmungsradius eines leeren Universums und damit der Kosmologischen Konstante) und einer teilchenphysikalischen Größe (dem Elektronenradius) und folgert dementsprechend: „Von diesem Gesichtspunkt aus erscheint es unvermeidlich, daß die Konstante Λ von Null verschieden ist, mithin der leere Raum einen in bezug auf die üblichen Maßstäbe endlichen Krümmungsradius besitzt."[91]

Dieser Ansatz einer einheitlichen Beschreibung der Welt verknüpft die Physik im Großen mit bestimmten materiellen mikrophysikalischen Größen. Dabei repräsentiert die Kosmologische Konstante ein absolutes Längenmaß im Universum, das für die gesamte physikalische Wirklichkeit bestimmend ist und deshalb nicht Null sein kann (was einen unendlichen Krümmungsradius bedeutete). Die Forderung der Existenz eines fundamentalen Längenmaßes erinnert an die Einführung der Elementarlänge durch Arthur March. Zwar betont Eddington ebenso wie March die Universalität dieser Längen. Einen Unterschied zwischen beiden Ansätzen muß man jedoch darin sehen, daß March die Elementarlänge als Grenze für die Meßmöglichkeit der Natur im mikrophysikalischen Bereich ansieht,[92] die Beobachtungsgenauigkeit ist naturgesetzlich durch die Elementarlänge beschränkt. Eddington dagegen geht es nicht um die Erkennbarkeit oder die Meßgenauigkeit der Welt, sondern um die Einführung einer Fundamentallänge, die die physikalischen Eigenschaften der Realität strukturiert und deren physikalische Längen normiert.[93] Ohne die Existenz dieses Maßes träte nach Eddington folgendes ein: „Ein Elektron könnte also nie entscheiden, wie groß es sein müßte, wenn es keine von ihm unabhängige Länge geben würde, die es mit sich selbst vergleichen könnte."[94] Man kann also Eddingtons Überlegungen dahin gehend

---

[90] Zur Argumentation von Eddington vergleiche Eddington 1925, S. 226f.

[91] Eddington 1925, S. 227

[92] Heute wird unter der Elementarlänge der „Durchmesser" des Protons (10^{-15}m) verstanden, weil man in Streuexperimenten ungefähr Längen dieser Größenordnung auflösen kann. Eine theoretische Grundlage für die Elementarlänge existiert jedoch nicht.

[93] Unabhängig von dieser Unterscheidung verfolgen beide Theoretiker ein unterschiedliches Anliegen: Eddington versucht, auf einer ontologischen Ebene den Zusammenhang von mikrophysikalischen und makrophysikalischen Phänomenen aufzuzeigen, während sich March – wie auch Werner Heisenberg – vor dem Hintergrund der Quantenmechanik über diskrete Maßverhältnisse in der Natur Gedanken macht.

[94] Eddington 1925, S. 227, inhaltlich ebenso auf Seite 228. Dort dehnt Eddington seine Über-

zusammenfassen, daß die Welt in jedem Punkt eine von Null verschiedene Krümmung aufweist, deren Wert alle physikalischen Längen normiert.

Bezüglich der naturphilosophischen Frage nach dem Verhältnis von Materie und Raumzeit bedeuten diese Überlegungen, daß die Raumzeit die Eigenschaften der Materie bestimmt. Der Primat in der Position Eddingtons liegt fast entgegengesetzt gegenüber dem derjenigen Position, wie sie uns in der Einsteinschen Formulierung des Mach-Prinzips begegnet. Dort werden Vakuumlösungen explizit ausgeschlossen, d.h. die Existenz der Raumzeit ohne die Existenz von Materie ist undenkbar. Eddington dagegen scheint zwar nicht notwendig zu fordern, daß Raumzeit ohne Materie existieren müsse; aber wesentliche Eigenschaften der Materie – wie beispielsweise Radius und Lebensdauer des Elektrons – werden durch die Raumzeit bestimmt, in die die Materie eingebettet ist.

Helge Kragh weist darauf hin, daß Eddington etwa im Jahre 1923 das Einstein-Modell des Universums bevorzugt habe,[95] „because it fitted better with his, Eddington's, idea of a deep interconnection between cosmology and atomic physics“[96]. Für diese Präferenz habe ich bei Eddington keinen Hinweis gefunden, aber aufgrund der obigen Ausführungen kann man die folgende Erklärung formulieren: Die beispielhaften Aussagen Eddingtons über den Radius und die Lebensdauer des Elektrons sind nur in einer Raumzeit möglich und damit auf das Elektron zutreffend, in der die Zeitkoordinate keine Krümmung aufweist; nur dann existiert das Elektron unendlich lange. Im Modell von de Sitter jedoch erstreckt sich die Krümmung auf alle Dimensionen, auch auf die Zeit – im Unterschied zum Einsteinschen Zylinder-Universum, in dem die Zeitkoordinate unabhängig von den Raumkoordinaten ist. Somit zieht Eddington aufgrund eines ganz anderen Ansatzes – zumindest eine Zeitlang – das Einstein-Universum vor, und zwar letztlich wegen einer anderen Funktion der Kosmologischen Konstante in seiner Naturauffassung: Hatte die Kosmologische Konstante bei Einstein lediglich eine „künstliche“ Stabilisierungsfunktion, wird sie bei Eddington zum Maß materieller Eigenschaften und zum bestimmenden Element der mikrophysikalischen Phänomene.

---

legung auf die Zeit aus: Weil kein Krümmungsradius in zeitartigen Richtungen existiert, weiß das Elektron nicht, wie lange es existieren soll, und hat deswegen eine unendlich lange Lebensdauer.

[95] Kragh 1987, S. 118. Die o.g. Datierung kann man damit rechtfertigen, daß Eddingtons Vorliebe für das Einstein-Modell mit der Veröffentlichung seines Werkes *The Mathematical Theory of Relativity*, das 1923 erschien, in Zusammenhang steht.

[96] Kragh 1987, S. 118

Kosmologische Konstante und Vereinheitlichungsgedanke

Die Hoffnung, bezüglich der horrend großen Diskrepanz über den Zahlenwert der Kosmologischen Konstante zu einer Lösung zu gelangen, gründet sich in der überaus fruchtbaren Zusammenarbeit von Teilchenphysik und Kosmologie in den letzten zwei bis drei Jahrzehnten.[97] Vereinheitlichte Theorien eröffnen heutzutage die grundsätzliche Möglichkeit, Domänen der Wirklichkeit gemeinsam zu beschreiben, die zuvor aufgrund der unterschiedlichen Wechselwirkungen, denen sie unterliegen, physikalisch disparat schienen. Die jüngste Entwicklung der theoretischen Physik hat den Eindruck hinterlassen, „daß die Gegenstände der Kosmologie auf der einen Seite und die Grundkräfte innerhalb der Materie auf der anderen zusammenkommen, um eine einheitliche Beschreibung des Kosmos zu liefern. Es handelt sich dabei um eine Beschreibung, in der die ultramikroskopische Natur der Materie eng mit der Globalstruktur des Universums verknüpft ist und beide die Entwicklung des jeweils anderen in komplexer und kaum greifbarer Weise beeinflussen.“[98] In den letzten Jahren hat sich eine Entwicklung vollzogen, die „fast zu einer *Verschmelzung der Elementarteilchenphysik und der Astrophysik* bzw. der Kosmologie geführt hat“[99]. Eine derartige Symbiose dieser beiden physikalischen Disziplinen kann man sowohl methodologisch als auch epistemologisch dadurch rechtfertigen, daß die Erklärungsschemata, die das Verstehen der physikalischen Realität auf der Ebene der Elementarteilchen ermöglichen, mit Energiebereichen verbunden sind, die in der Entwicklung des (sehr) frühen Universums die physikalischen Vorgänge dominiert haben. Vereinfacht gesagt, entspricht einem zeitlichen Fortschreiten in die Vergangenheit des Kosmos der Übergang zu höheren Energien bei der Untersuchung der Materiebausteine.

Wenn man in methodologischer Hinsicht von einer Einheit der Wirklichkeit oder zumindest von einer einheitlichen Realitätsbeschreibung ausgeht, dann gibt es eine Neigung zur Suche nach übergeordneten Theorien[100] in dem Sinne, daß diese Theorien einen Realitätsbereich beschreiben, dessen Grenzen weiter gezogen sind als die der Vorgänger-Theorien. Besondere Erwartungen in die erklärende Kraft einer übergeordneten Theorie darf man dann stellen, wenn diese Überschußbedeutungen liefert, d. h. Aussagen über physikalische

---

[97] Eine gute Übersicht zu den kosmologischen Rätseln, die in der Zusammenarbeit von mikroskopischer Teilchenphysik und makroskopischer Kosmologie gelöst wurden, gibt Steigman 1986.

[98] Davies 1986, S. 210

[99] Schopper 1993, S. 66

[100] In diesem Sprachgebrauch bilden die vereinheitlichten Theorien eine echte Teilmenge der übergeordneten Theorien.

Phänomene macht, die von keiner der Vorgänger-Theorien erfaßt worden sind. Hinsichtlich des „Rätsels“ der Kosmologischen Konstante kann man wegen der erklärenden Stärke der Allgemeinen Relativitätstheorie, in deren Kontext sie notwendig auftritt, vermuten, daß die Kosmologische Konstante eine Überschußbedeutung der Theorie darstellt, die erst im Rahmen einer einheitlichen Theorie aller Wechselwirkungen wird vollkommen verstanden werden können.[101]

[101] Steven Weinberg vermutet, daß die String-Theorie dieses wird leisten können: „I hope [...] that this theory will turn out to have enough predictive power to be able to prescribe values for all the constants of nature, including the cosmological constant.“ (Weinberg 1993, S. 183)

Resümee

Naturwissenschaftliche Forschung vollzieht sich in einem dynamischen Wechselspiel von empirischen Daten, theoretischen Begriffen, Theorien, grundlegenden Prinzipien und Hintergrundüberzeugungen. Während dieses Prozesses ändern sich sowohl die Inhalte der angesprochenen Elemente als auch deren jeweiliger Stellenwert. Der Übergang von der Newtonschen zur Einsteinschen Gravitationstheorie mag dies kurz illustrieren: Neben den Theorien wandeln sich hier beispielsweise der Begriff der Kraft, der Inhalt des Relativitätsprinzips und die Auffassung des Raumes; zugleich erhält das Kovarianzprinzip einen anderen Stellenwert im Rahmen des physikalischen Weltbildes.

Innerhalb dieser Dynamik kommt der wissenschaftsphilosophischen Reflexion eine analytische und eine synthetische Funktion zu: Einerseits werden naturwissenschaftliche Theorien auf ihre philosophischen Komponenten hin untersucht. Andererseits können durch die Naturwissenschaften philosophische Fragestellungen auf empirisch testbare Problemstellungen transformiert werden, deren Erkenntnisse dann Elemente für die Erarbeitung eines (zeitgemäßen) Wirklichkeitsverständnisses bilden.

Die Kosmologische Konstante als physikalischer Term, der in der theoretischen Erfassung vieler Phänomenbereiche der Physik eine wesentliche Rolle spielt, liefert eine große Anzahl von Anknüpfungspunkten, an denen die oben skizzierte Wechselwirkung nachvollzogen werden kann. Einige dieser Fäden sind in der vorliegenden Untersuchung aufgenommen. Deren Ergebnisse lassen sich zusammenfassen, indem man sie im Kontext dreier klassischer Themenbereiche der Wissenschaftsphilosophie betrachtet: Erkenntnisleitende Prinzipien in der Forschung, Bedeutung und Funktion physikalischer Terme, Gedanke der Vereinheitlichung. Über die einzelnen Ergebnisse darf nicht vergessen werden, daß das Buch als ganzes der Darstellung des gegenseitigen Stützungsverhältnisses von moderner Wissenschaftsphilosophie und empirischer Naturwissenschaft dient. Dieser Grundgedanke findet seine Umsetzung an vielen Stellen im Text, an denen die Verwobenheit von Physik und Philosophie herausgearbeitet ist.

Erkenntnisleitende Prinzipien

Die Newtonsche Gravitationstheorie ermöglicht erstmalig eine quantitative naturwissenschaftliche Beschreibung des Kosmos. Die gravitative Wechselwirkung, die die großräumigen Phänomene im Universum bestimmt, führt mit dem empirischen Datum eines unveränderlichen Kosmos zu dem sogenannten Gravitationsparadoxon. Maßgeblich für die Existenz des Gravitationsparadoxons ist die Überzeugung eines statischen Universums. Neben den Wirkungen des aristotelisch-ptolemäischen Weltbildes eines unwandelbaren Universums wird diese Hintergrundannahme auch von den damaligen Beobachtungsdaten gestützt. Trotz der offensichtlichen Widersprüche ist die Überzeugung eines statischen Kosmos sehr wirkmächtig. Statt die Statik des Universums in Zweifel zu ziehen, entwerfen die Kosmologen neben der Möglichkeit göttlicher Eingriffe beispielsweise hierarchische Modelle des Kosmos, für die die Astronomie – abgesehen von der Existenz der Nebel – keine Grundlage liefert. Die Überzeugung eines statischen Kosmos bildet sogar den Grund, Modifikationen der zugrundeliegenden Gravitationstheorie vorzuschlagen. Bei diesem Vorgehen werden Carl Neumann und Hugo Seeliger von einem instrumentalistischen Theorienverständnis geleitet.

Ebenso wie die genannten Theoretiker für das Newtonsche Gravitationsgesetz schlägt Einstein auch für die Feldgleichungen der Allgemeinen Relativitätstheorie zur adäquaten Beschreibung des Kosmos die Erweiterung um den kosmologischen Term vor. Obwohl die meisten Autoren als Motivation Einsteins einzig dessen Wunsch nach Beschreibung eines statischen Universums anführen, spielen sowohl das Mach-Prinzip als auch der Rückgriff auf die empirische Basis eine wesentliche Rolle beim Entwurf seines kosmologischen Modells. Zudem stellt Einsteins Postulat einer homogenen kosmischen Materieverteilung eine Idealisierung dar, die von Beobachtungsdaten nicht gestützt ist. Die genannten Faktoren werden von Einstein weder klar unterschieden, noch ist ihre Gewichtung eindeutig. In ihrer Mischung ergeben sie eine schillernde Motivationslage, die Einstein zur Konzeption seines kosmologischen Modells veranlaßt. Eine interessante Entwicklung ist darin zu sehen, daß letztlich die Kosmologische Konstante dem Mach-Prinzip, mit dessen Gültigkeit Einstein ihre Einführung auch begründet hat, zuwiderläuft: Weil die Materie die Struktur der Raumzeit bestimme, müsse der Kosmos räumlich geschlossen sein und die Kosmologische Konstante eingefügt werden. De Sitter weist jedoch nach, daß dadurch Vakuumlösungen nicht vermieden werden können; mehr noch: die Kosmologische Konstante beschreibt eine Struktur und innere Dynamik der Raumzeit ohne die Existenz von Materie. Das Mach-Prinzip als erkenntnisleitendes Prinzip führt in der Allgemeinen Relativitätstheorie zu widersprüchlichen Konsequenzen und verliert seinen Stellenwert im wissenschaftsdynamischen Wechselspiel.

Bedeutung und Funktion physikalischer Terme

Modelle dienen dazu, die referentielle Brücke zwischen theoretischen Termen und empirischen Daten zu schlagen. Aus den in der modernen Kosmologie entwickelten Modellen wählen die Theoretiker nach zwei Gesichtspunkten: persönliche Vorliebe und Stützung durch die empirische Basis. Das Kriterium der persönlichen Vorliebe darf dabei nicht subjektivistisch mißverstanden werden. Denn weil die grundlegenden Prinzipien der Allgemeinen Relativitätstheorie den kosmologischen Term in den Feldgleichungen der Gravitation nicht verbieten, muß bei der Auswahl der Modelle – von der theoretischen Seite her – abgewogen werden zwischen dem Kriterium der Einfachheit und dem der Allgemeinheit. Wie die Vielzahl der vorgestellten Modelle und die Argumente deren jeweiliger Vertreter zeigen, existieren hier verschiedene Positionen. Sicherlich kann man keine überzeugenden Gründe dafür anführen, eine Theorie um alle mit ihr verträglichen Terme zu erweitern, wenn ihre erklärende Kraft dadurch nicht vergrößert wird. Andererseits lehrt die Erfahrung der vergangenen Jahrzehnte, daß in der Natur alle Phänomene vorkommen, die nicht explizit durch Prinzipien verboten sind. Deshalb kommt bei der dynamischen Entwicklung des physikalischen Weltbildes Verbot-Sätzen ein zunehmend höherer Stellenwert zu.

Seit in den Quantenfeldtheorien das Vakuum dynamisiert und ihm eine Energiedichte zugeschrieben wird, hat sich die Bedeutung der Kosmologischen Konstante gewandelt. Weil jede Energiedichte ein Gravitationsfeld erzeugt, läßt sich diese physikalische Größe nicht mehr aufgrund des Kriteriums der Einfachheit vernachlässigen. Die Entwicklung der Physik liefert damit ein neues Argument, gemäß dem Kriterium der Allgemeinheit die Feldgleichungen *mit* kosmologischem Term zur Beschreibung der gravitativen Wechselwirkung zu verwenden – es sei denn, man schriebe alle Energiedichten des Vakuums dem Energie-Impuls-Tensor zu und spräche der Raumzeit die physikalische Eigenschaft einer inneren Dynamik ab. Außerdem eröffnet sich mit dem Bedeutungswandel eine ganz neue Möglichkeit, die Größe der Kosmologischen Konstante zu bestimmen. Je nachdem, welche Quantenfelder dabei berücksichtigt werden, variiert allerdings ihr Zahlenwert, der sich zudem um erschreckend viele Größenordnungen von dem aus kosmischen Beobachtungen gewonnenen Wert unterscheidet (Rätsel der Kosmologischen Konstante).

Gedanke der Vereinheitlichung

Weil die Kosmologische Konstante als theoretischer Term in allen physikalischer Wechselwirkungen auftritt, versprechen die Ansätze der vereinheitlichten Theorien eine Erklärung der vorliegenden Diskrepanz. Modelle der Quantengravitation können sogar exakte theoretische Vorhersagen über den Zahlenwert der Kosmologischen Konstante machen. Bis heute hat sich allerdings im Rahmen der vereinheitlichten Theorien weder ein einheitliches Bild ihrer physikalischen Bedeutung noch eine Tendenz zur Bestimmung ihrer Größe ergeben. Auch Positionen, die letztlich anthropische Erklärungen für das Rätsel der Kosmologischen Konstante anbieten, können nicht überzeugen, weil sie erstens keine echten, kausalen Erklärungen sind und zweitens den Widerspruch des Zahlenwertes nicht lösen.

Wenn eine erfolgreiche und hervorragend bewährte Theorie wie die Allgemeine Relativitätstheorie die Existenz der Kosmologischen Konstante als Überschußbedeutung hervorbringt, dann liegt die Vermutung nahe, daß diese Konstante auf einen bislang unverstandenen, tiefen Zug der physikalischen Realität verweist. Da allerdings ihre Zahlenwerte, die sich aus den verschiedenen Varianten von vereinheitlichten Theorien bislang ergeben haben, noch stark divergieren, muß sich jeder Ansatz zu einer einheitlichen Beschreibung der Natur daran messen lassen, ob er das Geheimnis der Kosmologischen Konstante zu lüften vermag.

Insofern kann die Kosmologische Konstante als entscheidender Probierstein bei der Bewertung zukünftiger vereinheitlichter Theorien aller Wechselwirkungen fungieren. Und solange das Rätsel um ihren Zahlenwert noch besteht, bleibt sie ein wirkmächtiges Element in der Dynamik des Wissenschaftsprozesses.

Literatur

Aitchison, I.J.R. (1991): The Vacuum and Unification. In: Saunders 1991, S. 159–195.

Aspect, Alain/Grangier, Philippe/Roger, Gérard (1982): Experimental Realization of Einstein-Podolsky-Rosen-Bohm Gedankenexperiment: A New Violation of Bell's Inequalities. In: Physical Review Letters 49, S. 91–94.

Audretsch, Jürgen (Hrsg.)/Mainzer, Klaus (Hrsg.) (1989): Vom Anfang der Welt: Wissenschaft, Philosophie, Religion, Mythos. München: Beck.

Banks, Thomas (1988): Prolegomena to a theory of bifurcating universes: A nonlocal solution to the cosmological constant problem or little Lambda goes back to the future. In: Nuclear Physics B309, S. 493–512.

Barrow, John D. (1990): Theories of everything: The quest for ultimate explanation. Oxford: Clarendon Press.

Becher, Erich (1907): Philosophische Voraussetzungen der exakten Naturwissenschaften. Leipzig: Barth.

Bell, J.S. (1964): On the Einstein-Podolsky-Rosen paradox. In: Physics 1, S. 195–200.

Berry, Michael (1976): Principles of cosmology and gravitation. Cambridge: Cambridge University Press.

Blome, Hans Joachim/Priester, Wolfgang (1991): Big Bounce in the very early universe. In: Astronomy and Astrophysics 250, S. 43–49.

Bondi, Hermann et al. (1960): Rival theories of cosmology: A symposium and discussion of modern theories of the structure of the universe. London: Oxford University Press.

Bonner, W.B. (1960): Relativistic theories of the universe. In: Bondi 1960.

Börner, Gerhard (Hrsg.)/Ehlers, Jürgen (Hrsg.)/Meier, Heinrich (Hrsg.) (1993): Vom Urknall zum komplexen Universum: Die Kosmologie der Gegenwart. München: Piper.

Boslough, John (1995): Jenseits des Ereignishorizonts: Stephen Hawking's Universum. Reinbek: Rowohlt.

Breuer, Reinhard (1981): Das anthropische Prinzip: Der Mensch im Fadenkreuz der Naturgesetze/mit einem Vorwort von Rudolf Kippenhahn. München: Meyster.

Brück, H.A. (Ed.)/Coyne, G.V. (Ed.)/Longair, M.S. (Ed.) (1982): Astrophysical cosmology: Proceedings of the study week on cosmology and fundamental physics. Città del Vaticano: Pontificia Academia Scientiarum.

Buckley, Michael J. (1988): The Newtonian Settlement and the Origins of Atheism. In: Russell 1988, S. 81–102.

Cassirer, Ernst (1932): Die Philosophie der Aufklärung. Tübingen: Mohr.

Clarke, Samuel (1705): A Demonstration of the Being and Attributes of God. London: J. Knapton.

Cohen, I. Bernard (1952): Preface. In: Newton 1717, S. ix–lviii.

Coleman, Sidney (1988a): Black holes as red herrings: Topological fluctuations and the loss of quantum coherence. In: Nuclear Physics B307, S. 867–882.

Coleman, Sidney (1988b): Why there is nothing rather than something: A theory of the cosmological constant. In: Nuclear Physics B310, S. 643–668.

Curry, Charles/Ray, Christopher (1992): Diskussion. In: Studies in history and philosophy of science 23, S. 657–664.

Dambmann, Holger (1990): Die Bedeutung des Machschen Prinzips in der Kosmologie. In: Philosophia naturalis 27, S. 234–271.

Davies, Paul (1986): Gott und die moderne Physik. München: Bertelsmann.

Davis, Marc et al. (1981): The formation of galaxies from massive neutrinos. In: Astrophysical Journal 250, S. 423–431.

de Sitter, Willem (1916): On the relativity of rotation in Einstein's theory. In: Proceedings of the Section of Sciences/Koninklijke Akademie van Wetenschappen (Amsterdam) 19 (1916/17), S. 527–532.

de Sitter, Willem (1916a): On Einstein's Theory of Gravitation, and its Astronomical Consequences. First Paper. In: Monthly Notices of the Royal Astronomical Society (Oxford) 76 (1917), S. 699–728.

de Sitter, Willem (1917): On the relativity of inertia: Remarks concerning Einstein's latest hypothesis. In: Proceedings of the Section of Sciences/Koninklijke Akademie van Wetenschappen (Amsterdam) 19 (1916/17), S. 1217–1225.

de Sitter, Willem (1917a): On Einstein's Theory of Gravitation, and its Astronomical Consequences. Third Paper. In: Monthly Notices of the Royal Astronomical Society (Oxford) 78 (1917), S. 3–28.

DeWitt, Bryce S. (1967): Quantum Theory of Gravity. I. The Canonical Theory. In: Physical Review 160, S. 1113–1148.

Dirac, Paul Adrien Maurice (1937): The Cosmological Constants. In: Nature 139, S. 323.

Dirac, Paul Adrien Maurice (1938): A new basis for cosmology. In: Proceedings of the Royal Society of London A165, S. 199–208.

Drieschner, Michael (1981): Einführung in die Naturphilosophie. Darmstadt: Wissenschaftliche Buchgesellschaft.

Dyson, Freeman (1972): The Fundamental Constants and Their Time Variation. In: Salam 1972.

Ebbinghaus, Heinz-Dieter (Hrsg.)/Vollmer, Gerhard (Hrsg.) (1992): Denken unterwegs: Fünfzehn metawissenschaftliche Exkursionen. Stuttgart: Hirzel.

Eddington, Arthur (1923): The Mathematical Theory of Relativity. Cambridge: Cambridge University Press.

Eddington, Arthur (1925): Relativitätstheorie in mathematischer Behandlung/autorisierte mit Zusätzen und Erläuterungen versehene Übersetzung von Alexander Ostrowski und Harry Schmidt/mit einem Anhang „Eddingtons Theorie und Hamiltonsches Prinzip“ von Albert Einstein. Berlin: Springer.

Eddington, Arthur (1930): On the Instability of Einstein's spherical world. In: Monthly notices of the Royal Astronomical Society (Oxford) 90, S. 668–678.

Eddington, Arthur (1949): Philosophie der Naturwissenschaft. Wien: Humboldt Verlag.

Eigen, Manfred (1973): The Origin of Biological Information. In: Mehra 1973, S. 594–632.

Einstein, Albert/de Sitter, Willem (1932): On the relation between the expansion and the mean density of the universe. In: Proceedings of the National Academy of Sciences (Washington) 18, S. 213–214.

Einstein, Albert (1912): Gibt es eine Gravitationswirkung, die der elektrodynamischen Induktionswirkung analog ist? In: Vierteljahrsschrift für gerichtliche Medizin und öffentliches Sanitätswesen 44, S. 37–40.

Einstein, Albert (1916): Näherungsweise Integration der Feldgleichungen der Gravitation. In: Sitzungsberichte der Königlich Preussischen Akademie der Wissenschaften, physikalisch-mathematische Klasse (1916), S. 688–696.

Einstein, Albert (1917): Kosmologische Betrachtungen zur allgemeinen Relativitätstheorie. In: Sitzungsberichte der Königlich Preussischen Akademie der Wissenschaften, physikalisch-mathematische Klasse (1917), S. 142–152.

Einstein, Albert (1918): Kritisches zu einer von Hrn. De Sitter gegebenen Lösung der Gravitationsgleichungen. In: Sitzungsberichte der Königlich Preussischen Akademie der Wissenschaften, physikalisch-mathematische Klasse XX (1918), S. 270–272.

Einstein, Albert (1918): Prinzipielles zur allgemeinen Relativitätstheorie. In: Annalen der Physik, 4. Folge 55, S. 241–244.

Einstein, Albert (1919): Spielen Gravitationsfelder im Aufbau der materiellen Elementarteilchen eine wesentliche Rolle? In: Sitzungsberichte der Preussischen Akademie der Wissenschaften, physikalisch-mathematische Klasse XX (1919), S. 349–356.

Einstein, Albert (1922): Bemerkung zu der Franz Seletyschen Arbeit „Beiträge zum kosmologischen System[sic!]“. In: Annalen der Physik, 4. Folge 69, S. 436–438.

Einstein, Albert (1931): Zum kosmologischen Problem der Allgemeinen Relativitätstheorie. In: Sitzungsberichte der Preussischen Akademie der Wissenschaften, physikalisch-mathematische Klasse (1931), S. 235–237.

Einstein, Albert (1934): Mein Weltbild/herausgegeben von Carl Seelig. Neue vom Verfasser durchgesehene und wesentlich verbesserte Auflage (Erstdruck Amsterdam: Querido, 1934). Frankfurt: Ullstein, 1986.

Einstein, Albert (1956): Grundzüge der Relativitätstheorie. 1. Auflage, zugleich 3., erweiterte Auflage der „Vier Vorlesungen über Relativitätstheorie“. Braunschweig: Vieweg.

Einstein, Albert (1960): Briefe an Maurice Solovine/Faksimile-Wiedergabe von Briefen aus den Jahren 1906 bis 1955 mit französischer Übersetzung, einer Einführung und drei Fotos. Berlin: VEB Deutscher Verlag der Wissenschaften.

Einstein, Albert (1988): Über die spezielle und die allgemeine Relativitätstheorie. 23. Auflage. Braunschweig: Vieweg.

Einstein, Albert/Besso, Michele (1979): Correspondance 1903–1955/Traduction, notes et introduction de Pierre Speziali. Paris: Hermann.

French, Anthony (Hrsg.) (1985): Albert Einstein – Wirkung und Nachwirkung. Braunschweig: Vieweg.

Friedmann, Alexander (1922): Über die Krümmung des Raumes. In: Zeitschrift für Physik 10, S. 377–386.

Friedmann, Alexander (1924): Über die Möglichkeit einer Welt mit konstanter negativer Krümmung des Raumes. In: Zeitschrift für Physik 21, S. 326–332.

Gal-Or, Benjamin (1981): Cosmology, Physics, and Philosophy. New York: Springer.

Geller, Margaret J./Huchra, John P. (1989): Mapping the Universe. In: Science 246, S. 897–903.

Georgi, Howard/Glashow, S.L. (1974): Unity of All Elementary-Particle Forces. In: Physical Review Letters 32, S. 438–441.

Gleich, Gerold von (1923): Die allgemeine Relativitätstheorie und das Merkurperihel. In: Annalen der Physik, 4. Folge 72, S. 221–235.

Goenner, Hubert F. (1981): Machsches Prinzip und Theorien der Gravitation. In: Nitsch 1981, S. 85–101.

Goenner, Hubert (1994): Einführung in die Kosmologie. Heidelberg: Spektrum Akademischer Verlag.

Guth, Alan H. (1981): Inflationary universe: A possible solution to the horizon and flatness problems. In: Physical Review D23, S. 347–356.

Guth, Alan H. (1986): The New Inflationary Universe. In: Kolb 1986, S. 287–301.

Hacking, Ian (1983): Representing and Intervening: Introductory Topics in the Philosophy of Natural Science. Cambridge: Cambridge University Press.

Harrison, Edward Robert (1981): Cosmology, the science of the universe. Cambridge: Cambridge University Press.

Harrison, Edward (1987): Darkness at night: A riddle of the universe. Cambridge: Harvard University Press.

Hartle, J.B./Hawking, Stephen W. (1983): Wave function of the Universe. In: Physical Review D28, S. 2960–2975.

Hartmann, Stephan (1995): Models as a tool for theory construction: some strategies of preliminary physics. In: Herfel, W. et al. (Eds.): Theories and models in scientific processes. Amsterdam: Rodopi, 1995, S. 49–67.

Hawking, Stephen W. (1975): Particle Creation by Black Holes. In: Communications in Mathematical Physics 43, S. 199–220.

Hawking, Stephen W. (1982): The boundary conditions of the universe. In: Brück 1982, S. 563–572.

Hawking, Stephen W. (1987): Quantum coherence down the wormhole. In: Physics Letters B195, S. 337–343.

Hawking, Stephen W. (1988): A brief history of time: from the big bang to black holes. New York: Bantam.

Hawking, Stephen W./Ellis, G.F.R. (1973): The large scale structure of space-time. Cambridge: Cambridge University Press.

Heisenberg, Werner (1933): Zur Geschichte der physikalischen Naturerklärung. In: Berichte über die Verhandlungen der Sächsischen Akademie der Wissenschaften (Leipzig), mathematisch-physikalische Klasse 85, S. 29–40.

Heisenberg, Werner (1969): Der Teil und das Ganze: Gespräche im Umkreis der Atomphysik. München: Piper.

Helmholtz, Hermann (1847): Über die Erhaltung der Kraft. Berlin: Reimer.

Hentschel, Klaus (1990): Interpretationen und Fehlinterpretationen der speziellen und allgemeinen Relativitätstheorie durch Zeitgenossen Albert Einsteins. Basel: Birkhäuser.

Herschel, William (1785): On the Construction of the Heavens. In: The Scientific Papers of Sir William Herschel/Collected and Edited Under the Direction of a Joint Committee of the Royal Society and the Royal Astronomical Society/With a Biographical Introduction Compiled Mainly From Unpublished Material By J.L.E.Dreyer. Volume I. London: The Royal Society and The Royal Astronomical Society, 1912, S. 223–259.

Hetherington, Norriss S. (1982): Philosophical values and observation in Edwin Hubble's choice of a model of the universe. In: Historical Studies in the physical sciences 13, S. 41–67.

Hoell, Josef/Priester, Wolfgang (1991): Void-Structure in the Early Universe: Implications for a $\Lambda > 0$ Cosmology. In: Astronomy and Astrophysics 251, L23–L25.

Hoffmann, Banesh/Dukas, Helen (1978): Albert Einstein: Schöpfer und Rebell. Frankfurt: Fischer.

Hut, Piet/White, Simon D. M. (1984): Can a neutrino-dominated Universe be rejected? In: Nature 310, S. 637–640.

Jackisch, Gerhard (1979): Johann Heinrich Lamberts „Cosmologische Briefe“ mit Beiträgen zur Frühgeschichte der Kosmologie. Berlin: Akademie-Verlag.

Kanitscheider, Bernulf (1971): Geometrie und Wirklichkeit. Berlin: Duncker & Humblot.

Kanitscheider, Bernulf (1983): Physikalische Kosmologie und synthetische Philosophie. In: Praxis der Naturwissenschaften, Physik 6, S. 176–182.

Kanitscheider, Bernulf (1984a): Kosmologie: Geschichte und Systematik in philosophischer Perspektive. Stuttgart: Reclam.

Kanitscheider, Bernulf (1984b): Ist die physikalische Kosmologie eine Luxuswissenschaft? In: Scharmann, Arthur (Hrsg.)/Schramm, Herbert (Hrsg.): Physik, Theorie – Experiment – Geschichte – Didaktik: Festschrift für Wilfried Kuhn zum 60. Geburtstag. Köln: Aulis-Verlag Deubner, 1984, S. 227–240.

Kanitscheider, Bernulf (Hrsg.) (1984c): Moderne Naturphilosophie. Würzburg: Königshausen und Neumann.

Kanitscheider, Bernulf (1984d): Einleitung und Übersicht. In: Kanitscheider 1984c, S. 9–12.

Kanitscheider, Bernulf (1984e): Naturphilosophie und analytische Tradition. In: Kanitscheider 1984c, S. 63–79.

Kanitscheider, Bernulf (1988): Das Weltbild Albert Einsteins. München: Beck.

Kanitscheider, Bernulf (1993): Von der mechanistischen Welt zum kreativen Universum: Zu einem neuen philosophischen Verständnis der Natur. Darmstadt: Wissenschaftliche Buchgesellschaft.

Kant, Immanuel (1755): Allgemeine Naturgeschichte und Theorie des Himmels oder Versuch von der Verfassung und dem mechanischen Ursprunge des ganzen Weltgebäudes, nach Newtonischen Grundsätzen abgehandelt. In: Kant's gesammelte

Schriften/herausgegeben von der Königlich Preussischen Akademie der Wissenschaften. Band I. Vorkritische Schriften I, 1747–1756. Berlin: Reimer, 1910, S. 215–368.

Kerszberg, Pierre (1986): The Cosmological Question in Newton's Science. In: OSIRIS, 2nd series 2, S. 69–106.

Kiefer, Claus (1990): Der Zeitbegriff in der Quantengravitation. In: Philosophia naturalis 27, S. 43–65.

Kiefer, Claus (1994): Probleme der Quantengravitation. In: Philosophia naturalis 31, S. 311–329.

Kippenhahn, Rudolf (1987): Licht vom Rande der Welt: Das Universum und sein Anfang. München: Piper.

Kolb, Edward W. et al. (Eds.) (1986): Inner Space/Outer Space: The interface between Cosmology and Particle Physics. Chicago: The University of Chicago Press.

Kolb, Edward W./Turner, Michael S. (1990): The Early Universe. Redwood: Addison-Wesley.

Koyré, Alexander (1957): From the Closed World to the Infinite Universe. Baltimore: Johns Hopkins Press.

Koyré, Alexander (1965): Newtonian Studies. London: Chapman & Hall.

Koyré, Alexander (1969): Von der geschlossenen Welt zum unendlichen Universum. Frankfurt: Suhrkamp.

Kragh, Helge (1987): The Beginning of the World: George Lemaître and the Expanding Universe. In: Centaurus 30, S. 114–139.

Krauss, Lawrence M. (1989): The Fifth Essence: The Search for Dark Matter in the Universe. New York: Basic Books.

Kuhn, Wilfried (1990): Historische und wissenschaftstheoretische Reflexionen anläßlich des 300. Geburtstages von Newtons „Principia". In: Seipel 1990, S. 151–163.

Lambert, Johann Heinrich (1761): Cosmologische Briefe über die Einrichtung des Weltbaues. Augsburg: Eberhard Klett. In: Jackisch 1979, S. 87–201.

Lanczos, Cornelius (1965): Albert Einstein and the Cosmic World Order. New York: John Wiley.

Lanczos, Kornel (1922): Bemerkung zur de Sitterschen Welt. In: Physikalische Zeitschrift 23, S. 539–543.

Leibniz, Gottfried Wilhelm (1958): Die Hauptwerke/zusammengefaßt und übertragen von Gerhard Krüger. Stuttgart: Kröner.

Lemaître, Georges (1925): Note on de Sitter's universe. In: Journal of Mathematics and Physics 4, S. 188–192.

Lemaître, Georges (1927): Un univers homogène de masse constante et de rayon croissant, rendant compte de la vitesse radiale des nébuleuses extra-galactiques. In: Annales de la Société scientifique de Bruxelles A 47, S. 49–59.

Liebscher, Dierck-Ekkehard (1994): Kosmologie: Einführung für Studierende der Astronomie, Physik und Mathematik. Leipzig: Barth.

Linde, Andrei (1990): Particle Physics and Inflationary Cosmology. Chur: Harwood.

Linde, Andrei (1993): Elementarteilchen und inflationärer Kosmos: Zur gegenwärtigen Theorienbildung. Heidelberg: Spektrum Akademischer Verlag.

Lovell, Alfred Charles Bernard (1959): Der Einzelne und das Universum: Möglichkeiten und Probleme der modernen Astronomie. Göttingen: Vandenhoeck & Ruprecht.

Lovell, Alfred Charles Bernard (1975): Man's relation to the universe. San Francisco: Freeman.

Mach, Ernst (1963): Die Mechanik, historisch-kritisch dargestellt. Unveränderter fotomechanischer Nachdruck der 9. Auflage, Leipzig 1933. Darmstadt: Wissenschaftliche Buchgesellschaft.

Mehra, Jagdish (Ed.) (1973): The Physicist's Conception of Nature. Dordrecht: Reidel.

Mehra, Jagdish (1973a): Einstein, Hilbert, and the Theory of Gravitation. In: Mehra 1973, S. 92–178.

Meyerstein, F. Walter (Ed.) (1989): Foundations of Big Bang Cosmology. Singapore: World Scientific.

Misner, Charles/Thorne, Kip/Wheeler, John Archibald (1973): Gravitation. New York: Freeman.

Müller-Markus, Siegfried (1986): Der Gott der Physiker. Basel: Birkhäuser.

Munitz, Milton K. (Ed.) (1957): Theories of the Universe: From Babylonian Myth to Modern Science. New York: The Free Press of Glencoe.

Narlikar, Jayant (1982): Violent Phenomena in the Universe. Oxford: Oxford University Press.

Neumann, Carl (1870): Ueber die Principien der Galilei-Newton'schen Theorie. Leipzig: Teubner.

Neumann, Carl (1896): Allgemeine Untersuchungen über das Newton'sche Princip der Fernwirkungen, mit besonderer Rücksicht auf die elektrischen Wirkungen. Leipzig: Teubner.

Newton, Isaac (1687): Mathematische Prinzipien der Naturlehre/mit Bemerkungen und Erläuterungen herausgegeben von J.Ph. Wolfers. Darmstadt: Wissenschaftliche Buchgesellschaft, 1963.

Newton, Isaac (1692): Four Letters from Sir Isaac Newton to Doctor Bentley containing some arguments in proof of a Deity. In: Newton 1782, S. 428–442.

Newton, Isaac (1717): Opticks: or, a Treatise of the Reflections, Refractions, Inflections and Colours of Light (based on the fourth edition London, 1730). New York: Dover, 1952.

Newton, Isaac (1782): Opera quae exstant omnia (Faksimile-Neudruck der Ausgabe von Samuel Horsley, London 1779–1785 in fünf Bänden). Band 4. Stuttgart: Frommann, 1964.

Nitsch, Jürgen (Hrsg.)/Pfarr, Joachim (Hrsg.)/Stachow, Ernst-Walter (Hrsg.) (1981): Grundlagenprobleme der modernen Physik. Mannheim: Bibliographisches Institut.

North, J.D. (1965): The Measure of the Universe: A History of Modern Cosmology. Oxford: Clarendon Press.

Okun, Lev (1991): Physik der Elementarteilchen. Berlin: Akademie Verlag.

Olbers, Heinrich Wilhelm M. (1826): Über die Durchsichtigkeit des Weltraums (1823). In: Astronomisches Jahrbuch 51, S. 110–121.

Pais, Abraham (1982): „Subtle is the Lord ...“: The Science and the Life of Albert Einstein. Oxford: Oxford University Press.

Pais, Abraham (1986): „Raffiniert ist der Herrgott ...“: Albert Einstein; eine wissenschaftliche Biographie. Braunschweig: Vieweg.

Parker, Barry R. (1989): Invisible matter and the fate of the universe. New York: Plenum Press.

Peebles, P.J.E. (1971): Physical Cosmology. Princeton: Princeton University Press.

Priester, Wolfgang et al. (1989): Das Quantenvakuum und die kosmologische Konstante. In: Physikalische Blätter 45, S. 51–56.

Quine, Willard Van Orman (1951): Two Dogmas of Empiricism. In: Philosophical Review 60, S. 20–43.

Rafelski, Johann/Müller, Berndt (1985): Die Struktur des Vakuums: Ein Dialog über das Nichts. Frankfurt: Thun.

Ray, Christopher (1990): The cosmological constant: Einstein's greatest mistake? In: Studies in history and philosophy of science 21, S. 589–604.

Rees, Martin (1977): A better way of searching for black-hole explosions? In: Nature 266, S. 333–334.

Rees, Martin (1993): Vom „einfachen“ Urknall zum komplexen Kosmos. In: Börner 1993, S. 33–64.

Reichenbächer, Ernst/Einstein, Albert (1920): Inwiefern läßt sich die moderne Gravitationstheorie ohne Relativität begründen? In: Naturwissenschaften 4, S. 1008–1011.

Riemann, Bernhard (1854): Über die Hypothesen, welche der Geometrie zu Grunde liegen/neu herausgegeben und erläutert von Hermann Weyl. Berlin: Springer, 1919.

Russell, Robert J. (Ed.)/Stoeger, William R. (Ed.)/Coyne, George V. (Ed.) (1988): Physics, Philosophy, and Theology: A Common Quest For Understanding. Notre Dame: University of Notre Dame Press.

Salam, Abdus (Ed.)/Wigner, Eugene P. (Ed.) (1972): Aspects of Quantum Theory. Cambridge: Cambridge University Press.

Saunders, Simon (Ed.)/Brown, Harvey R. (Ed.) (1991): The Philosophy of Vacuum. Oxford: Clarendon Press.

Schmeidler, Felix (1962): Alte und moderne Kosmologie. Berlin: Duncker & Humblot.

Schopper, Herwig (1993): Die kosmische Entwicklung als Spiegelbild der Welt der Elementarteilchen. In: Börner 1993, S. 65–91.

Schücking, Engelbert L. (1993): Probleme der modernen Kosmologie in ihrer geschichtlichen Entfaltung. In: Börner 1993, S. 9–32.

Schwarzschild, Bertram (1989): Why is the cosmological constant so very small? In: Physics Today 42 (March 1989), S. 21–24.

Sciama, Dennis W. (1991): The Physical Significance of the Vacuum State of a Quantum Field. In: Saunders 1991, S. 137–158.

Seelig, Carl (1954): Albert Einstein: Eine dokumentarische Biographie. Zürich: Europa-Verlag.

Seeliger, Hugo (1895): Ueber das Newton'sche Gravitationsgesetz. In: Astronomische Nachrichten 137, No. 3273, Sp. 129–136.

Seeliger, Hugo (1896): Ueber das Newton'sche Gravitationsgesetz. In: Sitzungsberichte der Königlich Bayerischen Akademie der Wissenschaften (München), mathematisch-physikalische Klasse 26, S. 373–400.

Seeliger, Hugo (1906a): Über die sogenannte absolute Bewegung. In: Sitzungsberichte der Königlich Bayerischen Akademie der Wissenschaften (München), mathematisch-physikalische Klasse 36, S. 85–137.

Seeliger, Hugo (1906b): Das Zodiakallicht und die empirischen Glieder in der Bewegung der Planeten. In: Sitzungsberichte der Königlich Bayerischen Akademie der Wissenschaften (München), mathematisch-physikalische Klasse 36, S. 595–622.

Seeliger, Hugo (1909): Über die Anwendung der Naturgesetze auf das Universum. In: Sitzungsberichte der Königlich Bayerischen Akademie der Wissenschaften (München), mathematisch-physikalische Klasse 1909, 4. Abhandlung.

Seipel, Wilfried (Hrsg.) (1990): Mensch und Kosmos: Die Heraufkunft des modernen naturwissenschaftlichen Weltbildes. Linz: Grosser. (Kataloge des Oberösterreichischen Landesmuseums Nr. 33)

Seitter, Waltraut Carola (1993): Galaxien – Radiogalaxien – Quasare. In: Völk 1993, S. 77–102.

Selety, Franz (1922): Beiträge zum kosmologischen Problem. In: Annalen der Physik, 4. Folge 68, S. 281–334.

Selety, Franz (1923): Erwiderung auf die Bemerkungen Einsteins über meine Arbeit „Beiträge zum kosmologischen Problem". In: Annalen der Physik, 4. Folge 72, S. 58–66.

Selety, Franz (1924): Unendlichkeit des Raumes und allgemeine Relativitätstheorie. In: Annalen der Physik, 4. Folge 73, S. 291–325.

Sexl, Lore (1990): Voltaire und die Physik Newtons. In: Seipel 1990, S. 169–184.

Steigman, Gary (1986): The Big Bang, the Universe and Everything. In: Kolb 1986, S. 25–40.

Synge, J.L. (1960): Relativity: The General Theory. Amsterdam: North-Holland.

Tammann, Gustav Andreas (1989): Die Bestätigung des Urknalls durch Beobachtungen. In: Audretsch 1989, S. 114–133.

Tolman, Richard (1934): Relativity, Thermodynamics and Cosmology. Oxford: Oxford University Press.

Unruh, W.G. (1976): Notes on black-hole evaporation. In: Physical Review D14, S. 870–892.

Unsöld, Albrecht/Baschek, Bodo (1991): Der neue Kosmos. 5., überarbeitete und erweiterte Auflage. Berlin: Springer.

Vaucouleurs, Gerard de (1970): The Case for a Hierarchical Cosmology. In: Science 167, p. 1203–1213.

Vogt, Heinrich (1960): Außergalaktische Sternsysteme und Struktur der Welt im Großen. Leipzig: Akademische Verlagsgesellschaft Geest & Portig.

Völk, Heinz (Hrsg.) (1993): Facetten der Astronomie. Leipzig: Barth.

Vollmer, Gerhard (1990): Paradoxien und Antinomien: Stolpersteine auf dem Weg zur Wahrheit. In: Naturwissenschaften 77, S. 49–66.

Vollmer, Gerhard (1992): Warum wird es nachts dunkel? Das Olberssche Paradoxon als wissenschaftstheoretische Fallstudie. In: Ebbinghaus 1992, S. 183–199.

Wagner, Fritz (1976): Isaac Newton im Zwielicht zwischen Mythos und Forschung: Studien zur Epoche der Aufklärung. Freiburg: Alber.

Weinberg, Steven (1977): The First Three Minutes: A Modern View of the Origin of the Universe. New York: Basic Books.

Weinberg, Steven (1989): The cosmological constant problem. In: Reviews of Modern Physics 61, S. 1–23.

Weinberg, Steven (1993): Dreams of a final theory. London: Hutchison Radius.

Weyl, Hermann (1923): Raum – Zeit – Materie: Vorlesungen über allgemeine Relativitätstheorie. 5., umgearbeitete Auflage. Berlin: Springer.

Wolfe, A.M./Tubbs, A.D. (1980): Evidence for large-scale uniformity of physical laws. In: Astrophysical Journal 236, L105–L108.

Wolfschmidt, Gudrun (1995): Milchstraße, Nebel, Galaxien: Strukturen im Kosmos von Herschel bis Hubble. München: Oldenbourg.

Wright, Thomas (1750): An Original Theory or New Hypothesis of the Universe. London: Chapelle.

Register

Bei kursivierten Seitenzahlen beziehen sich die entsprechenden Einträge ausschließlich auf den jeweiligen Fußnotenapparat.

Namen

Aitchison, I.J.R. 140
Aspect, Alain 156
Banks, Thomas 160. 165
Barrow, John D. *17*
Becher, Erich *21*
Bell, J.S. 156
Bentley, Richard 28
Bernoulli, Jakob 21
Blome, Hans Joachim *12*
Bonner, W.B. 134
Boyle, Robert 26
Breuer, Reinhard 12
Bruno, Giordano *30*. 114
Buckley, Michael J. *22*
Cassirer, Ernst 25
Cavendish, Henry *19*
Charlier, Carl Wilhelm Ludwig 41. 43f.
Cheseaux, Jean-Phillipe Loys 41
Clifford, W.K. 69
Coleman, Sidney 159–165
Curtis, Heber *104*
Cusanus (Nikolaus von Kues) 114
de Sitter, Willem 85. *87*. 89. 103. 118. 129f. 174
Descartes, René 20. 24. 26. *69*. 115
Dirac, Paul Adrien Maurice 132f.
Drieschner, Michael 123
Dyson, Freeman 12
Eddington, Arthur Stanley 105. 107. 109. 118. 125. 130. 168–170
Eigen, Manfred *103*
Einstein, Albert 11. 12. 26. 35. 43. 68–102. 103. 107. 109–112. 118. 132. 166–168. 174
Faraday, Michael *45*
Finlay-Freundlich, Erwin *44*
Fontenelle, Bernard 21
Fournier d'Albe, E.E. 43
Friedmann, Alexander 93f. 96. 106. 109f. 112. 117f. 128f.
Gal-Or, Benjamin 12
Georgi, Howard 142
Giddings, Steven 159. 164
Glashow, Sheldon L. 142
Gleich, Gerold von 83f.
Goenner, Hubert 89. 115
Green, George *46*. 56. 59
Hall, Aseph 57
Harrison, Edward 13
Hartle, J. 155–158
Hawking, Stephen W. 94. 155–159
Helmholtz, Hermann von *45*. 65f.
Herschel, John *58*
Herschel, William (Friedrich Wilhelm) 39. *104*
Hertz, Heinrich *45*
Hetherington, Norriss 94
Hooke, Robert 26
Hubble, Edwin 93. 104. *108*. 110
Huygens, Christiaan 21. 64
Jackisch, Gerhard 27. *40*. 41
Kanitscheider, Bernulf *50*. 134
Kant, Immanuel 27. 38f. 114
Kiefer, Claus 158
Kippenhahn, Rudolf *14*. 111. 115
Kopernikus, Nikolaus 114
Koyré, Alexandre 23. 25f.
Kragh, Helge 170
Kuhn, Wilfried *20*
Lakatos, Imre 100f.
Lambert, Johann Heinrich 39–41. 114
Lanczos, Kornelius 106

Leibniz, Gottfried Wilhelm 21
Lemaître, Georges Henri 94. 104–107. 117f.
Linde, Andrei *145*
Mach, Ernst 86
March, Arthur 169
Maxwell, James Clerk *45*
Milne, Edward 115. *133*
More, Henry 25
Müller, Berndt 140f.
Müller-Markus, Siegfried *26*
Neumann, Carl 11. 41. 42f. 45–48. 56. 59. 63–65. 100. 174
Newton, Isaac 11. 18–28. 30. *57*
North, J.D. *43*. 79. 100f. 111
Olbers, Heinrich Wilhelm M. 41. 58. 66
Pais, Abraham 86f.
Popper, Karl Raimund 100
Priester, Wolfgang *12*. 125
Rafelski, Johann 140f.
Riemann, Bernhard 69. 84
Robertson, Howard Percy *114*
Schücking, Engelbert *70*
Sciama, Dennis 140
Seeliger, Hugo 11. 41. 42f. 48–63. 66. 81–85. 174
Selety, Franz 42–44. 114
Shapley, Harlow *104*
Slipher, Vesto 93. *105*
Spinoza, Baruch de 115
Steigman, Gary 145
Strominger, Andrew 159. 164
Synge, J.L. 13
Tubbs, A.D. 53f.
Unruh, W.G. 152
Vaucouleurs, Gerard de 44
Vogt, Heinrich *69*
Vollmer, Gerhard 67
Voltaire (François Marie Aronet) 21
Wagner, Fritz 23
Wahsner, Renate 40
Walker, A.G. *114*
Weinberg, Steven 13. 111. *172*
Weyl, Hermann 69. 130–132
Wheeler, John Archibald *162*
Wolfe, A.M. 53f.
Wright, Thomas 37f.
Zöllner, Johann *58*

Sachen

Abgrenzungskriterium 100f.
ad hoc-Hypothese 99–101
Äquivalenzprinzip 82f. *90*. 152
Äther 55. *57*. 140
Allgemeine Relativitätstheorie 11. 43. 68–71. 79–81. 85. 93. 103. 107f. 110f. 144. 150f. 154. 173. 176
– Konzeption 84–86. 89. 91. 99
Analogieschluß 53
Anfangsbedingungen *siehe* Randbedingungen
Antimaterie 17
Astronomie 18. 82. 84. 94
Baby-Universen 163
Baryonen-Photonen-Verhältnis 17
Beobachtungstatsachen 32. 52f. 63. 75. 82–84. 94. 102. 108. 110. 133. 174
Beobachtungstechnik 11. 39. 68. *104*
big crunch *siehe* Kontraktion des Universums
Bosonen 136. 143f.
Chaos 24. 39
Coulomb-Gesetz 46. 59
de Sitter-Universum 88. 103–107. 124f. 127–131. 147–149
Deismus 23f. 27
Dialektik 27
Duhem-Quine-These 67
Eddington-Universum 124f.
Einführung der Kosmologischen Konstante 11f. 68. 71. 75. 77f. 81–85. 88–95. 98–101. 109–112. 174
Einstein-de Sitter-Universum 119
Einstein-Kosmos *siehe* Zylinder-Universum
Elementarlänge 169
Elementarteilchenphysik 13. 167–171
Empirische Basis 55. 60. 63. 68. 75f. 83. 91. 96. 99. 103. 110. 112f. 133. 173f.

Energie-Impuls-Tensor 74. 76–79. *87*. 113f. 119. 138. 143
Energiedichte des Universums 138
Energiedichte des Vakuums 100. 135–140. 143f. 146–149. 161. 175
Erhaltungssätze 79. 130. 133. 159
Erkenntnis (der Natur) 45. 50. 102. 113. 116. 173
- Hemmung 93
Erklärung 17f. 26. 64. 83. 100. 150. 167. 171f. 175f.
Euklidisches Pfadintegral 156–160. 164f.
Expansion (des Universums) 12. *35*. 43. 50. 93–98. 104. 106–110. 112. 116. 119f. 123f. 127. 132. 147–150
Experiment 20f. 26. 63. 72
Falsifikationismus 100
Feinabstimmung 27. 139f. 144f. 161. 165
Feldgleichungen der Gravitation 68. 71. 78. 82. 96. 103. 111. 113. 129. 137f. 148
- Lösung 76. 109. 112f. 115. 117. 134
- Lösungsmannigfaltigkeit 72. 78. 113
- Modifikation *siehe* Einführung der Kosmologischen Konstante
Fermionen 136. 144
Fernwirkung 55. 57. 64
- Gesetz *45*. 57
- Prinzip 45
- Theorie 45. 56
Flächenhelligkeit des Himmels 66
Friedmann-Lemaître-Gleichung 95. 117f. 126. 148
Friedmann-Lemaître-Universum *siehe* Friedmann-Universum
Friedmann-Universum *54*. 114. 116. 119–125. 139. 150
Gas-Modell 74. 113. 160
Geist-Materie-Dualismus 20
Geodäte 70. 77. 80. *105*. 126
Gleichgewichtszustand
- Elektrostatik 46. 56. 167
- Universum 36. 43. 76
Goldstone-Felder 140
Gott 22–25. 38. 40. 111. 114. 117
- Existenz 20. 23f. *27*
- Wirken 23–27. 30
Gottesbeweis 22–24. *27*. *28*
Grand Unified Theory (GUT) 142–144
Gravitation 11. 17. 19–23. 25–27. 57. 59f. 69. 93. 99. 137. 140f. 151. 166–168
- Absorption 58. *66*
- Eigenschaften 21. 36
- Metaphysik 20–25. 62
Gravitationsgesetz
- Einsteinsches *siehe* Feldgleichungen der Gravitation
- Newtonsches *siehe* Newtonsches Gravitationsgesetz
Gravitationsparadoxon 11f. 21. 27. 36f. 39. 42. 45. 47–50. 52. 55. 62. 66–69. 71. 74. 77. 81. 84f. 97f. 106. 109. 130. 167. 174
Gravitationspotential 33–36. 43. 50f. 56. 73. 76. 83f.
Gravitationstheorie
- Einsteinsche *siehe* Allgemeine Relativitätstheorie
- Newtonsche *siehe* Newtonsche Gravitationstheorie
great debate *32*. 104
Grenzbedingungen *siehe* Randbedingungen
Grenzziehungsproblem 61f.
Hawking-Strahlung 152
Heil 40f.
hesitation universe *siehe* Lemaître-Universum
Higgs-Felder 140. 143
Hintergrundüberzeugung 173f.
Homogenität 30. 36. 43f. 48. 66. 74. 77. 79. 92. 95. 97. *106*. 110. 113–116. 132. 174
Hubble-Konstante *108*. 118. 127
Hypothese 19f. 25f. 64f. 67
Idealisierung 112f. 174
Induktion 20. 25f.
Inflationäres Szenarium *116*. *133*. 145–149. 161
Insel-Universum 31–36. 39. 48. 73–76. *103*. 104. 106
Isotropie 113–115
Kausalität *54*
Keine-Grenzen-Bedingung 157. 165
Kepler-Gesetze 18
Kinematische Kosmologie 115
Kontraktion des Universums 110. 120f. 124–126
Kopernikanisches Prinzip *siehe* Kosmologisches Prinzip
Kosmogonie 23. 27. 30. 39. 108. *157*. 159

Kosmologie 17. 35. 38. 67f. 70. 72. 91. 103. 155. 171
- antik 32f.
- kinematisch *siehe* Kinematische Kosmologie
- klassisch *siehe* Newtonsche Kosmologie
- modern 11. *70*. *113*. 126. 128
Kosmologische Konstante 11–14. 79. 95. 118–123. 126f. 130f. 133. 140. 152. 169f. 173
- als Energiedichte des Vakuums 14. 100. 125. 134f. 137f. 141. 146. 148f. 161
- Bedeutung 71. 80. 95. 114f. 118. 125. 128–132. 134f. 137. 139. 150. 155. 168–170. 175
- Berücksichtigung 12f. 111. 134f.
- Einführung *siehe* Einführung der Kosmologischen Konstante
- Lückenbüßerfunktion 13
- Rätsel 11. 14. 138. 140f. 144. 150f. 172. 175f.
- Schlüsselfunktion 166. 176
- Streichung 12f. 84f. 96. 98. 101. 109. 111f. 134. 167f.
- Zahlenwert 11–14. 80. 108. 113. 123. 126. 129. 131f. 139. 143. 149–151. 155. 157. 160–166. 171. 175
Kosmologische Modelle 12f. 28. 36. 67. *70*. 72. 93. 103. 107f. 110. 112. 116. 118–121. 128. 133f.
- Auswahlkriterien 133f.
- big bounce *siehe* Priester-Universum
- de Sitter *siehe* de Sitter-Universum
- Eddington *siehe* Eddington-Universum
- Einstein *siehe* Zylinder-Universum
- Friedmann *siehe* Friedmann-Universum
- Inflation *siehe* Inflationäres Szenarium
- Insel-Universum *siehe* Insel-Universum
- (molekular)-hierarchisch 37. 39. 41–44. *87*. 114. 174
Kosmologisches Prinzip *32*. 53f. *105*. 115f. 119. 130. 133
- Test 54
Kosmologisches Problem *siehe* Gravitationsparadoxon
Kosmos *siehe* Universum
Kovarianz *siehe* Prinzip der allgemeinen Kovarianz
Kritische Materiedichte 119. 143
Kritische Temperatur 146f.
Krümmungsparameter 118–122. 126
large-number-hypothesis 132f.
Lemaître-Universum 119. 122–124
Mach-Prinzip 43. 68. 70. 75–77. 82f. 85–91. 98f. 129. 170. 174
Materie-Entstehung 125f. 159
Materie und Raumzeit 70. 81. 85–91. 98. 112. 169f. 174
Materiedichte des Universums 28. *29*. 34. 36. 42f. 48. 51. 61f. 73. 90. 103f. *108*. 127. 129. 132
- kritsche *siehe* Kritische Materiedichte
Materieverteilung im Universum 28f. 31. 34. 37. 42. 47. 49f. 60. 62f. 70f. 73. 78. 81
- gleichmäßig *siehe* Homogenität
- instabil 39. 66. 125
- statisch 29. 98
- ungleichmäßig 28. 52. 116f.
Metrik 29. 69–71. 73. 76–79. *87*. 89f. 105f. 113. *116*. 119. 127f. 131. 135. 137. 153f. 156f.
- Minkowski *siehe* Minkowski-Metrik
- Robertson-Walker *siehe* Robertson-Walker-Metrik
Metrischer Fundamentaltensor *siehe* Metrik
Minkowski-Metrik 76f. 90. 137. 165
Modell 67. 72. 103. 112f. 174f.
- kosmologisch *siehe* Kosmologische Modelle
Naturbeschreibung 11. 14. 26. 45. 69. 92. 107f. 113. 136. 166. 171. 174–176
Naturgesetz 19. 23–27. 30. 40. 54. 59. 63. 115
- Empirie 21. 26. 52f. 60. 82
- Erkennbarkeit 40
- Gültigkeit 18. 54. 60f.
- Status 52
- Zeitabhängigkeit 19. 54
Naturkonstanten 141. 160–165
- als dynamische Variablen 160f. 164
Naturverständnis 14. 19. 65. 150. 155
Naturwissenschaft 63–65. 109. 173
- Prinzipien 63–65. 108. 115
- Ziel 63. 65f.
Newtonsche Gravitationstheorie 11. 18. 35. 51. 151. 173
Newtonsche Kosmologie 28. 34. 68. 70. 81
Newtonscher Grenzfall 80. 82f.

Newtonsches Gravitationsgesetz 18f. 36. 45f. 48. 52. 59. 61f. 82. 85
- Einwände *siehe* Gravitationsparadoxon
- Gültigkeit 20. 53f. 61–63
- Modifikation 12. 46–48. 53. 55–59. 78. 82f. 85. 174
Nullpunkt-Energie (des Vakuums) 135–137. 161
Objektivität 65f.
Olberssches Paradoxon 32f. 58. 66f.
Periheldrehung 57–59. 83. *107*
Phasenübergang 125. 142. 144. 146–149
Poisson-Gleichung 47. 73. 75. 78. 82
Potential(funktion) 46f. 49–51. 56. 59. 146f.
Priester-Universum 125f.
primeval atom 106
Prinzip der allgemeinen Kovarianz 76f. 79. 82f. 87. 89. 98. 154. 173
Prinzip der Allgemeingültigkeit 13. 79. 111. 128. 133f. 175
Prinzip der Einfachheit 13. *43*. 82. 95f. 101. 111. 128. 133f. 175
Prinzip der Schönheit 82. 94. 111. 133
Prüfbarkeit 63. 92. 97. 115
Ptolemäisches Weltbild 32. 35. 174
Quantenfeld 135. 140. 149. 151
Quantenfeldtheorie 13. 138. 153. 161. 175
Quantenfluktuationen 147–149. 153
Quantengravitation 139. 150–152. 155–159. 175
- primäre Theorie 152f.
- sekundäre Theorie 152f.
Quantenkosmologie 155f. 165
Quantenmechanik 136. 150f. 156. 163f.
Quantisierung 151–155
Randbedingungen 33–36. 48. 50. 68. 70. 72–77. 98. 156–158. 165
Rationalität 26. 40. *41*
Raum 24. 36. 84. 89f. 105. 110. 115. 173
- absolut *25*. 26. 30. 71. 86. 89
- expandierend *siehe* Expansion
- Krümmung 78f. 84. 106. 119. 125. 128. 133. 166. 168
Raumzeit 69f. 81. 89–91. 94. 104f. 112. 119. *120*. *126*. 130. 134f. 137f. 143. 151. 153. 156. 159. 162f. 170. 174f.
- expandierend *siehe* Expansion
- Krümmung 69f. 77–81. 98. 100. 106. 117. 125. 143. 161
- Metrik *siehe* Metrik
- Minkowski *siehe* Minkowski-Metrik
Raumzeit und Materie *siehe* Materie und Raumzeit
Realität 14. 46. 63. 113. 135. 150. 166. 168f. 171. 176
Referenz 99–101
Relativitätsprinzip *siehe* Prinzip der allgemeinen Kovarianz
Relativitätstheorie
- Allgemeine *siehe* Allgemeine Relativitätstheorie
- Spezielle *siehe* Spezielle Relativitätstheorie
Religion *22*. 26
Repulsion 21f. 27. 39. *44*. 59. 79f. 95. 124. 131f.
Robertson-Walker-Metrik *54*. 114. 117. 119
Rotverschiebung 44. 94. 104f. *108*. 129–131
Schrödinger-Gleichung 151. 154
Schwarze Löcher 152
Singularität *44*. 89. 91. *105*. *120*
Sinn des Daseins *40*
Skalarfeld 142. 146–149
Skalenfaktor 103. 106. 117f. 120–123. 126. 128
Spekulation 103. 108
Spezielle Relativitätstheorie *35*
Stabilität des Universums 11. 20–30. 37. 39–41. 68. 71. 80. 84. 104. 131
Stagnation des Universums 123f.
Standardmodell
- Elementarteilchenphysik 17. 145
- Kosmologie 115. 145. 149. 156
Statistische Mechanik 33. 42. 44. 76
Sterngeschwindigkeiten 35. *37*. 43. 76f. 84. 89. 91–93. 97. 99. 105
Sternsysteme 30. 37–44. 114
- Galaxien 80. *104*. 105f. 116. 130
- „Nebel“ *32*. 38f. 44. 68. 97. 104f.
Strahlungsparadoxon *siehe* Olberssches Paradoxon
Supergravitation 139. 144f.
Superstring-Theorie 139. 153. *172*
Supersymmetrie 136. 144f.
Symmetriebrechung 142f. 147. 150
Teleologie 40f. 44. 161
Theorie 36. 65. 67. 72. 83. 96. 99–102. *103*. 112f. 173
- instrumentalistisch 52. 63–65. 83. 174

– vereinheitlicht *siehe* Vereinheitlichte Theorien
– Vorhersagekraft 83. 167
Theorienkonstruktion 96. 99. 134
– Allgemeingültigkeit *siehe* Prinzip der Allgemeingültigkeit
– Schönheit *siehe* Prinzip der Schönheit
– Sparsamkeit *siehe* Prinzip der Einfachheit
Trägheit 43. 64f. 71. 76f. 86–90
– Relativität *siehe* Mach-Prinzip
Überschußbedeutung 171f. 176
Unbestimmtheitsrelation 135f.
Uniformität 97. 106. 108. 114–119. 133. 145
Universen 162–165
Universum 17. 29f. 48. 72. 74
– als Grenzbegriff 60f.
– Alter 42. 120. 123
– Dynamik 18. 72f. 95. 104. 120–122. 125. 130
– Eigenschaften 17. 30. 35. 61. 79. 92. 97. 113. 119. 125. 145. 162
– Endlichkeit 29. 32. 40. 69f. 84. 97. 108
– entkoppelte Bereiche 19
– expandierend *siehe* Expansion (des Universums)
– Geschlossenheit 75. 77–79. 81. 84. 89f. 92. 87f. 167
– Krümmungsradius 117. 128. 141. 168f.
– Materiedichte *siehe* Materiedichte des Universums
– Mittelpunkt 29. 31. *38*. 40. 75. 105f. 114
– Quanten-Kohärenz 159f.
– Rotation 30f. 38–41
– Stabilität *siehe* Stabilität des Universums
– statisch 11f. 28. 41f. 78–80. 82. 89. 93f. 107. 109. 126. 173f.
– Struktur 23. 28f. 37f. 43f. 69. 116
– Unendlichkeit 29. 32. 38. 42. 48. 51. 69. 84. 104. 108
– Ursprung *siehe* Kosmogonie
– Wellenfunktion *siehe* Wheeler-DeWitt-Gleichung
„Urknall" 120. 123f. 152
„Urknall"-Modell 107. 156
Vakuum 125. 141. 143. 175
– „echt" 147
– Energiedichte *siehe* Energiedichte des Vakuums
– „falsch" 147
Vakuum-Energie 126. 137. 148f.
Vakuumlösungen 85. 88. 90f. 129. 167. 170. 174
Vereinheitlichte Theorien 14. 139. 142f. 145. 147. 149. 166. 175f.
Vereinheitlichungsgedanke 151. 166f. 171. 176
Verödungseinwand 33f. 73f.
Verzögerungsparameter 108. *118*. 120
Wechselwirkung 17. 41. 46. 86f. 136. 140. 142. 150f. 153. 171. 175
– einheitliche Beschreibung 14. 59f. 142. 147. 149. 166–168. 172f. 176
– elektromagnetische *21*. 22. 36. 46. 58–60. 142f. 166–168
– elektroschwache 139. 142. 150
– gravitative *siehe* Gravitation
– starke 142. 150
Welt *siehe* Universum
Weltanschauung 22f.
Weyl-Prinzip 131
Wheeler-DeWitt-Gleichung 154–158. 160. 164f.
Wirbeltheorie 41
Wissenschaftsphilosophie 14f. 68. 108f. 173
– Aufgabe 46. 108f.
Wurmlöcher 139. 158–165
Zeit 36. 70. 105. 115. 126. 128. 157f. 170
– absolut 25. 26
Zylinder-Universum 75. 77. 79. 81. 89. 92. 97–99. 105. 107. 109. 123–129. 132. 170
– Instabilität 109. 125f.